수행성과 매체성 :
21세기 인문학의 쟁점

수행성과 매체성 : 21세기 인문학의 쟁점

인쇄 · 2012년 6월 20일 | 발행 · 2012년 6월 29일

지은이 · 파트리스 파비스 · 최준호 · 유봉근 · 김형기 · 이난수 · 양병무 · 김연재
엮은이 · 순천향대학교 인문과학연구소
펴낸이 · 한봉숙
펴낸곳 · 푸른사상
주간 · 맹문재 | 편집 · 김재호 | 마케팅 · 박강태

등록 · 1999년 7월 8일 제2-2876호
주소 · 서울시 중구 초동 42번지 아시아미디어타워 502호
대표전화 · 02) 2268-8706(7) | 팩시밀리 · 02) 2268-8708
이메일 · prun21c@hanmail.net / prun21c@yahoo.co.kr
홈페이지 · http://www.prun21c.com

ⓒ 파트리스 파비스 · 최준호 · 유봉근 · 김형기 · 이난수 · 양병무 · 김연재, 2012

ISBN 978-89-5640-928-3 93300
값 22,000원

저자와의 합의에 의해 인지는 생략합니다.
이 책의 전부 또는 일부 내용을 재사용하려면 사전에 저작권자와 푸른사상사의 서면에 의한 동의를 받아야 합니다.
이 도서의 국립중앙도서관 출판시 도서목록(CIP)은 e-CIP 홈페이지(http://www.nl.go.kr/cip.php)에서 이용하실 수 있습니다.(CIP제어번호 : CIP2012002818)

인문과학총서 | 3

수행성과 매체성 :
21세기 인문학의 쟁점

파트리스 파비스, 최준호, 유봉근, 김형기, 이난수, 양병무, 김연재
순천향대학교 인문과학연구소 편

푸른사상
PRUNSASANG

•••• 머리말

『수행성과 매체성 : 21세기 인문학의 쟁점』 발간에 부쳐

  20세기 전반에 걸친 기술매체의 확산은 현실 개념을 변화시키고 인간의 감각과 행동방식에 영향을 미치면서 문자매체를 초월하는 새로운 지각변동을 가져왔다. 지난 30여 년간 급속도로 발전한 디지털 매체의 등장으로 인간은 새로운 문화 환경 속에 놓이게 되면서 합리적 주체로서 세계와 관계 맺기보다는 점점 더 매체에 의해 해체되고 재구축되는 흔적들에서 새로운 의미를 구성하고 있다. 이와 같은 현상은 언어학, 문화학, 철학, 예술학 그리고 페미니즘과 문학이론 등에서 학제 간에 상호 영향을 주고받으면서 지나온 시대의 문화담론 및 인식론에 근본적인 변화를 일으키고 있다.

  이 책은 오늘날의 행위 지향적 문화담론 속에서 21세기 핵심 키워드인 "수행성(performativity)"과 "매체성(mediality)"에 대한 분석적이며 종합적인 연구가 여러 학문 분야에서 각기 어떻게 형성되고 실천되고 있는지를 파악함과 동시에, 이를 학문과 문화발전을 추동하는 생산적 담론으로 확산시키고자 하는 의도에서 기획된 연구프로젝트이다. 이 책에 수록된 글들은 2011년 10월과 11월 두 차례에 걸쳐 가졌던 순천향대학교 인문과학연구소의 인문학 콜로키움과 학술대회에서 발표된 글들을 수정·보완한 연구 성과물이다. "수행성"과 "매체성"에 대한 일반적 인식론과 동서양의 철학적 접근에서 출발하여 순수 공연예술과 대중예술의 구체적인 장르를 포괄하는 등 다양한 스펙트럼을 아우르는 이 책의 구체적 내용을 간략히 서술하면 다음과 같다.

먼저 파트리스 파비스(Patrice Pavis)는 「**21세기 인문학에서의 수행성과 매체성**」에서 수행성과 매체성에 관한 개념 정의를 시도하고 있다. 말하자면 그는 '내가 무언가를 이야기할 때, 나는 이른바 기적을 일으킨다. 왜냐하면 내가 스스로를 알지 못하는 사이에 타자와 세계에 대해 영향을 미치기 때문이다. 그것이 바로 수행성이다'라고 설명한다. 그런가 하면 '세계가 우리와 세계 사이에 작동을 촉진하는 모든 종류의 기계들과 매체들을 배치함으로써 또한 기적이 촉진되는데, 그것이 바로 매체성'이라고 설명한다.

최준호는 「**미학에서 지각학으로의 전환과 그 함의**」에서 생태학적 자연미학에 근거하여 기존의 고전미학을 '지각학'으로 새롭게 정초하고자 하는 독일 철학자 게르노트 뵈메(Gernot Böhme)의 테제에 의거해 인간과 자연, 미적 경험과 예술에 대한 새로운 이해를 수반하는 '지각학(Aisthetik)'으로서의 미학에 담긴 의미를 고찰한다. 특히 필자는 '인간은 자신이 어떤 환경에 처해 있는가를 자신의 신체에서 감지한다'는 뵈메의 주장을 토대로 지각학으로서의 미학에 담긴 '인간 및 자연 이해의 변화', '미학적 경험의 의미 확장', 그리고 '예술에 대한 새로운 이해' 등을 집중적으로 조명한다.

유봉근의 논문 「**레만의 포스트드라마 연극론에서 수행성과 매체성의 문제**」

는 포스트드라마 연극론의 핵심 테제를 수행성과 매체성의 관점에서 논구한다. 포스트드라마 연극에 관한 레만의 이론은 브레히트의 서사극이론과 대립된다는 점에서 포스트-브레히트(Post-Brecht) 연극론으로 받아들여지거나, 포스트모던 철학을 최근의 연극현상에 적용하여 이론화한 결과물로 평가되기도 한다. 이 논문에서 필자는 레만의 이론이 무엇보다도 미디어 테크놀로지의 물질성에 기반하고 있음을 강조한다. 즉, 오늘날 공연예술에서 두드러지는 수행적 특성이란 미디어 테크놀로지로부터의 영감이 반영되어 나타난 결과물로 설명하면서 레만이 주장하는 이론적 형상화의 논리를 단순화한다. 그 결과 필자는 레만이 기술 미디어가 개입된 공연예술 현장에 나타나는 현상들을 해석학적으로 종합한 것으로 결론짓는다.

김형기의 논문 「**춤연극을 통해 본 수행적 미학 – 자샤 발츠의 〈게차이텐〉을 중심으로**」는 몸과 움직임이 새롭게 조명되기 시작한 포스트모던 시대에 춤이 의미를 구성하지 않고 에너지를 표출하며, 에피소드가 아니라 행위를 육화(肉化)한다는 점에서 춤연극(Tanztheater, 탄츠테아터)을 20세기 후반에 부상한 '포스트드라마 연극' 전체에 통용될 수 있는 것을 특징적으로 드러낸다고 본 한스-티스 레만의 테제에서 출발한다. 그리하여 이 논문은 먼저 포스트드라마 연극의 범주에 속하는 춤연극의 개념과 변별적 특징들을 통시적·공시적 관점에서 조명한다. 그리고 춤연극이 행위자와 관객 간에 현상적 육체와 물질성을 매개로 하여 일어나는 '수행적인 것'(수행성)을 통해 관객과 소통함으로써, 궁극적으로 관객으로 하여금 행위자와 더불어 공연(퍼포먼스)이라는 '사건'의 진정한 공동주체가 되어 미적 경험(리미널리티)과 변화에 이르도록 하는 미학적 영향전략을 구사한다는 사실을 자샤 발츠의 춤연극 〈게차이텐〉을 통해 구명(究明)하고 있다.

이난수의 논문 「**신한류 K-pop의 '감흥'과 수행성**」은 K-pop의 '감흥'에 대하여 관객(감상자)의 관점에서 논의한 것이다. 필자에 의하면 K-pop 음악은 짧고 매력적인 후렴구의 반복, 솔직하고 간결한 가사, 다양한 음악 스타일의 혼용, 화려한 군무로 구성되어 있다. 이와 같은 음악적 요소와 미디어 기술의 적절한 활용과 조합이 감상자의 정서를 자극하여 그들로 하여금 자신도 모르게 노래를 흥얼거리며 춤을 따라하게 만드는 행위를 생산한다. 여기서 감상자의 반응은 음악을 수용하는 과정에서 발현된 일종의 수행성이다. 이 논문은 이러한 수행성의 심리적 요인을 동양미학의 개념 가운데 '감흥(感興)'을 통해 분석한다. 즉, 감흥의 양상인 '흥겨움'과 '흥얼거림'은 돌발적이고 무의식적인 속성을 지니는 '수행적인 것'에 다름 아니며, 또 K-pop에 나타난 감상자들의 감흥은 음악적 효과에 의해 의도된 반응, 다시 말해 '연출된' 감흥임을 강조한다.

양병무의 논문 「**윤리학적 시초로서의 매체철학과 수행성**」은 지금까지 자연적 동물 상태에서 벗어나는 인간의 자기성찰의 출발점이 된 언어를 근거 짓는 철학적 요소로서 신을 정의한다. 신은 매체로서 세계라는 대상을 언어를 통하여 인간에게 매개한다. 신의 언어적 계시를 통하여 자연에서 벗어난 인간은 집단적 종교예식 속의 퍼포먼스를 통하여 언어를 의사소통의 수단으로 수용한다. 인간은 '신적 계시 속의 존재(das In-Gott-Sein)'로서 인간의 언어적 현존재를 파악한다. 신이라는 매체를 통한 언어적 현존재로서의 인간이 하이데거의 '세계 속의 존재(das-In-der-Welt-Sein)'로 이행한다. 인간 현존재가 '세계 속의 존재'로 전환하고 자연과학과 기술과학이 인간의 중심영역으로 등장한다. 이를 중심으로 인간의 언어적 매체가 과학기술적 상상력에 의한 매체 중심의 자아존재로 전환한다. 이러한 과학기술의 결정체로서 미디어라는 새로운 영역인 '매체 속의 존재(das-In-den-Medien-Sein)'로서 인간의 현존재의 이행이 철학적 관찰과 대상으로 정립되고 있다.

신이라는 매체를 통한 종교적 퍼포먼스 중심의 인간의 자기이해는 언어적 이념을 통하여, 세계 속의 자기이해는 자연과학과 기술과학 중심으로 변화하는 전통 문화적 퍼포먼스를 통하여, 미디어 속의 인간은 미래 지향적 퍼포먼스를 통하여 새로운 '수행적' 인간상을 형성한다. 이러한 인간의 자기이해가 인간이 자신의 존재를 다양한 형태의 역사적 매체 속에서 퍼포먼스 중심으로 인간을 새롭게 인식함으로 윤리적 출발점의 시초로서의 수행적 존재론을 획득한다.

김연재의 논문 **「역학의 매체와 알레고리의 소통방식 - 취상귀류의 원리를 중심으로」**는 천인합일(天人合一)의 세계관의 도식화에 관한 매체철학의 문제를 다룬다. 그 대상은 취상귀류(取象歸類)의 방식에 입각한 도상학(iconology), 특히 역도학(易圖學)과 그 해석의 알레고리적 기제이다. 역도학은 일찍이 태극도(太極圖), 선천도(先天圖), 하락도(河洛圖) 등을 통해 우주의 본원, 생성 및 변화의 과정을 설명하고, 궁극적으로 인간의 존재와 삶의 가치를 계도하고 실현시키는 작업의 일환에 다름 아니다. 이 논문은 태극도가 시공간성(時空間性)의 표상방식을, 선천도는 선험성(先驗性)의 표상방식을, 하락도는 수리성(數理性)의 표상방식을 각기 담고 있음을 규명하면서, 특히 이들이 고전적 가치를 현대적 시각으로 이해하는 소통의 매체적 접근통로가 되고 있다고 강조한다.

국내에서 "수행성"과 "매체성"을 주제(topic)로 삼은 단행본 저술로서는 최초의 시도가 될 이 연구서는 아직 미약하긴 하지만 우리 시대의 인문학 연구가 나아갈 방향을 제시하면서 인접 학문 분야를 비롯하여 삶의 실제 현장에서 일어나고 있는 변화에 대해 보다 심층적인 연구와 비판적 성찰을 자극하는 촉매제가 되어 줄 것으로 믿어 의심치 않는다.

이 책은 『21세기 문화·환경과 인문학』 그리고 『멀티미디어 시대 학문의 소통을 위하여 – 인문학, 예술, 교육학의 만남』에 이은 순천향 인문과학총서의 세 번째 단행본이기도 하다. 이 연구서가 빛을 볼 수 있도록 도움을 주신 분들이 있다. 무엇보다도 순천향 인문학 콜로키움과 학술대회를 개최할 수 있게 지원해주신 손풍삼 총장님과, 주제발표와 함께 원고를 완성해주신 일곱 분의 필자들께 따뜻한 감사의 말씀을 올린다. 그리고 기획과 편집을 위해 수고해주신 인문과학연구소의 운영위원 및 편집위원님들과, 행사진행을 위해 헌신해준 조교들에게 진심어린 감사의 뜻을 전한다. 그리고 흔쾌히 출판을 결정해 주신 도서출판 푸른사상의 한봉숙 사장님께도 깊은 감사를 드린다.

2011. 12
순천향대학교 인문과학연구소장
김 명 주

■■■ 차례

■ 머리말 – 『수행성과 매체성 : 21세기 인문학의 쟁점』 발간에 부쳐 | 김명주 5

21세기 인문학에서의 수행성과 매체성   파트리스 파비스

  1. 들어가는 말   17
  2. 수행성(PERFORMATIVITÉ)   19
  3. 매체성(MEDIALITÉ)   31
  4. 나오는 말: 매체의 수행성   44

미학에서 지각학으로의 전환과 그 함의   최준호

  1. 들어가는 말   51
  2. 전통미학의 위기: 지각학으로서의 미학의 요구   53
  3. 전통자연미학의 한계: 소외된 자연에 기초한 미학   60
  4. 새로운 자연미학: 뵈메의 자연미학   67
  5. 뵈메의 생태학적 자연미학에 담긴 함의 – 지각학의 함의   76
  6. 나오는 말   80

레만의 포스트드라마 연극론에서 수행성과 매체성의 문제   유봉근

  1. 들어가는 말   85
  2. 레만의 포스트드라마 연극론   88

3. 퍼포먼스의 전경화	95
4. 기술매체와 포스트드라마 연극	99
5. 퍼포먼스 텍스트의 양식적 특징들	103
6. 나오는 말	110

춤연극을 통해 본 수행적 미학   김형기
― 자샤 발츠의 〈게차이텐(Gezeiten)〉을 중심으로

1. 들어가는 말: 재현에서 현존으로	117
2. 포스트드라마 연극의 한 범주로서의 춤연극: 그 개념과 특징	122
3. 춤연극 〈게차이텐〉에 나타난 수행적 미학의 양상	129
4. 춤연극의 수행적 미학	137

신한류 K-pop의 '감흥(感興)'과 수행성   이난수

1. 들어가는 말	149
2. K-pop의 형성과 매체	150
3. K-pop의 '감흥'	156
4. 동양미학에 나타난 '감흥'의 수행성	175
5. 나오는 말	188

윤리학적 시초로서의 매체철학과 수행성   양병무

  1. 들어가는 말   195
  2. 매체철학 일반   201
  3. 매체신학   218
  4. 매체윤리학   221
  5. 나오는 말   228

역학(易學)의 매체와 알레고리의 소통방식   김연재
― 취상귀류(取象歸類)의 원리를 중심으로

  1. 들어가는 말   233
  2. 『주역』의 세계관과 취상귀류(取象歸類)의 원리   240
  3. 상수역학(象數易學)의 전통과 그 특징   253
  4. 태극도(太極圖)와 시공간성(時空間性)의 표상방식   257
  5. 선천도(先天圖)와 선험성(先驗性)의 표상방식   265
  6. 하락도(河洛圖)와 수리성(數理性)의 표상방식   275
  7. 나오는 말   286

■ 찾아보기   294

21세기 인문학에서의 수행성과 매체성

파트리스 파비스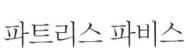

1. 들어가는 말
2. 수행성(PERFORMATIVITÉ)
3. 매체성(MEDIALITÉ)
4. 나오는 말: 매체의 수행성

1. 들어가는 말

수행성 개념은 우리가 모르는 사이 이미 우리 삶의 영역을 침입해 들어왔다. 우리가 무엇을 하든, 예컨대 일을 하든 혹은 휴식을 취하든, 우리는 언제나 무언가를 "수행한다." 사실 우리가 행동한다고 하는 것은, 어떤 말을 하거나 질서를 부여하거나 메커니즘을 작동시키거나, 또는 우리 자신이나 타자의 책임이 포함된 프로젝트를 기획하는 것 등을 통해서, 어떤 행위들을 완수하는 것을 가리킨다. 한편 심리적이고 사회적인 삶에 있어 가치 있는 것은 공연에서의 수행적 행위들에 대해서 역시 더 한층 가치 있는 것이 된다. 배우들은, 어떤 역할을 연기하든 아니면 퍼포머로서 그들 자신을 제시하든 간에, 상징적인 행위들, 실제적이거나 허구적인 행동들, 제의들(rituels) ― 대중에게 직접 호소하는, 그리고 그것들이 재연하거나 의미하는 것에 의해서뿐만 아니라 그것들이 폭로하는 상징적 효력과 그것들이 대중에게 행사하는 효과에 의해서도 가치를 지니는 ― 을 완수한다. 배우들은 무대 위에서 일어나는 그들의 행위나 말의 이 같은 체화(incarnation) 현상을 잘 인식하고 있다. 그들은 단지 구체적인 행위를 "수행하고" 완수하는 그들의 육체적 현존만이 중요한 것이 아니라, 관중에게 가 닿는 말들을 그들이 전달하고 체화하는 방식 역시 중요하다는 것을 알고 있다.

이 같은 수행성은, 크게 관련성은 없어 보이지만 그 역시 우리 삶을 변형시키는 데 기여했던 또 하나의 현상인, 매체화를 수반한다. 이때 매체화는 인간관계들의 매체화, 또는 모든 종류의 매체들 - 문자나 인쇄술뿐 아니라 이후에 나타난 모든 형식의 시청각적 매체들 및 컴퓨터까지 - 의 일반화된 사용을 가리킨다. 이 모든 매체들은 단순한 도구들이 아니며, 우리들의 사유 방식과 감수성을 새롭게 하는 데 기여하는 것이다. 한편 매체들의 노출은 두려움을 조장할 수 있는데, 가령 배우들이나 예술가들, 그리고 관객들은 종종 매체에 의해서 기호들의 유희작용이나 무대 위의 몸의 현존을 박탈당할까봐 두려워한다. 그러나 매체성은 연극에서 그 순간 관건이 되는 시공간적 상황을 보다 풍성하게 만드는 데 기여하기도 한다. 요컨대 매체성은 연극적 관계 - 배우와 관객 사이의 만남 - 위에다 새로운 지각, 전대미문의 경험, 무한한 확장 등의 색채를 덧붙인다. 세계에 관한 이 같은 새로운 관계 맺기와, 우리 삶의 이 같은 정보화 덕분에, 그간 고립되고 사적이며 도달할 수 없는 것으로 여겨져 왔던 우리의 구체적인 실존은 뜻밖의 차원을 획득하게 되는 것이다.

그리하여 지금은 연극에 있어, 그것의 잠재성 및 미래에 대해 질문을 제기하고, 심리주의적인 것에 국한되었던 그 상아탑을 떠나서, 우리 일상의 지평이 되어버린 수행적 매체성의 세계 속으로 두려움도 환상도 없이 진입해 들어가야 하는 시기가 도래한 것이 아닌가?

이제 우리는 우리가 살아가고 있는 이 세계 및 우리 앞에서 우리와 더불어 펼쳐지는 예술 세계를 보다 잘 이해하기 위해, 수행성과 매체성의 개념을 맞닥뜨려

숙고하고, 연극이 행위 및 매체에 대해 맺는 관계를 다시금 사유해야 할 것이다.

2. 수행성(PERFORMATIVITÉ)

2.1. 개념의 기원

2.1.1. 언어학

수행성 개념은 오스틴(J. L. Austin)의 『화용론(How to do things with words?)』[1]에서 다루어진 수행적 발화이론으로부터 유래한다. 발화행위이론은 '확증적' 발화와 '수행적' 발화를 구분하는데, 전자는 명제를 묘사하거나 이야기하는 것인 반면 후자는 발화된다는 사실 자체만으로 일종의 행위를 수행하는 것이다. 요컨대 후자의 경우 주체는 어떤 단어 또는 문장을 말함으로써, 즉 수행적 발화를 사용함으로써 자신이 이야기하는 바를 행하게 된다. (가령 "맹세합니다." "내가 네 남편인 척 할게." 등) 1970년대 이래로 이와 같은 수행성 개념은 모든 종류의 문화적 실천 및 인문학에 큰 영향을 미쳐왔다.

2.1.2. 사회학과 인류학

같은 시기 사회학자 어빙 고프만(Erving Goffman)은 각 개인이 행동이나 행

---

[1] J. L. Austin, *How to do things with words?*, (Harvard University Press, 1962).

위를 통해 스스로를 특징짓는 방식에 관심을 기울였다.[2] 또 인류학자 밀턴 싱어(Milton Singer)는 『전통적 인도, 구조와 변화(Traditional India, Structure and Change)』[3]라는 저서에서 '문화적 퍼포먼스(Cultural Performance)'라는 개념을 고안해냈으며, 그 개념은 1980년대 말부터 발전한 퍼포먼스 연구(Performance Studies)에서 상당한 성과를 거두게 된다. "인류학적 견지에서 볼 때, 한 사회의 상징이나 가치를 관객 앞에서 구현하고 연기해내는, 예정되고 제한되고 프로그래밍된 참여 이벤트들 - 제의, 축제, 공연, 연극, 콘서트 등의 - 은 종종 '문화적 퍼포먼스'라는 용어로 불리운다."[4]

2.1.3. 공연에 대한 문화적 연구

밀턴 싱어나 빅터 터너(Victor Turner) 같은 인류학자들의 영향하에, 유럽이 아닌 여타의 문화권에서 관찰된 '연극'이라는 대상은 1970년대 이래로 확연히 다른 정체성을 제시하게 된다. 이제는 텍스트를 재현한 연극이나 공연들뿐 아니라, 모든 종류의 극적인 행위들, 연출들, 해프닝들, 그리고 영미권에서 '퍼포먼스 아트'라 칭하는 류의 퍼포먼스들에 관심이 집중된다. 여기에는 의례나 축제나 제의 등, 한 문화의 행사나 표현활동으로서, 곧 '수행성'으로서 생산될 수 있는 모든 것들이 더해질 수 있다. 이때 '수행성'이란 언제나 일종의 생산(연출

---

[2] *The Presentation of Self in Everyday Life*(1959), *Stigma*(1963), *Interaction Ritual*(1967).
[3] Milton Singer, *Traditional India, Structure and Change*, (Philadelphia, 1959).
[4] Richard Bauman, "Performance", *Routledge Encyclopedia of Narrative Theory*, Edited by David Herman; Manfred Jahn and Marie-Laure Ryan, (London:Routledge, 2005), p.420.

이란 용어의 영어적 의미이기도 한)인데, 말하자면 그것은 하나의 경험을 생산하고, 여기와 지금이라는 발화의 상황을 생산하며, 하나의 의미를 생산한다. 이 경우 단순히 연극작품이나 쓰여진 문학 텍스트 – 즉 그것의 가능한 무대적 퍼포먼스나 해석, 각색, 상호텍스트성 등이 고려되지 않는 텍스트 – 등은 연구의 대상에서 제외된다.

2.2. 수행적 전환

2.2.1. 다른 영역들로의 확장

인문학뿐 아니라 새로운 연극 경험들의 출현, 특별히 1960~70년대 '퍼포먼스(퍼포먼스 아트)'의 출현은 패러다임의 변화, 곧 '수행적 전환'을 이끌어냈다. 오스틴이나 썰(Searle)[5]의 언어행위이론이 언어 외의 다른 인간적 행위들로 확장되고 적용된 것이다. 이때 행위들은 말하는 것 자체, 또는 제스처의 반복 – 또 하나의 본성인 – 자체로 인해서 수행된다.

2.2.2. 세계의 구축

학자 겸 연출가인 리차드 셰크너(Richard Schechner)는 이러한 전환을 공식화하고, '수행성'이라는 명칭을 세계의 구축에 기여하는 모든 현상에 적용시켰다. "퍼포먼스 연구에서 수행성은 다양한 주제들에 연관되는데, 그중에서도 특

---

[5] John Searle, *Speech Acts: an Essay in the Philosophy of Language*, (Cambridge University Press, 1969).

히 젠더나 인종과 관련된 사회 현실의 구축, 퍼포먼스에서 복원되는 행동적 특징, 퍼포먼스 실천이 퍼포먼스이론에 대해 갖는 복잡한 관계 등의 주제와 밀접하다."[6] 셰크너는 여기서 특별히 세 영역을 따로 열거하고 있는데, 그 세 영역에서 수행성 개념은, 대개는 '자연스러워' 보이는 것들이 실제로는 어떻게 사후적으로 구축되는지를 이해하기 위한 열쇠를 제공해준다. 이제 그 영역들을 각각 나누어 살펴보도록 하겠다.

2.3. 수행성의 영역들

수행성이라는 개념이 종종 '실천화(mise en pratique)'의 동의어가 되는 까닭에, 수행성의 영역은 무한히 확장되곤 한다. 특별히 북미권 대학에서는 다음과 같이 수행적 경험들의 다양성에 주목한다. "퍼포먼스를 단지 추상적인 개념으로서가 아니라 경험이나 교육의 한 실천으로서, 체화의 한 방식으로서 바라볼 필요가 있다."[7] 이제부터 오늘날 수행성 개념이 세력을 떨치고 있는 인문학 또는 사회적 삶의 몇몇 영역들을 살펴보도록 할 것이다. 이 목록은 잠재적으로는 무한하나, 여기서는 공연 또는 문화적 퍼포먼스와 밀접한 영역들만을 제한하여 다루도록 하겠다.

---

6) Richard Schechner, *Performance Studies. An introduction*, Second Edition, (London and New York:Routledge, 2006), p.123.
7) 노스웨스턴 대학의 교육 프로그램 소개글 중에서. Website of Northwestern University, 2006. www.communication.northwesthern.edu/performancestudies/graduate/

2.3.1. 젠더("사회적 관계에서의 성"[8])의 정체성

페미니즘이론에서 수행성 개념은 매우 중요하다. 왜냐하면 그 개념이 동일한 행동들의 반복에 의한 연극적이고 사회적인 재현 및 성적 정체성의 형성에 관한 페미니즘적 성찰에 많은 부분 빚지고 있기 때문이다. 수행성은 정체성에 관한 문제 및 성적 정체성의 정치에 관한 문제 너머로까지 우리를 이끌어간다.

주디스 버틀러(Judith Butler) - 연극학자이기보다 인류학자에 가까운 - 는 젠더를 신체의 표면에서 보여지는 양식화된 수행적 행위들의 반복으로서 파악한다. 그러나 이는 종종 신체 내부의 고정된 실체로부터 이끌어지는 눈속임 효과로 축소되곤 한다. "행위, 몸짓, 욕망은 내적인 핵심이나 실체의 효과를 낳는다. 그러나 그 효과는, 원인으로서의 구성 원리를 암시하되 결코 폭로하지는 않는, 부재를 의미화하는 놀이를 통해 신체의 표면 위에 만들어진다. 그리고 그러한 행위, 제스처, 행동들은 수행적이다. 왜냐하면 본질이나 정체성 - 여타의 경우라면 그것들이 표현해내고자 하는 - 등이란 단지 육체적인 기호들이나 여러 담론적 도구들을 통해서 만들어지고 유지된, 꾸며낸 구조물들이기 때문이다. 따라서 성적인(gendered) 육체가 수행적이라는 사실은, 그 육체가 자신의 실제를 구성하는 다양한 행위들로부터 분리된 그 어떤 존재론적 지위도 갖고 있지 못함을 시사한다."[9]

---

8) 이는 다음 저서에서 사용된 '젠더'의 해석이다. Martine Delvaux et Michel Fournier, "Rapports sociaux du sexe", *Le Dictionnaire du Littéraire*, Paul Aron, Denis Saint-Jacques, Alain Viala, éd., (Paris: P.U.F., 2002), p.489.

9) Judith Butler, *Gender Trouble: Feminism and the Subversion of Identity*, (London:Routledge,

따라서 이처럼 "만들어진" 젠더는, 제스처와 행동들, 정당화하는 담론들, 그리고 수행적 행위들의 반복의 결과이며, 그로써 결국 육체의 '표면'에 그 흔적들이 남게 된다. 하지만 종종 그 행동들은 내적이고 비가시적이며 은밀하고 영속적인 어떤 본질 위에 구축된 것처럼 스스로를 가장한다. 그러나 엄밀히 말해 젠더란 수행성에 의해서 규정되고 결정되며 인식되는 것이다. 이는 마치 조정(제어)이 행동이나 제스처의 주체에 의해 규정되고 결정되며 인식되는 것과 마찬가지인데, 이때 조정(제어)은 주체로 하여금 사회가 요청하고 강요하는 대로 사회 속에서 살아가도록 만들어주는 역할을 한다. 우리의 행동은 사회의 다양한 관습들을 '수행한다(실현하고 실행한다).'

2.3.2. 배우의 연기와 연출(미장센)

대체로 매우 '연극적인' 방식을 따르는 젠더 형성 모델에 힘입어, 이번에는 반대로, 다소간 분명하거나 모호하게 나타났던 몇몇 연기 및 연출 관례들을 보다 잘 이해할 수 있다. 왜냐하면 그 관례들이 대개 의식적으로 조정된 것들이기 때문이다. 연출이란 모든 조정들 가운데서의 조정이며, 공연을 만들어가는 예술가들의 다양한 퍼포먼스적 작업들의 결과 – 결코 결정적이지 않은 – 이다. 그런즉 연출가뿐 아니라 모든 이들이 실천화의 작업을 수행하며, 아이디어와 제안을 시험해본다. 그 결과 그들은 공연을 조정하거나 탈조정하는데, 이것이야

1990). "The drag act"라는 챕터는 다음 저서에 재수록되었다. Colin Counsell and Laurie Wolf, *Performance Analysis*, (London:Routledge, 2001), pp.72~77. 위 인용문은 p.73에 수록.

말로 연출의 기술이라 할 수 있다. 연출로서 이해되는 이 수행성 개념을 사회적 삶의 영역들로 확장시켜 본다면, 우리는 반대로 연극적 연출의 기능을 보다 잘 이해하게 될 것이다. 가령 정치와 경영은, 가치를 매기는 것에, 또 다양하고 순진한 대중을 기만하고 설득하는 것에 적용된 연출 개념을 전문가적 수준으로까지 끌어올린다.

2.3.3. 육체 및 육체성의 인류학

젠더 및 문화 연구(cultural studies)의 도움에 힘입어, 사람의 육체, 특별히 배우의 육체는, 성적이고 인종적이고 정치적이고 국가적이고 직업적인 그 정체성에 따라, 문화적이거나 상호문화적인 맥락 속에 다시 놓이게 된다. 수행성은 배우가 자신의 역할들을 — 사회 현실에서든 무대 위에서든 — '수행하는', 다시 말해 체화(구현)하고 보여주고 재구축하는 방식을 고찰하기 위한 이론적 틀을 제공해준다. 육체성에 적용된 수행(성)이론은 사회적이고 무대적인 배우들의 몸에 대한 기호학적이거나 사회정치적인(게스투스) 개념, 즉 육체를 고정된 기호들이나 사회적인 전형들로 축소시켜버렸던 그와 같은 개념들을 넘어설 수 있도록 만들어준다. 그 대신 수행성은 육체에 대한 인류학적 접근을 독려한다. 그것은 육체의 벡터화, 에너지, 양식화 및 강화에 관심을 보인다. 수행성은 배우의 육체에 가해지는, 곧 관객의 육체에 가해지는 감각적 정서들을 평가하는 일을 용이하게 만든다. 문화는 퍼포먼스의 방식을 통해 — 시각화하고 육체화하는 기술에 따라 놀이적일 뿐 아니라 모방적으로 — 제시되거나 재현된다.

2.3.4. 의례

종교적인 것이든 의식적인 것이든 또는 일상적인 것(가사, 수업 준비, 샤워를 하거나 누군가에게 인사를 하기 위한 신체적 기술)이든 간에, 의례는 수행성의 법칙들에 대한 우리의 인식을 요청한다. 우리는 반복적인 행위들을 관찰하고, 그 의미를 이해하기 위해 그 사용법을 추론한다. 우리는 최종 결과물보다 과정에, 사물 자체보다 그것들이 만들어지는 방식에 더 관심을 보인다. 사회적 삶 및 행동의 이와 같은 의례화는 버틀러가 얘기한 성적 정체성 형성 과정의 의례화와 유사하게 연결된다. 연출은 바로크 시대의 첫 출현 이래로 다시 새롭게, 우리의 기원(출신)과 연관하여 우리의 삶이 어떻게 구성되는지를 묘사하기 위한 메타포가 된다. 그리고 이는 스피박(Spivak)이 지적하듯 일종의 결정론이나 운명론으로 귀결될 위험을 내포한다. "우리가 경험이라 부르는 것은 경험의 기획(staging of experience)이다. 그리고 '정체성 속에서의 경험(experience-in-identity)'을 기획하는 힘 또는 메커니즘을 가장 잘 설명해주는 가장 고집스런 이름은 바로 '기원(출신)'이다. '나는 내 출신이 나를 이렇게 기획하기 때문에 이런 식으로 내 삶을 수행한다.' 이때 기원은 국가적인 것이거나 인종적인 것이다. 보다 치명적으로는 이렇게 말할 수도 있다. '너는 너의 출신이 너를 그렇게 이끌어 가기 때문에 그런 식으로 연기할 수밖에 없다.'"[10]

---

10) Spivak, Auslander에 의해 인용, TPS, 149. Acting Bits/Identity Talk, 781.

2.3.5. 이야기하는 기술

스토리텔링이란 도처에서 발생한다. 아이에게 들려주는 이야기에서부터 정치적 연설에 이르기까지, 지나가는 행인에게 길을 알려주는 것에서부터 수학 문제의 답을 설명하는 것까지. 그것은 지식들을 생산하고 유통하는 하나의 방식이다. 그것은 설명하는 문장들을 아름답게 윤색하는 단순한 서술적 기술에 국한되지 않는다. 도리어 그것은 의미를 발생시키고 설득력을 가지며 보다 잘 이해될 수 있도록 만들기 위한 수단인 것이다. 추상적이거나 지루한 하나의 텍스트로부터 이야기를 만들어갈 줄 아는 능력이야말로 드라마투르크나 연출가, 또는 연기하는 매순간의 배우의 몫이 아니던가?

2.3.6. 예술가의 형식적 기량

드라마적 글쓰기나 연출, 또는 연기에 있어서, 예술가들은 수많은 행위들을 실행한다. 그리고 그 행위들은 수행적 행위들이다. 가령 독서 또는 재독서는 미래의 독자 및 관객들을 미리 고려할 것을 요구한다. 그런즉 우리가 텍스트에 대해, 또는 배우들과 함께 무대에 대해 고민하고 있을 때에는 언제나 분석과 종합, 해체와 재구성이 이루어진다. 일관성이나 단절, 강화, 거리두기, 또는 동일시 등을 탐색하는 것은, 공연의 양상들에 지속적으로 영향을 미칠 의무 및 실용주의적 태도를 채택할 의무를 띤다. 점점 더 예술은 잘 규정된 사회 또는 정치적 맥락 속에 개입할 필요를 느낀다. 예를 들어 로이드 넬슨(Lloyd Nelson)의 DV8 댄스 컴퍼니는 최근의 두 공연작에서 오늘날의 핫 이슈인 동성애 혐오 문제와 이슬람 문제로부터 영감을 얻은 바 있다. 그는 자신의 안무 작업을 사회문제에 관한 진지하고도 참여적인 일종의 탐색으로, 곧 정치 참여의 한 형식으로 간주한다. 적극적인 행동주의자들의 예술 또는 예술가들의 참여행위는, 수행성에 힘입어 그들의 활동을 보다 굳건히 하고자 하는 의식(意識)으로 수렴된다.

2.3.7. 담론의 수사학과 청중-관객의 통제

수사학이란 타자에게 영향을 미치고 청중을 설득하며 대중을 감동시키는 기술을 말한다. 이때 퍼포머(배우, 연설가, 정치가, 교수)는 협력 또는 설득의 관계를 구축한다. 이따금 그는 웃음을 통한 이완 기법에 의지하기도 하고, 감정의 발산을 일으키기도 한다. 수사학적 수행성은 담론 및 행동의 효과들을 추산하며, 이를 통해 그 결과물을 보다 잘 제어하고 이용하고자 한다. 텍스트나 공연에서, 모든 것은 수행적 행동의 견지에서 이해되거나 만들어지는데, 그와 같은 행동의 발생은 불가피한 것이다. 메르센(Mersenne)은 이러한 사실을 이미 1636년에 다음과 같이 지적한 바 있다. "청중을 사로잡는 동일한 감동을 충당하는 동일한 시간 및 움직임을 활용하는 것만큼 강하게 청중의 열광을 불러일으킬 수 있는 방법은 없다."[11] 이러한 관찰은 사회적 삶 속에서 타자를, 특별히 사랑하는 사람을 설득하거나 정복하기 위한 모든 종류의 감정의 행사에 적용된다.

2.3.8. 경제

전문가들은 측정 가능하고 쉽사리 수량화할 수 있으며 돈이 될 만한 결과들

---

11) Montagne에 의해 인용, 199.

을 끊임없이 참조한다. 존 맥켄지(Jon McKenzie)의 문장 또는 저서를 따르자면, '경쟁력이 있어야 한다, 그렇지 않으면……'[12] 보복의 위협은 기껏해야 미미한 것일 뿐이다. 개인들, 그리고 나라들과 그들의 경제는 평가되고 점수가 매겨지며 비준된다. 사회경제적인 삶 및 돈에 미치는 영향과 결과는 즉각적인 것이다. 장 프랑수아 리오타르(Jean-François Lyotard)가 『포스트모던의 조건(La Condition postmoderne)』에서 퍼포먼스의 경제적이고 기술적인 의미를 강조한 이래로, 관건이 되는 것은 돈이거나 자동차일 뿐이었다. 그에 따르면 퍼포먼스는 효율성과 연관된다. "생산(정보나 수정을 포함하는)을 극대화하고 투입(과정 중에 소비되는 에너지)을 극소화하는 최상의 퍼포먼스 원리."[13]

2.3.9. 대학

대학 – 수행성과 퍼포먼스에 관심을 갖는 한국의 대학들을 포함하여 – 은 영미권의 모델을 따라서 교수나 연구원, 학생, 또는 난방기(radiateur)의 퍼포먼스를 평가한다. 대학은 그들의 연구를 수량화할 뿐, 그 질을 존중하기를 거부한다. 산업의 방법론을 따르고, 결과만을 중시하는 문화에 짓눌린 채, 대학은 인문학 연구의 규범을 등한시한다. 실제로 수행성은 편이를 위해 기꺼이 양적인 것으로 변모하는 경향이 있다. 하지만 지식인들의 임무는 질적인 평가 기준들을 제시함으로써 이러한 경향에 맞서는 것이 되어야 한다.

---

12) Jon McKenzie, *To perform or else…*, (Routledge, 2007).
13) Jean-François Lyotard, *The Postmodern Condition*, (University of Minnesota Press, 1984), p.44.

2.3.10. 일상적 삶과 전문적 삶

일상적인 삶은 '사회적인 삶의 규범들'이 제시하는 암묵적이고도 집요한 규칙들에 점점 더 종속돼 간다. 그러한 일상적 규범들은 위에 열거한 각 영역들에 고유한 수행성들의 총체를 재편성한다. 그 규범들은 곧 2차적 본성이 되는데, 이는 주디스 버틀러가 얘기한 '젠더' 또는 일전에 헤르베르트 마르쿠제(Herbert Marcuse)가 『에로스와 문명(Eros et Civilisation)』(1955)에서 언급했던 '퍼포먼스 원리'[14] 또는 루이 알튀세르(Louis Althusser)의 '호명(interpellation)' 등과 일견 유사하다.

전문적인 삶 역시, 사람들 사이에서 일어나는 상호작용의 명확화를 활용한다. 의사-환자, 교수-학생, 사장-직원 등의 관계는 업무의 관계들에 대해 적용된 수행적 이론의 도구를 통해 보다 잘 형식화될 수 있다. 또 만일 사회적인 삶에서 퍼포먼스 원리를 실천하게 된다면, 연극이 그러한 형식화에 기여할 수도 있을 것이다.

2.4. 수행성의 한계들

다행히도 퍼포먼스는 언제든 실패할 수 있으며, 모든 것이 경제적인 퍼포먼스 또는 보편적인 수행성으로 환원되는 것도 아니다. 스포츠 경기에서, 주식시장

---

14) "마르쿠제는 '퍼포먼스 원리'를 현실 원리의 역사적 버전으로 가정한다. 자본은 노동자들로 하여금, 살아남기 위해서는 수행해야만 한다는 사실에 직면함으로써 '현실적으로 되기를 요청한다."(Simon Shepherd and Mick Wallis, *Drama/Theatre/Performance*, (London:Routledge, 2004), p.114.)

에서, 학교에서, 그리고 우리의 일상적인 삶에서 퍼포먼스는 이따금 반(反)-퍼포먼스로 변한다.

나아가 수행성이라는 것이 퍼포먼스 연구의 정점에 있는 최종 성과물인지, 혹은 완전히 새로운 또 다른 인식론을 제안함으로써 하락의 시작을 표지하고 있는 것인지를 판단하기에는 아직 너무 이르다. 그럼에도 우리는, 종종 메타포적인 방식을 통해 모든 사회적이고 상징적인 삶의 영역들로 확장되고 있는 저 수행성 개념이 방법론적 일관성을 잃을 위험이 있음을 인지할 필요가 있다. 이는 퍼포먼스 연구 또는 문화 연구가 그 대상을 지나치게 보편화했던 탓에 그 이론적이고 분석적인 힘을 너무 빨리 상실해버렸던 데서 얻을 수 있는 교훈이다.

3. 매체성(MEDIALITÉ)

매체성은 다양한 종류의 매체들의 체계와 연관된다. 이 개념은 매체들의 기술적 기능을 구체적으로 파고들지 않으며, 단지 그것들의 구조, 가능성, 그리고 발달을 고찰한다. 매체성은 "인식과 소통의 과정, 나아가 예술적이고 학문적인 생산의 과정을 검토하는 일종의 분석으로 귀결되며, 물질적인 동시에 의미 작용을 하기도 하는 그 조건들을 문제시한다."[15] 이와 같은 분석을 이해하기 위해서는 먼저 그 도구들과 구성 요소들을 명확히 할 필요가 있다.

---

15) Marie-Laure Ryan, "Media and Narrative", *Routledge Encyclopedia of Narrative Theory*, p.289.

3.1. 메디엄(médium)과 메디아(média)

현재는 그 구분이 사라진 것처럼 보이나, 메디엄과 메디아 개념은 각각이 드러내고 있는 대조적인 관점들에 입각하여 분명하게 구분되어야 한다.

'메디엄'은 하나의 예술 장르나 표현 방식에 고유한 예술적 기술들 및 재료들의 총체를 일컫는다. 그것은 예술의 전형적인 영역이자 테크닉이다. 따라서 우리는 가령 회화의 '매체(메디엄)'에 관해 이야기한다. 또 연극적 '매체(메디엄)' - 거의 통용되지 않는 표현인 것이 사실이지만 - 는 무대, 배우, 경우에 따라서는 드라마 텍스트 등을 사용하는 방식을 가리킨다.

반면 '메디아'는 정보의 소통 및 전달 체계를 일컫는 말이다. 이와 같은 두 개념의 대립은 영어에서 찾아볼 수 있는 '기호적 매체(semiotic media)' - 메디엄(언어, 소리, 이미지 등) - 와 '전달하는 매체(transmissive media)' - 메디아(텔레비전, 라디오, 인터넷 등) - 사이의 구분과 일치한다.

하나의 매체(메디엄)는 발달하거나 그 바탕을 바꿀 수 있으며, 그럼에도 계속 매체(메디엄)로서 남는다. 따라서 우리는 영화적 매체(메디엄)라는 말을 계속해서 사용할 수 있는 것이다. 오몽(Aumont)과 마리(Marie)가 언급했듯이, "영화적 매체는 예전에는 필름을 통해 구현되었다. 오늘날 그것은 디지털 촬영의 발전 및 헤게모니에 의해 보다 추상적인 것으로 변화했다."[16]

---

16) Jacques Aumont and Michel Marie, *Dictionnaire théorique et critique du cinéma*, (Armand Colin, 2008), p.148.

3.2. 매체(médias)

3.2.1. 매체의 일반적 정의

프레데릭 바르비에(Frédéric Barbier)와 까트린 라브니르(Catherine Lavenir)는 다음과 같은 분명하고 완벽한 정의를 제시하고 있다. "한 사회로 하여금 다음 세 가지 본질적인 기능들의 일부 또는 전부를 충족시킬 수 있도록 만들어주는 모든 소통의 시스템 - 보존, 메시지와 지식의 원격 소통, 정치적이고 문화적인 실천들의 시사화."[17] 대부분의 공연이나 연극은 위의 세 기준들에 부합한다. 먼저 드라마적 글쓰기는 메시지를 보존하고 전달한다. 또 연출은 체계들 사이의 관계 또는 그 사이에서의 선택을 한순간 집중시키고 보존한다. 끝으로 그 작품이 다른 단체에 의해 재연되거나 재창조될 때, 그 작품은 새로운 맥락, 새로운 대중을 위해 각색됨으로써 문화적이고 정치적인 실천들을 시사화한다.

3.2.2. 매체 / 기호들의 체계, 물질, 장르

따라서 우리는 연극을 하나의 매체(메디아)로서 바라볼 수 있다. 그러나 이때 매체는 매스미디어와는 다르며, 매스미디어적 견지는 우리 연극의 중심을 조금씩 침범해 들어오는 맥씨어터(McTheatre)나 메가뮤지컬(Megamusical)의 경우에만 해당되는 것이다. 한편 연극이라는 매체는 그 자체로 다양한 본성에 근거하는 수많은 매체들로 이루어져 있다. 따라서 다양한 역사적 실천을 통해 실현

---

17) Frédéric Barbier and Catherine Lavenir, *Histoire des médias*, (Paris: Armand Colin, 1996), p.5.

되었던 매체들의 유동적인 지형으로서 연극을 연구할 필요가 있다. 그런데 여기서 우리는 매체라는 개념을 기호들의 체계, 물질, 장르 개념과 구분할 수 있어야 한다.

'기호들의 체계'는 기표들 − 공간, 소리, 다양한 물질 − 의 본성에 의해 구분된다. 이러한 기표들은 이미 형상화되어 있다. 우리는 그것들을 가능한 기의들과 연결 짓는다.

'물질들'은 감각의 모든 차원들 − 시각, 청각, 후각, 공감각, 촉각 − 에 속한 것이다.

'장르들'은 시대에 따라 다소간 고정된 관례들 − 문학적 관례, 연극적, 회화적, 음악적 관례 − 의 총체라고 정의된다. 예를 들어 우리는 웨스턴 장르나 코미디 뮤지컬 장르 등에 대해 이야기할 수 있다.

이 세 개의 범주와 달리, 매체(메디아)는 따라야 할 규칙들로서가 아니라 기술적인 작용 및 잠재성의 총체로서 규정된다.

우리는 공연이나 연극을 특정한 기호 체계, 물질, 혹은 장르의 현전으로서 규정할 수 없다. 연극적 매체(메디엄)는 특별한 그 무엇도 갖고 있지 않다. 우리는 단지 매 시기마다 그것을 바라보는 특별한 방식이 있었음을 확증할 뿐이다. 텍스트의 재현(1950~60년대 프랑스), 연극의 특수성과 연극적 기호에 대한 탐색(1960~70년대), 구조적이고 기호학적인 체계로서의 연출(1980년대), 퍼포먼스와 수행성(1990~2000년대).

3.2.3. 시청각적 매체, 매스미디어, 새로운 매체들

그러나 연극을 매체이론에 위치시키는 것은 쉬운 작업이 아닌데, 왜냐하면 매체라는 말을 통해 우리는 종종 '시청각적 매체'를, 나아가 '매스미디어' 또는 '새로운 매체들(이제는 더 이상 그다지 새롭지 않은)'을 연상하게 되기 때문이다. 바로 그 때문에 여전히 몇몇 관객들은 무대 위에 매체나 테크놀로지가 놓이는 것을 일종의 침입으로 느끼곤 한다.

그러나 우리는 편견을 뒤로 한 채, 매체가 실현하고 허용하는 것이 무엇인지를 살펴볼 필요가 있다. "매체는 매개한다. 뉴스 리포트가 즉각적이라고 여겨질 수 있겠지만, 사실은 그렇지 않다. 그것은 매개된다. 인간의 모든 소통과 마찬가지로, 그것은 물질적인 형태 – 말, 몸짓, 노래, 그림, 글 – 로 바꾸어져야 한다. 무언가를 매개한다는 일의 포인트는 시간과 공간을 초월하여 되도록 많은 사람들을 소통시키는 데 놓여 있다."[18] 매체에 대한 이 같은 고전적인 정의는, 시간과 공간을 초월하여 모든 사람들을 소통시키려 애쓰지 않는 연극이나 퍼포먼스의 이념과는 대조적인 것으로 여겨질 수 있다. 그럼에도 연극은 현대의 세계 및 매체에 종속되어 있으며, 원하든 원하지 않든 세계에 대한 매체의 지배력을 인지하고 있어야 한다. 따라서 일시적인 상황이나 미심쩍은 즉각성을 벗어나고자 한다면, 연극은 매체들의 상호작용적 놀이로 편입되어 들어가야 할 것이다.

---

18) Ziauddin Sardar and Borin Van Loon, *Media Studies*, (London:Totem Books, 2000), p.32.

3.3. 상호매체성

3.3.1. 새로운 이론인가?

우리는 동어반복의 위험을 무릅쓴 채, 마치 매체라는 것이 이미 연결되거나 접속된 것이 전혀 아닌 것처럼 새로이 상호매체성에 대해 이야기한다. 상호매체성은, 문화사나 예술사 내에서 또는 하나의 작품 내에서 발견될 수 있는 매체들 사이의 교류를 연구한다. 가령 우리는 1920~30년대 드라마나 소설적 글쓰기에 영화의 몽타주 기법이 미친 영향을 살펴볼 수 있다. 또는 보다 구체적으로, 마임의 한순간을 분석함으로써, 그 몸짓이 움직임을 형상화하기 위해 회화나 영화 등 다른 예술로부터 무언가 빌려온 것이 있는지 확인해볼 수도 있다.

엄밀한 의미에서 상호매체성은 매체들을 연결 짓는 것이다. 그러나 실천의 경우에 있어 매체, 장르, 물질, 기호의 체계 등을 구분하는 것은 그리 쉽지 않다. 어떤 각색이론은 모든 가능하고 상상적인 교류들을 헛되이 레퍼토리화하려 애쓸지 모르지만, 곧이어 방법론적 불명확성에 부딪치고 말 것이다. 상호매체성에 대한 채플(Chapple)과 카텐벨트(Kattenbelt)의 매우 광범위한 정의는 그럼에도 사유나 과정이 교류하는 저 상호매체적 공간을 잘 스케치해준다. "상호매체성은 경계들이 흐려지는 영역을 가리킨다. 그리고 우리는 공간들과 매체들과 현실들의 뒤섞임 속에, 그 사이에 놓여 있다. 따라서 상호매체성은 퍼포먼스를 통해 다른 무언가가 형성되는, 사유들 또는 과정들의 변형 과정이다."[19]

---

19) Freda Chapple and Chiel Kattenbelt, *Intermediality in theatre and Performance*, (Rodopi, 2006), p.12.

그리고 이 과정은 수행성, 즉 물질들의 통합 또는 병렬된 물질들의 역동적인 결합과 크게 다르지 않다. 두 경우 모두에서 중요한 것은 공연의 요소들을 무대화하는 일이다.

3.3.2. 매체(médium)의 번안 및 변형

상호매체성의 개념을 한 매체(또는 장르)의 다른 매체(장르)에 의한 번안, 즉 독일어로 매체의 교체(Medienwechsel)라 부르는 것과 구분 지을 필요가 있다. 후자의 개념은 하나의 매체성에 의한 다른 매체성의 교대를 나타내는 것이 아니라, 한 매체의 작품을 다른 매체의 작품으로 이동시키는 것을 말한다. 가령 책에서 영화로, 또는 연극작품에서 라디오 방송용 작품으로의 변형을 예로 들 수 있다.

3.3.3. "재매체화(remediation)" 혹은 구제책(remède)?

우리는 매체에 대해, 특별히 매체들의 교류에 대해 어떤 일반론도 수립할 수 없다. 그 대신 한 매체에서 다른 매체로의 이동, 또는 그것들 사이의 재연이나 변형이 대략적으로 가늠될 수 있는 몇몇 경우들을 연구해볼 수는 있을 것이다. 제이(Jay)와 그루진(Grusin)은 재매체화에 대한 이론을 제안한다. 그들은 모든 매체가 이미 재매체화된 것이자 이전 것들로부터 하나의 매체를 재구상한 것이라는 데까지 논의를 발전시키고 있다. 이는 모든 텍스트가 기존 텍스트들의 다시쓰기라는 견지에서 하나의 텍스트를 상호텍스트적으로 읽는 방식과 유사하다.

"매체란 재매체화하는 것이다. 그것은 다른 매체의 기술, 형식, 사회적 의미 등을 사용하며, 실제의 이름하에 그것들을 견주어보거나 개조하기를 시도한다."[20]

"재매체화는, 새로운 디지털 매체에 있어 진정으로 새로운 점이란 앞선 매체들, 즉 텔레비전, 영화, 사진, 그림, 그리고 인쇄 등으로부터 그것이 무언가를 빌려오고 오마주하고 비판하고 새롭게 한 정도에 놓여 있다고 주장한다."[21]

"재매체화는 20세기 말의 두 가지 대조적인 시각적 양식 또는 매체화의 논리를 식별해준다. 첫 번째는 '투명한 즉각성(transparent immediacy)'으로, 이때 매체의 목적은 매체화의 흔적을 지우거나 제거하는 것이다. 두 번째는 '초매체성(hypermediacy)'으로, 이때 매체는 매체화의 흔적을 증대시키거나 분명하게 만든다."[22]

재매체화(새로운 매체화, 또는 병폐나 곤경에 대한 '구제책'도 될 수 있는)에 대한 이 같은 이론에 따르면, 매체는 기존의 것들을 (넘어서기보다) 흡수하는 경향을 보이며, 새로운 도구 – 새로운 필요들에 적응함으로써 한순간 시장을 지배하는 – 를 제안해준다.

3.3.4. 매체의 본질주의에 대항하여

무대 위의 모든 매체적 테크놀로지에 반대하는 연극의 순수주의는 오래전에

---

20) Jay Bolter and Richard Grusin, *Remediation: Understanding New Media*, (Cambridge:MIT Press, 2000), p.65.
21) Richard Grusin, "Remediation", *Routledge Encyclopedia of Narrative Theory*, p.497.
22) Ibid., p.497.

기각되었다. 이러한 상황은 물론 국가나 대중들에 따라 다르지만, 대체로 연출이란 매체들을 통합하거나 중재하는 것이라는, 그런즉 배우의 연기나 최초의 텍스트에 대해 부가적으로 더해지는 또 다른 발화자들을 통합하거나 중재하는 것이라는 생각이 일반적이다.

또 우리는 매체의 특수성을 탐색하던 첫 번째 단계에서도 벗어나 있다. 우리는 연극성에 대한 격렬한 탐구 역시 중단하였다. 그 다음 단계는 가령 다음 문장에서 노엘 캐롤(Noël Carrol)이 지시하고 있는 모든 "매체의 본질주의" 및 매체에 관한 모든 본질주의적 개념을 저지하는 것이다. "모든 예술 형식이 여타의 것과 구분되는 고유의 분명한 매체를 지닌다는 교리가 있다. 본질로서의 매체는 그 매체를 통해 무엇을 하는 것이 가장 적절한지를 지시해준다."[23] 예술이나 매체의 특수성에 관한 이 같은 잘못된 문제는 재매체화 개념에 의해 해결되는 것처럼 보인다. 모든 매체들은 서로 뒤섞이려는 경향을 갖는 것이다. 매체들은 연극을 보조할 뿐 아니라 구성하며, 상호침투한다. 순수 연극(아르토, 그로토프스키, 바르바)을 대신하여 우리는 이제 매체 또는 매스미디어를 동반해서밖에 존재할 수 없는 연극이라는 매체, 곧 '매체연극(médiâtre)'에 대해 이야기해야 한다. 연극이라는 어머니(marâtre?)와 매체라는 아버지로부터 태어난 이 갓난아기는, 소아의 선생님의 보호 아래, 연출가 – 콕토(Cocteau)의 표현에 따르면 종종 아버지 역할을 대신하는 산파에 불과한 – 가 애지중지하는 어린이로 성장했다.

어찌 되었든 중요한 것은 연출가가 이 모든 매체들을 통해 무엇을 하고자 하

---

23) Noël Carrol, *Theorizing the Moving Image*, (Cambridge University Press, 1996), p.49.

는지, 그것들을 어떻게 결합하는지, 어떤 전략과 어떤 미학에 따라 그리하는지, 또 어떤 목적을 갖고 그리하는지에 놓여있다.

3.3.5. 분석 방법들과 질문들

명확한 방법론을 대신하여, 여기서는 복잡하게 얽힌 이 매체들을 분석하는 일에 연관된 몇몇 질문들을 제공하도록 하겠다. 1) 매체들을 어떻게 식별하는가? 그것들은 가시적으로 드러나 있는가 아니면 감추어져 있는가? 2) 매체들은 실시간으로 만들어진 것인가 아니면 미리 준비된 것인가? 3) 우리는 살아있는 사람을 보고 듣는 것인가? 그들은 촬영되었나? 아니면 라이브로 존재하는가? 4) 매체들은 어떻게 서로 협력하는가? 재매체화의 흔적은 어떠한가? 5) 그것들은 우리로 하여금 세계를 다른 방식으로 바라볼 수 있도록 도와주는가?

3.4. 매체, 사회 그리고 정치

3.4.1. 매체의 재평가

연극의 사례는 우리로 하여금 우리 삶에서 매체성의 역할이 무엇인지를 인지하도록 해주는 특수한 경우에 지나지 않는다. 우리는 인생에서 15년, 즉 평생의 4분의 1을 시청각적 매체들, 음악이나 인터넷 서핑 등에 면(面)하여 살아간다고 한다. 세계에 대한 우리의 집중, 상상력, 신념이나 경험은 그것들의 영향을 크게 받고 있다. 우리는 가상현실 속으로 점점 더 도피하며, 모든 안정된 정체성이나 진정성을 의심하게 된다. 그럼에도 매체를 대할 때 우리는 예전보다 훨씬 덜 겁먹고, 훨씬 덜 편집증적으로 되었다. 1923년 세워졌다가 1933년 미국으로 추방되었고, 1953년 독일에 다시 설립된 프랑크푸르트 학파(벤야민, 아도르노, 호르크하이머, 프롬, 마르쿠제)에 속한 동시대 학자들(하버마스 또는 비판이론이나 문화이론의 계승자들)은 그 급진성은 잃지 않으면서도, 매체에 의한 우둔화 테제가 상황에 따라 미묘한 차이를 고려하여 다루어져야 함을 인지하고 있다. 중요한 것은 "매체가 사람들에게 무엇을 해주는가 보다, 사람들이 매체를 가지고 무엇을 하는가에 더 집중하는 것"[24]이다. 바로 이를 위해 전 세계의 수많은 미디어 연구(media studies)학과들은 분주하게 움직이고 있다. 그러나 불행히도 이 학과들은 보다 고전적인 문학 또는 공연예술학과로부터 종종 너무 고립되곤 한다.

현재의 경향은 더 이상 매체에 의한 소외 – 이는 거의 반론의 여지가 없는 문제다 – 를 고발하는 것이 아니라, 비판적인 목적을 가지고 그것을 사용하는 방식에 놓여 있는데, 여기에는 아이러니와 빈정대기를 통해 매체를 그 자체에 대항하여 뒤집어 놓는 일까지가 포함된다. 예컨대 어떻게 매체적인 사건이 그 사건을 변형시키고 나아가 창조하는 데 크게 기여할 수 있는지를 보여주는 것이다. (한 예로 신랑 신부나 그 가족보다는 사진이나 카메라맨을 위해 기획되는 것처럼 보이는 한국의 결혼식을 들 수 있다. 그 결과 오직 촬영이 중점이 되고, 두 사람은 한 가정을 이루기 위해서라기보다 디지털 포토 앨범을 만들기 위해서 결혼하는 것 같은 인상을 주게 된다.) 그 자체로 이데올로기의 표현인 매체

---

24) Ziauddin Sardar and Borin Van Loon, *Media Studies*, (London:Totem Books, 2000), p.32.

는, 결혼식과 그 이후의 삶(결혼 생활)이 펼쳐지게 될 방식을 결정한다. 이 점이 바로 매체의 수행적인 힘이자, 곧 정치적인 힘이다. 결혼식에 대한 이 예를 드는 것은 독자들로 하여금 결혼을 하지 못하도록 만들기 위함이 아니라, 어떻게 이데올로기로서의 매체가 우리의 삶을 구성하고 또 우리에게 놀이의 규범들을 강요하는지, 그런즉 어떻게 일종의 거대한 수행적 힘을 획득하는지를 이해시키기 위함이다. 그러나 이 경우에 '수행된' 것은 더 이상 결혼을 약속하는 예식이 아니고, 말하자면 사진 앨범 속에 '구현되는' 매체적 사건을 만드는 일이다.

우리 이론가들(기혼이든 미혼이든)에게 있어 아도르노와 호르크하이머에서 보드리야르와 비릴리오에 이르는 비판이론은 매체에 관한 논쟁에 하나의 정치적 틀을 제공해주는 주요한 참조점이 된다. 유일한 과제는, 이미 역사 속으로 들어가 버린 이 저자들의 이론이 우리로 하여금 어떻게, 대학의 상황(더 이상 어디로 가야 할 지 알 수 없는)과 한국 및 세계의 정치(더 이상 어디로도 가려 하지 않는)를 바로잡을 수 있도록 도울 수 있는지를 아는 것이다.

3.4.2. 퍼포먼스의 확장

연극의 경우 우리는 매체들이 점점 더 세력을 떨치고 있는 각종 경험들을 수용하며 감상한다. 표면적으로 볼 때 우리는, 매스미디어가 어떻게 영토를 확장해가고 또 공연에 관한 우리의 지식과 기대와 물리적, 공감각, 감각적 경험에 어떻게 영향을 미치는지 그 방법론을 확증해낸 것처럼 보인다. 우리는 다양한 유형의 문화적 퍼포먼스들이 확장된 사례로서 매체를 파악할 수 있다. 그리고 이 경우 연극 연출은 하나의 특수한 사례에 불과하게 된다. 일반적으로 매체들은 실시간으로 이루어지는 사건을 대체하지 못한다. 대신 그 매체들은 드라마 텍스트나 문화적 실천을 다양한 정체성을 가진 퍼포먼스들로, 다채로운 생산성으로 이끌어간다.

3.4.3. 사회과학과 문학 및 미학이론

우리는 기술(여러 번 행해졌던)뿐 아니라 매체에 의거해서 씌어진 정신구조의 역사를 기대해볼 수 있다. 아마도 이러한 시도는 시대별로 사용할 수 있는 매체에 따라 관객들의 지각이 어떻게 변화했는지를 나타낼 수 있을 것이다. 이와 같은 역사화는 레지 드브레(Régis Debray)와 그의 매체이론에 의해 착수되었다. "그것을 통해 말씀이 육신이 되게 하는 물리적인 매개들에 대한 연구. 다분히 집단적인 하나의 아이디어. 세계적 시선으로서의 하나의 메시지. 우리의 현대적 매체들이 독창적이고 확산적인 그 형태를 구성하는, 그러나 그 기원은 멀리 거슬러 올라가는, 모든 종류의 매개들과 배합들."[25]

한편 문학이론에 있어, 공연이나 문화적 사건들 속으로 매체가 진입한 결과를 평가해 보아야 한다. 몇몇 대립들은 벌써부터 쇠퇴하기 시작했는데, 가령 미메시스와 디에게시스(보여주기와 이야기하기)의 유명한 이원성이 그러하다. 20여 년 전부터 이루어진 서사이론의 재검토, 또는 다양한 매체들의 시각적인 이야기하기 경험들에 힘입어, 보여주기와 이야기하기의 근본적인 단절은 다시금 문제시되었다. 실제로 보여주기는 관객을 이미지의 한 지점에서 다른 지점으로

---

[25] Régis Debray, *Introduction à la médiologie*, (P.U.F., 2000).

이끌어주는 한에서 무언가를 이야기하지 않을 수 없으며, 반대로 이야기하기는 언제나 이야기를 지탱해주는 지점들, 즉 표현, 연극성, 순수한 육체적 현존의 순간들에 의해 이루어진다. 마찬가지로 시각적인 것과 텍스트적인 것 사이의 오랜 대립도 사라졌는데, 미케 발(Mieke Bal)이 설명하듯 "어떻게 시각적으로 읽을 것인가'의 문제는 '어떻게 서사적으로 볼 것인가'의 문제와 상보적이다."[26]

4. 나오는 말: 매체의 수행성

수행성과 매체성의 개념들은 우리를 어디로 이끌어왔는가? 요컨대 그것들은 가짜 형제들인가, 혹은 진짜 공범자들인가?

우리는 어떤 종류의 인식론에 빠져 있는가? 실제에 대한 우리의 관계는 더욱 강해졌는가, 마치 수행성이 우리에게 종종 제공해왔던 체화된 인식이 우리로 하여금 실제로 체화를 기대하게 만들 수 있었던 것처럼? 아니면, 기술 복제 이전 예술작품의 특징이었던 아우라나 진정성의 표지가 종결된 이후에, 디지털 예술의 수치화 및 매체화와 더불어서, 실제와 우리의 관계는 느슨해지거나 혹 끊어졌는가?

우리는 이 두 가지 답변 모두를 이야기할 수 있다! 가령 디지털 카메라는 구체적인 모든 지시대상으로부터 분리된 하나의 종합적인 이미지를 만들기 위해서 무용수들의 몸을 탈취할 수 있다. 그러나 이는 종종 아주 아름다운 결과물을 낳

---

26) Mieke Bal, "Visual Narrativity", *Routledge Encyclopedia of Narrative theory*, p.630.

으며, 이따금 관객들을 무용수의 육체뿐 아니라 자신의 육체에 대한 새로운 지각으로 이끌어간다.

그리고 실제로 매체성과 수행성은 이처럼 상반되는 두 경향들을 따름으로써 각각 반대 방향으로 나아갈 수 있다.

수행성의 경우, 첫 번째 경향은 퍼포먼스에 있어 생산성, 성공, 그리고 언제나 보다 거대하고 통제 불가능한 기술적이고 스포츠적이거나 경제적인 퍼포먼스를 강요한다. 그것은 인간적이고 질적인 것을 폐기한 채, 도리어 그것들의 파괴, 곧 추상화나 수량화 및 극단적인 개발을 부추긴다. 이와 같은 추상화는 매체화와 디지털화의 추상화로 연결된다.

그러나 반대로 두 번째 경향은 수행성을 체화, 곧 육체화(embodiment)로 이끌어간다. 행동들은 육체 속에서 실행되고 체화된다. 이는 '체화된 지식(embodied knowledge)'으로 이끌어지거나, 혹은 배우-퍼포머가 그 속에서 스스로 체화되는 퍼포먼스 예술로 이르게 된다.

따라서 수행성은 추상화나 수량화로 귀결될 수 있는 동시에, 현실에 뿌리를 내리거나 체화되는 방향으로도 갈 수 있다.

한편 매체성의 경우에도 비견할 만한 두 가지 경향을 발견하게 된다.

첫 번째 경향은 매체성을 디지털화, 지시대상으로부터의 격리, 추상화로 이끌어가며, 이를 통해 매체는 즉각적으로 전 세계에 퍼질 수 있게 된다.

두 번째 경향은 육체와 현존을 제거하는 것에 대한 반작용으로, 전시와 현전의 관계 속에서, 곧 전시(Ausstellung)와 제시(Ausführung)의 지점 위에서 육체를 새로이 구축하기에 이른다. 그러나 이 최종적 경향은 미래가 불투명해 보이며, 단지 이미 지나가버린 과거에 속한 육체와 현존에 대한 향수처럼 여겨진다.

이후 우리의 연구에서 중시해야 할 것은 체화된 퍼포먼스를 양적이거나 규범적인 퍼포먼스로 환원시키지 않은 채 잘 활용하는 일이다. 물론 그렇다고 해도 우리는, 우리를 매스미디어의 세계로 즉각적으로 연결시켜주는 디지털의 힘과 능력으로부터 고립되지 않을 것이다. 따라서 이론과 기술의 그 같은 상태를 고려하는 일은 유용할 뿐 아니라 필수적인 것으로 여겨진다. 또한 윤리적이고 정치적인 견지에서 이 모든 질문들을 제기함으로써, 비뚤어진 역효과를 통제하는 것 역시 필요 불가결하다. 그러므로 수행성과 매체성의 만남은 유용하게 될 것이며, 우리의 연구를 크게 발전시켜줄 것으로 전망된다.

(번역: 목정원)

참고문헌

Aumont, Jacques and Marie, Michel, *Dictionnaire théorique et critique du cinéma*, (Armand Colin, 2008).

Austin, J. L., *How to do things with words?*, (Harvard University Press, 1962).

Bal, Mieke, "Visual Narrativity", *Routledge Encyclopedia of Narrative theory*, (London:Routledge, 2005).

Barbier, Frédéric and Lavenir, Catherine, *Histoire des médias*, (Paris:Armand Colin, 1996).

Bauman, Richard, "Performance", *Routledge Encyclopedia of Narrative Theory*, Edited by David Herman; Manfred Jahn and Marie-Laure Ryan, (London:Routledge, 2005).

Bolter, Jay and Grusin, Richard, *Remediation: Understanding New Media*, (Cambridge:MIT Press, 2000).

Butler, Judith, *Gender Trouble: Feminism and the Subversion of Identity*, (London:Routledge, 1990).

Carrol, Noël, *Theorizing the Moving Image*, (Cambridge University Press, 1996).

Chapple, Freda and Kattenbelt, Chiel, *Intermediality in theatre and Performance*, (Rodopi, 2006).

Counsell, Colin and Wolf, Laurie, *Performance Analysis*, (London:Routledge, 2001).

Debray, Régis, *Introduction à la médiologie*, (Paris:P.U.F., 2000).

Delvaux, Martine et Fournier, Michel, "Rapports sociaux du sexe", *Le Dictionnaire du Littéraire*, Aron, Paul and Saint-Jacques, Denis and Viala, Alain, éd., (Paris:P.U.F., 2002).

Grusin, Richard, "Remediation", *Routledge Encyclopedia of Narrative Theory*, (London:Routledge, 2005).

Lyotard, Jean-François, *The Postmodern Condition*, (University of Minnesota Press, 1984).

McKenzie, Jon, *To perform or else...*, (Routledge, 2007).

Ryan, Marie-Laure, "Media and Narrative", *Routledge Encyclopedia of Narrative Theory*, (London:Routledge, 2005).

Sardar, Ziauddin and Van Loon, Borin, *Media Studies*, (London:Totem Books, 2000).

Schechner, Richard, *Performance Studies. An introduction*, Second Edition, (London and New York, Routledge, 2006).

Searle, John, *Speech Acts: an Essay in the Philosophy of Language*, (Cambridge University Press, 1969).

Shepherd, Simon and Wallis, Mick, *Drama/Theatre/Performance*, (London:Routledge, 2004).

Singer, Milton, *Traditional India, Structure and Change*, Philadelphia, 1959.

www.communication.northwesthern.edu/performancestudies/graduate/

미학에서 지각학으로의 전환과 그 함의

최준호

1. 들어가는 말
2. 전통미학의 위기: 지각학으로서의 미학의 요구
3. 전통자연미학의 한계: 소외된 자연에 기초한 미학
4. 새로운 자연미학: 뵈메의 자연미학
5. 뵈메의 생태학적 자연미학에 담긴 함의−지각학의 함의
6. 나오는 말

1. 들어가는 말

폭발적으로 확장된 삶의 감성화, 환경문제의 부각에 따른 자연관의 전회, 그리고 예술의 새로운 흐름 등은 미학에 새로운 변화를 요구하고 있다. 예술에 국한된, 그것도 이른바 아름다운 예술(fine arts)에 국한된 미학으로서는 더 이상 감당할 수 없는 상황이 폭넓게 전개되어왔다. 20세기 들어서면서 그 조짐을 보였던 이와 같은 사태는 세기 중반을 넘어서면서 돌이킬 수 없는 국면으로 접어든 것으로 보인다. 달리 말하자면 미학은 이제 예술에 국한된 미학을 넘어서서, 감성적 인식 일반에 관한 학문으로서의 미학으로 거듭나야 한다. 그리고 바로 이 점에서 새롭게 요구되는 미학은 미학의 창시자로 일컬어지는 바움가르텐(A. G. Baumgarten)의 근본 물음으로 소급된다.[1)]

뵈메(Gernot Böhme)에 따르면, 미학의 이러한 전환 혹은 전환에 대한 요구는 '자연 및 인간에 대한 근대적 이해로부터의 변화'와 밀접하게 연관되어 있다. 그

---

1) 바움가르텐은 "감성적 인식 일반의 이론"으로서의 미학을 정초하고자 했다. A. G. Baumgarten, *Ästhetik*, hrsg. und übers. von Dagmar Mirbach, (Hamburg:Meiner, 2007), 14절.

리고 그 변화는 기본적으로 환경문제의 심각성으로부터 야기되었다. 달리 말하자면 이것은 생태학적 자연미학에 대한 요구에 상응한다. 생태학적 자연미학은 '인간이란 어쩔 수 없이 자연 속에서 그리고 자연과 함께 살아야 하는 존재'라는 사실에 새삼 주목한다. 이와 관련하여 무엇보다도 중요한 것은 '인간은 자신이 어떤 환경에 처해 있는가를 자신의 신체에서 감지한다.'는 사실이다. 이 점이 '자연 및 인간에 대한 새로운 이해'의 열쇠라는 것이다.

뵈메는 이러한 감지의 경험은 전통의 고전미학(실러에서 아도르노에 이르는 미학)에서 말하는 미학적 경험보다 더 근본적인 미학적 경험임을 강조하면서, 이로부터 새로운 미학을 정초하려고 한다. 이른바 지각학(Aisthetik)으로서의 미학이 그것이다. 즉, 생태학적으로 동기 지어진 자연미학은 '보편적 지각학'의 가능성을 담고 있다는 것이다. 본 연구는 이러한 내용을 골간으로 하는 뵈메의 자연미학을 전통적인 자연미학과 비교·고찰하고, 이를 통해서 지각학으로서의 미학에 담긴 함의를 살펴보려고 한다. 요컨대 지각학으로서의 미학에 담긴 '인간 및 자연 이해의 변화', '미학적 경험의 의미 확장', 그리고 '예술에 대한 이해의 전환' 등을 살펴보려고 한다.

글의 전개는 다음과 같다. 먼저, 지각학으로서의 미학을 요구하는 상황이 다음의 세 측면, 즉 '생태학적으로 동기 지어진 자연미학의 대두', '삶의 감성화', '현대예술의 새 흐름'에 초점이 맞추어져 고찰될 것이다.(2) 다음으로 지각학으로서의 미학이 부각되는 데 가장 결정적으로 기여하고 있다고 할 수 있는 '생태학적으로 동기 지어진 자연미학'이 전통미학과 관련하여 고찰될 것이다.(3) (4) 마지막으로 새로운 자연미학에 담긴 함의가 고찰될 것이다.(5)

2. 전통미학의 위기: 지각학으로서의 미학의 요구

미학은 20세기 후반 이후 급격한 변화를 겪어왔다. 인간 신체의 재발견, 감성의 복권, 예술의 폭발적 확장, 현상학 운동 등이 그 원인이다. 그리고 그 변화의 핵심에는 미학이 그 본래 의미(aisthesis: 지각하다, 감각하다)로 돌아가야 한다는 사실이 자리하고 있다. 이는 바움가르텐 미학의 부활로 간주될 수 있다.[2] 바움가르텐은 미학을 감성적 인식에 관한 철학적 이론으로 정초하고자 했다. 그리고 이를 통해서 그는 당대에 합리주의의 대극(Gegenpol)을 만들어냈다.(*Aisthetik*, Einführing, 11~12쪽) 그에 따르면, 감성적 인식은 그 고유한 완전성의 형식을 지닌다. 그 완전성이 미다.

그러나 그의 시도는 충분하게 전개되지 못했다. 그의 미학은 곧바로 예술, 예술경험, 그리고 예술작품에 관한 이론으로 협소화됐다.(*Aisthetik*, 12쪽) 바움가르텐 자신의 언급에도 미학이 예술에 관한 이론으로 축소될 소지가 없는 것은 아니다. 그러나 무엇보다도 그의 제자 마이어(G. F. Meier)에 의해서 미학이 아름다운 예술에 관한 이론, 더 정확하게 말하자면 예술미에 관한 이론으로 명시적으로 축소된다. 그는 바움가르텐 미학의 구상을 대중에게 쉽게 전달할 목적으로 책(*Anfangsgründe aller schönen Wissenschaft*, 1748)을 출간한다. 거기서 그는 감성적 인식의 완전성을 예술미로 국한시킨다. 그 이후 헤겔에 의해 이러한

---

[2] G. Böhme, *Aisthetik: Vorlesungen über Ästhetik als allgemeine Wahrnehmungslehre*[이하 Aisthetik], (Müchen:Fink, 2001), Vorrede.

사태는 더욱 공고해진다.[3]

이로 인해서 자연, 일상적 삶의 미학적 현상들, 그리고 이른바 아름다운 예술 이외의 예술(이를테면 공예)이 미학에서 다루어지지 않게 되었다.(*Aisthetik*, 17) 바움가르텐 이후 칸트와 헤겔을 거쳐 아도르노에 이르기까지의 미학은 기본적으로 예술에 관한, 그것도 예술미에 관한 이론으로 여겨져 왔다. 중요한 것은 이러한 미학은 감성, 미학적 경험 등에 대한 간과할 수 없는 폄하를 야기 시켰다는 점이다. 감성은 기껏해야 지성적 인식을 위한 기초자료를 제공하는 능력으로 간주되거나 미를 판정할 수 있는 능력, 즉 취미(Geschmack)로 간주되었다. 또 미학적 경험은 미와 숭고의 경험, 그것도 예술작품에서의 미와 숭고의 경험으로 제한되었다.

그런데 20세기 후반에 이르러, 미학은 전통의 미학을 고수하기 힘든 상황에 직면하게 된다. 감성적 인식 일반에 관한 이론으로서의 미학, 다시 말해 지각학으로서의 미학을 요구하는 상황이 폭넓게 전개되었다. 뵈메는 이러한 상황을 세 가지로 나누어 언급하고 있다. 삶의 광범위한 미학화,[4] 현대예술의 새로운 흐름, 그리고 환경문제로 인한 자연관의 변화가 그것들이다. 뵈메에 따르면, 환경문제로부터 야기되는 생태학적 자연미학의 요구가 가장 우선적으로 지각학

---

3) H. R. Schweizer, "Einführung Begründung der Ästhetik als Wissenschaft der sinnlichen Erkenntnis", in *Theoretische Ästhetik*, (Hamburg:Meiner, 1988), hrsg. und übers. von H. R. Schweizer, IX 참조.

4) 뵈메는 이를 실재의 미학화(Ästhetisierung der Realität)라고 부르고 있다. 그는 일상, 정치, 경제의 미학화를 이렇게 부르고 있다. G. Böhme, *Atmosphäre*, (Frankfurt am Main, 1995), 7쪽.

으로서의 미학과 결부될 수 있다.[5]

2.1. 삶의 미학화

삶의 미학화와 관련하여, 뵈메는 먼저 정치의 미학화를 들고 있다. 오늘날 정치에서는 정치적 만족 이전에 정서적(affektiv) 만족이 요구되고 추구된다. 이 점은 이미 발터 벤야민(Walter Benjamin)에 의해서 지적된 것이다. 벤야민은 '정치의 미학화'의 언급을 통해서, 파시즘을 비판하고자 했다. 그러나 정치의 미학화는 파시즘과 같은 전체주의 국가의 현상에 국한되지 않는다. 그러한 현상은 민주주의 국가에서도 폭 넓게 확인된다. 게다가 그것이 새로운 매체의 출현과 밀접하게 결합됨으로써, 오늘날 정치는 점점 더 텔레비전 카메라 앞으로 다가가고 있다.(Aisthetik, 19~20쪽 참조) 그리고 이는 보드리야르(J. Baudrillard)가 언급하고 있는 것처럼, "매체 속의 현실(Wirklichkeit in den Medien)"이 '그 배후에 가려진 채로 있을 수 있는 것'보다 더 중요하게 여겨질 수 있음을 함축한다.(Ibid.)

삶의 미학화와 관련된 뵈메의 언급에서 무엇보다도 주목을 끄는 것은 삶의 미학화를 "연출가치(Inszenierungswert)"를 통해서 서술하는 부분이다. 뵈메에 따르면, 삶의 미학화는 기본적으로 '우리가 살면서 갖게 되는 것 그리고 우리의 삶을 둘러싸고 있는 것 전부를 치장하는 것', 달리 말해 '그것을 연출하는 것'을 의

---

[5] G. Böhme, *Für eine ökologische Naturästhetik*[이하 FöN], (Frankfurt am Main: Suhrkamp, 1989), 8쪽 참조. 뵈메는 이러한 접근이 전통미학과는 전혀 다른 미학을 개시하게 해준다고 언급한다. G. Böhme, *Atmosphäre*, 22쪽.

미한다.[6] 그리고 이는 소비자본주의로 일컬어지는 후기자본주의 단계(뵈메는 이 단계를 미학적 경제(ästhetische Ökonomie)라고 부르고 있다)에서는 연출가치와 결합되어 있다. 미학적 경제에서, 상품은 사용가치와 교환가치 이외에 연출가치를 지닌다.(*Aisthetik*, 21쪽)

주지하다시피 사용가치는 그것을 통해서 어떤 상품이 어떤 경우에 유용한 것임을 보여줄 수 있는 특성들을 통해서 규정된다.[7] 이에 반해 교환가치는 상품이 교환 속에서 지니게 되는 가치이다. 자본주의가 발전하면서, 교환가치가 사용가치를 지배하게 되었다는 점은 일찍이 지적된 바 있다.[8] 뵈메는 여기에 연출가치를 추가한다. 그것의 사용 여부가 중요한 게 아니라, 그것의 소유 여부가 중요하게 되고, 그것의 소유 여부가 지위의 상징이 되는 그런 상품들이 점점 더 우리 삶을 에워싸는 상황이 오래전부터 전개되었다. '어떤 특정한 삶의 양식'의 연출에 기여하는 데서 그 가치가 결정되는 상품들이 넘쳐나는 삶이 이미 오래전부터 전개되었다. 이러한 연출가치에 의해 지배되는 삶이 미학적 경제를 특징짓는다.(*Aisthetik*, 22쪽)

---

6) 이와 관련하여 벨쉬(Wolfgang Welsch)는 1) 생산조건의 근본적 변화, 즉 생산물이 기본적으로 컴퓨터 시뮬레이션에 기초해서 제작됨으로써, 일상의 삶이 과거와 비교할 수 없게 아름다워진 점, 그리고 2) 현실이 미디어에 의해서 구성되어지는 점을 지적한 바 있다. W. Welsch, 'Das Ästhetische—Eine Schlüsselkategorie unserer Zeit?', in : *Aktualität des Ästhetischen*, hrsg. von W. Welsch, (Müchen: Fink, 1993), 17~20쪽 참조.

7) 이를테면 갈증 해소라는 상황과 관련해서 보자면, 그 갈증이 어떤 상황의 갈증이냐에 따라서 물, 꿀물, 이온음료 등이 각각 더 유용할 수 있다. 그리고 이로부터 그것들의 사용가치가 규정된다.

8) W. F. Haug, *Critique of Commodity Aesthetics*, (Polity Press, 1986) 참조.

뵈메에 따르면, 이러한 미학적 경제의 단계, 즉 연출가치에 의해 특징지어지는 삶의 단계에서 미학은 더 이상 예술의 영역과만 관계하지 않는다. 미학은 이제 디자인, 미용, 광고, 도시계획 등의 영역에서 연출가치의 창출에 기여하는 미학적 노동의 광범위한 산출물들과 대면해야 한다. 물론 미학이 이러한 사태와 대면해야 한다고 해서, 삶의 미학화가 무비판적으로 다뤄져야 한다는 것은 아니다. 연출가치에 담긴 욕구·욕망 추구의 모습이 부정적으로 평가되어야 할 이유는 없겠지만, 그러한 삶의 모습에 수반되기 쉬운 현혹·조작·기만에 대해서 미학은 비판할 수 있어야 한다.(Ibid.)

2.2. 현대예술의 새로운 흐름

예술과만 관계해왔던 전통미학은 예술의 흐름과도 적절하게 조응하지 못했다. 예술의 발전 또한 새로운 미학을 요구한다. 뵈메는 이 점을 조형예술, 음악, 그리고 문학의 예를 들어 설명하고 있다.

먼저 조형예술의 경우를 보자. 전통적으로 어떤 그림은 그 그림이 다른 무엇을 표현하고 있다고 보았다. 즉, 사람들은 그 그림에 대해서 그 그림이 뭘 의미하는가를 물을 수 있었다. 이는 그 그림이 어떤 것을 지시한다는 것을 뜻한다. 그런데 이러한 가정은 현대예술작품들에서 문제시된다. 예를 들어 조셉 알버스(Josep Albers)의 〈Homage to Square〉(다음 그림 참조)[9]를 보자. 그 그림에서 그

---

9) http://www.allposters.com/-sp/Homage-to-the-Square-c-1955-Posters_i339167_.htm.

조셉 알버스의 〈Homage to Square〉

림 속의 사각형들은 다른 어떤 것을 더 이상 표현하지 않는다. 이 그림에서 결정적인 것은 그 그림 자체가 "어떤 것"이라는 점이다.(*Aisthetik*, 24쪽) 우리는 이제 아무것도 말하지 않고, 아무것도 표현하지 않으며, 아무것도 의미하지 않는 그림들과 관계한다.[10] 현대미술은 전통적인 그림의 한계를 넘어서고 있다.

다음은 음악의 경우이다. 쇤베르크(Arnold Schönberg) 이래로 우리는 음악에서 고전적인 형식의 점진적 소멸과 대면해왔다. 형식적인 것이 아니라, 음악의 질적인 것, 이를테면 소리, 그것도 인간의 소리뿐 아니라 도구의 소리가 점점 더 의미를 지니게 되었다. 이로써 자연의 소리, 일상의 소리, 기계의 소리들이 음악 안으로 들어오게 되었다. 전통미학은 형식 개념에 매여 있었다. 그러한 미학은 음악을 악보를 통해 파악한다. 이에 반해 오늘날 음악은 청각적으로 접근가능한 모든 것으로부터 형성된다. 그렇기 때문에 미학 역시 이에 상응해야 한다. 현대음악은 형식이라는 한계를 넘어서고 있다.(*Aisthetik*, 25쪽)

ⓒAllPosters.com. All rights reserved.

10) 그런데 우리는 이런 그림들에서 중요한 경험을, 그리고 때론 극적인 경험을 한다. G. Böhme, *Atmosphäre*, (Frankfurt am Main, 1995), 8쪽.

마지막으로 문학의 경우를 보자. 오늘날 문학은 의미(Sinn) 개념의 한계를 넘어선다. 전통적으로 문학이론은 의미의 명료화를 가능하게 해주는 이론이었다. 20세기 초까지만 하더라도, 어떤 텍스트는 어떤 체험의 표현으로 이해되었다. 그러나 오늘날 어떤 텍스트는 상호텍스트적 형성물로 받아들여진다. 다시 말해서 한 텍스트는 사회적 배경과의 관계 속에서 뿐만 아니라, 무엇보다도 다른 텍스트와의 관계 속에서 결합되어진 산물로 간주된다. 이 경우 텍스트의 의미는 일의적으로 간주되지 않는다. 오히려 다의적으로 받아들여진다. 이는 전통적 '의미' 개념의 소멸을 함축한다. 요컨대 텍스트는 의미와 반의미의 놀이 속에서 파악되어야 한다.(*Aisthetik*, 26~27쪽)

2.3. 생태학적으로 동기 지어진 자연미학의 대두

전통미학은 자연을 미학의 영역에서 배제시켰다. 예술적으로 표현된 것에 한해서만 자연이 가치 있는 것으로 간주되었다. 이처럼 미학에서 배제되었던 자연이 미학의 핵심적 요소로 추동된 이유는 환경문제의 심각성에 있다. 인간의 삶을 위협할 정도로 훼손된 자연환경, 그것의 신체적 감지 등으로 인해, 더 이상 "자연 그 자체"가 아니라, "우리에게 있어서의 자연(Natur für uns)"이 문제가 된다. 이로부터 생태학적 자연미학에 대한 요구가 생겨난다. 즉, '심각한 자연환경에 처해 있음'에 대한 신체적 감지를 핵심으로 하는 자연미학의 요구가 불가피해졌다. 이러한 자연미학은 '자연을 자연과학적으로 고찰하는 것의 한계'를 지적할 뿐만 아니라, 미학을 그 근원적 의미에서 다시 고찰할 것을 촉구한다.

(*Aisthetik*, 23~24쪽)

근대 이후의 자연에 대한 고찰은 기본적으로 자연과학적 방법에 입각해서 이루어져 왔다. 즉, 자연은 줄곧 도구적으로, 그리고 궁극적으로 보자면 소외된 것으로 주제화되어 왔다. 자연과학의 대상으로서의 자연은 인간의 감성적 경험 속에 주어진 자연이 아니다. 그것은 단지 기구 앞에, 그리고 도구적이고 실험적인 맥락 속에 주어진 것일 뿐이다.

이에 반해서 생태학적 요구에서 생겨나는 자연미학에서 본 자연은 인간의 감성에 주어진, 더 정확히 말하자면 인간의 신체와 정서적으로 접촉하는 자연이다. 이런 까닭에 이로부터 요구되는 자연미학은 '감성적 인식의 이론'으로서의 미학을 의도했던 바움가르텐 미학의 근원을 환기시키다.

3. 전통자연미학의 한계: 소외된 자연에 기초한 미학

3.1. 근대 이후의 자연관 및 자연과학

뵈메에 따르면, 부르주아 미학은 근대자연과학의 대립물이 아니라, 그것에 꼭 필요한 보충물이다.[11] 근대자연과학의 자연인식이 자연에서 동떨어진 인식

---

11) 뵈메의 이러한 주장은 멘케(Christoph Menke)의 주장과 상반된다. 멘케에 따르면, 근대미학은 합리주의에 대한 비판에서 출발하고 있으며, 이 점에서 실천적 의미를 지닌다. 이러한 관점에서 그는 자연과학적 지식을 '방법'으로, 그리고 미학적 경험을 '훈육'으로 특징짓고 있다. Ch. Menke, "Wahrnehmung, Tätigkeit, Selbstflexion: Zu Genese und Dialektik der Ästhetik", in: *Falsche*

– 자연으로부터 거리를 둔 채로, 자연에 관여함 없이, 비감성적으로 파악한 인식 – 인 것처럼, '자연으로부터 동떨어짐'이 근대미학을 특징짓는다.[12] 실러는 근대인과 고대인의 차이를 규정하면서, 고대인들은 자연스럽게 지각한 데 반해서, 근대인들은 '자연적인 것'을 지각한다고 말하고 있다.[13] 풍경화, 자연서정시, 방랑, 뱃놀이, 그리고 알프스 산맥의 여행에 이르기까지, 자연의 부르주아적 발견은 자연을 "이성의 타자"로 발견한 것이다.[14] 이에 따르면 자연은 인간의 기술과 무관하게 그 자체로 거기에 있는 것이다. 자연은 소박한 것이며, 무반성적인 것이다. 자연은 조야한 것이며, 원시적인 것이다. 따라서 그것은 문명화되지 않은 것이다.(*FöN*, 42쪽 참조)

이성의 시대에 자연을 이렇게 파악했다고 해서, 인간이 이러한 타자에게 자신을 내맡기는 데로 나아갔던 것은 아니다. 이성적인 부르주아 인간은 자연으로부터 멀찌감치 떨어져 있었으며, 자연을 타자 그 자체로 인정하고 싶어 하지도 않았다. 부르주아 미학은 그 이름에도 불구하고 감성적 경험에 관한 이론도 아니며, '정서적으로 어떤 상황에 직면함'에 관한 이론도 아니다. 그것은 취미에 대한 비판으로부터 생겨났으며, 미의 경험을 다룬다기보다는 오히려 미의 판정(Beurteilung)을 다룬다. 즉, 미를 판단할 수 있는 있는 능력이 인간에게 있는가, 만

Gegensätze, hrsg. von A. Kern und R. Sonderegger, (Frankfurt am Main:Suhrkamp, 2002) 참조.

12) G. Böhme, 『칸트와 더불어 철학하기』, 구승회 옮김, (서울:청하, 1993), 3장; G. Böhme, *Das Andere der Vernunft*, (Frankfurt am Main: Suhrkamp, 1985), 1장 참조.

13) F. Schiller, *Über naive und sentimentalische Dichtung*, Schillers Werke, Nationalausgabe, Bd. 2, (Weimar, 1962), 413쪽.

14) G. Böhme, *Das Andere der Vernunft*, Einleitung 참조.

일 있다면 보편타당한 것인가 등을 둘러싼 논쟁에서 부르주아 미학이 생겨났다.

그런데 부르주아 미학에 따르면, 그 판정은 이른바 도야(Bildung)를 전제한다. 그리고 이는 어떤 사람을 '어떤 것에서 무관심적 만족을 느끼는 상태'로 옮겨 놓는, 냉담한 태도의 산출을 함축한다. 이에 반해서 감동이 생겨나는 곳에서는 키치 – 객체의 측면에서 – 혹은 키치적 인간(도야되지 않은 프롤레타리아) – 주체의 측면에서 – 이 중요하다.(*FöN*, 43쪽)

근대미학은 자연과 인간의 화해라는 희망으로 향하고 있다.(*FöN*, 31) 그럼에도 불구하고 그 미학은 근대의 학문과 마찬가지로 근본적으로 자연의 소외에 기초하고 있다. 근대자연미학과 근대의 학문을 하나로 묶어주고 있는 것은 '인간의 자기이해'이다. 계몽의 시대에, 인간은 이성적 존재로 이해되었다. 이와 함께 인간의 신체가 이성적 존재로부터 정의되었다. 신체는 그에게 (과거 그 자신이었던) 자연이 더 이상 아니다. 오히려 자연은 그에게 부속된 것, 즉 외적인 어떤 것이다. 근대적 인간은 자연으로부터 멀찌감치 떨어져서, 자연에 관여함 없는 태도 속에서, 그리고 도구적 자연지배에 기초해서 자연을 탐구한다.

이른바 문명화된 시민은 자신의 미학적 가치를 이러한 거리두기로부터 발견한다. 근대자연과학이 인간의 신체를 경험획득의 과정에서 점차 제거하고, 그래서 감관의 기여를 결국 '인식을 위한 신호들'로 환원시킨 것처럼, '취미의 비판'으로 출발한 근대미학은 처음부터 감성을 규율화했다. 그러한 미학은 결국 오늘날 기호학으로 전락해서, 단지 기호와 그 기호의 의미들과만 관계한다. 이에 따르면, 미학은 '판단력비판'이며, '확장된 판독술', 즉 해석학이다. 그러나 이것은 그 이름이 의미하는 것, 즉 '감성적 경험의 이론'과는 전적으로 다른 어떤 것이다. '예술작품이나 자연물에 의해서 정감적·정서적으로 어떤 상황에 직면함'이라는 주제는 이러한 미학에서는 등장하지 않는다. 이러한 미학은 '신체적 처해 있음(leibliche Befindlichkeit)'에 대해서 전적으로 침묵하기 때문이다.(*FöN*, 32쪽) 미학이 이러한 요소들에 관여할 때, 인간 감관을 그저 '정보를 확장시켜주는 시스템'으로 간주하는 학문들로부터 구별될 수 있다. 확실히 미학을 기호학으로 환원시키는 것은 인간 감성을 신호탐지(Signalerkennung)로 제한시켜버리는 것에 상응한다. 오늘날 자연미학과 결합된 희망은 미학 일반의 변화에 대한 요구를 담고 있다. 그리고 그러한 변화는 근대적 인간 이해의 극복과 함께 완수될 수 있을 것이다.(*FöN*, 33쪽)

3.2. 전통미학의 자연미(칸트, 아도르노)

칸트는 『판단력비판』에서 미의 경험에 대해서 분석한다. 이때 그가 말하는 미는 기본적으로 자연미이다. 칸트는 그러한 미의 경험을 쾌의 감정과 동일시했다. 이때 주체의 인식능력들(상상력과 지성)은 "자유로운 놀이(freies Spiel)"의 상태에 놓이게 된다.[15] 인식능력들의 그러한 상태에 놓인 대상들이 아름다운 것으로 판정된다. 이는 아름다운 대상들이 인간 인식이 목표로 삼는 형식과 규칙성(상상력과 지성의 조화로운 관계)에 적합함을 함축한다.

미에 대한 칸트의 이러한 분석은 '미의 경험'으로 향하고 있다기보다는 '미에

---

15) I. Kant, *Kritik der Urteilskraft*[이하 KU], (Hamburg:Meiner, 2002), B.28.

대한 판정'으로 향하고 있다. 이 점에서 미에 대한 칸트의 설명은 본질적으로 그 제한성을 드러낸다.(*FöN*, 43쪽) 또한 그 미는 인간의 전체적인 모습과 관련해서 판정되는 것이 아니라, 단지 인식능력의 규칙에 적합함과 관련해서 판정된다.(*KU*, 42절 참조) 칸트는 이러한 미에 대한 관심을 도덕성과 결부시켜 언급한다. 칸트에 따르면 자연미에 대한 관심은 정화된 사유방식을 지닌 인간에게서만 생겨난다. 즉, 도덕적 감정을 도야시킨 인간에게서만 자연미에 대한 관심이 생겨난다.(*KU*, B. 168~169쪽)

결국 칸트 미학에서 '자연미'는 단지 도야되고 문명화된 도시 인간에 의해서만 가치 있게 평가된다. 그러한 사람의 도야는, 자연미의 전제이고 한계이다.(*FöN*, 44쪽) 그리고 이성적 인간의 도야는 훈육과 통제의 높은 정도를, 특히나 감성과 정서를 제한시키는 것을 함축한다. 그린 사람에게 자연의 감성적 경험은 '자연으로부터 동떨어진 자연'에 대한 지각으로 남는다. 그러한 지각은 그것의 적절성을 인식능력들의 규칙성과 관련해서만 평가하게끔 한다. 도야된 사람은, 자연이 그에게 '사회에 대한 유토피아적인 반대상(Gegenbild)'을 보여주는 한에서만 자연으로부터 감동받는다.

이처럼 칸트 미학은 '즉자적인 자연'을 승인하지 않으며, '사회적 실존의 유토피아적 반대상'으로서의 자연만 의미 있는 것으로 간주한다. 요컨대 칸트 미학에서 자연미는 유토피아적인 것으로 머물며, 이때 자연은 현실로부터 멀리 떨어진 채로 머무는 소외된 자연이다.

한편 아도르노는 전통미학에서 배제되었던 자연을, 자연미를 부각시킨다. "자연미는 보편적인 동일성의 옭아매는 마력 속에 있는, '사물들에 남아 있는 비동일적인 것'의 흔적이다." "자연에서의 미는 지배적인 원리에 반대하는…타자이다. 화해된 것은 자연미를 닮는다."[16)]

아도르노에게 자연은 "전복적인 잠재력의 담지자(der Träger des subversiven Potentials)"이다. 전복적인 잠재력이란 도구적인 전유행위(Vereinnahmung)에 의해 고통받는 것, 즉 신체(Leib), 개인, 구체적인 것을 말한다. 예술적 작업의 주제(Sujet)로서의 자연은 '사회의 타자'(신체, 개인, 구체적인 것)에 접근하는 방식들을 생생하게 견지한다. 그리고 사물들 속에 있는 비동일적인 것을 표면화시킨다.(*FöN*,19쪽)

그러나 아도르노에 의한 자연미의 부활은 무엇보다도 우선 '이론으로서의 미학' 내에서의 부활이다. 이때 아도르노의 직접적인 파트너는 헤겔이다. 헤겔은 자연미가 예술미의 전형으로 간주되었던 시대의 종말을 이끌었다. 그 시대에는 예술적 창작이 자연의 모방으로, 혹은 심지어 자연 자체의 작용으로 이해되었다. 주지하는 바와 같이 절대정신의 관점에서 철학함을 수행했던 헤겔은 자연에서의 미와 대면하지 않았다.(*FöN*, 20쪽)

헤겔에 따르면, 자연은 소외 속에 놓인 정신이다. 그래서 자연미는 그것이 우리에 대해서 존재하는 가운데, 즉 예술적 표현 속에서만 본질적으로 아름다울 수 있다. 이에 반해 아도르노는 다음과 같은 입장을 견지한다. "헤겔이 자연미의 결핍으로 조목조목 따졌던 것, 즉 견고한 개념에서 멀어진 것이 미의 실체 자체이다."(*ÄT*, 115쪽) 아도르노는 이로써 예술적으로 전유된 자연을 자연 자

---

16) Th. Adorno, *Ästhetische Theorie*[이하 ÄT], (Frankfurt am Main:Suhrkamp, 2000), 114, 115쪽.

체의 미로 전환시키는 일을 완성한다.(*FöN*, 21쪽)

그렇다면 아도르노의 미학이론에서 자연미의 회복은 어떤 의미를 담고 있는가? 아도르노의 자연미는 미학을 예술이론으로 협소화하는 것에서 벗어나게 했다는 의미를 지닌다. 그럼에도 불구하고 아도르노는 부르주아 미학의 마술에서 벗어나지 못했다. 그는 미학을 자기 이전이나 자기 이후와 마찬가지로 미의 이론으로 파악했다. 그는 미학적 주제의 확장 가능성을 보지 못했다. 고전미학은 미와 그리고 숭고에 대해서 언급했다. 그는 숭고를 미의 놀이방식으로 이해한다.(*ÄT*, 101쪽) 또 그는 예술의 자율성을 고집했다. 그로 인해 그의 시야가 제한되었다. 왜냐하면 비 자율적인 예술 활동은 미의 분위기와는 전혀 다른 분위기의 산출과 연관되어 있기 때문이다. 예를 들면 힘, 놀람, 신성함, 그리고 추잡함의 분위기의 산출이 그것들이다. 이도르노는 추함의 미학과 같은, 즉 더 이상 아름답지 않은 예술에 대한 인식을 취할 수 없었다.(*FöN*, 22쪽)[17]

이런 까닭에 오늘날 우리는 아도르노 미학을 부르주아 미학의 최종주자로 봐야 한다. 그러한 미학에서 자연은 반세계(Gegenwelt)로 등장한다. 즉, 도시 밖에, 문명의 피안에 그리고 무엇보다도 기술의 피안에 놓여 있는 것으로 자연이 등장한다.(Ibid.) 그에게 자연은 전적으로 도달할 수 없는 사회 외부의 장소일 뿐이다.

아도르노의 미학이론이 가장 최근의 이론적 미학 중 가장 의미심장한 미학으로 봐야 한다는 데에는 의심의 여지가 없다. 그는 이론의 차원에서 자연을 예술

---

[17] 물론 아도르노는 전통적 관점에서 보면 아름답지 않은 미학적 경험에 대해서 언급한다. 그것은 숭고다. 그리고 그는 이 숭고를 미의 놀이방식으로 이해했다.

적 아방가르드의 주제로 부활시켰다. 그는 미학을 예술에 관한 이론을 넘어 확장시킬 수 있는 포문을 열었다.

그러나 우리가 오늘날 새로운 미학을 전개하고자 하는 데로 갈 경우, 아도르노가 부르주아 미학에 고착되어 있다는 사실을 간과해서는 안 된다. 그는 부르주아 미학의 몰락을 목도하면서 그 미학과 연대하고 있다. 아도르노의 이론 또한 취미의 비판이고, 엘리트이론이며, 그 이후에 나온 것에 대해 조소한다. 즉, 그의 이론은 "모든 사람이 예술가다"라는 말에 조소하며, 사소한 예술로의 방향 전환과 키치의 부활에 대해서 조소한다. 그의 미학은 그의 미학이 자연과 결합시키고 있는 희망 속에서 자연의 소외를 최종적으로 그리고 가장 극명하게 표현하고 있다.(*FöN*, 23쪽)[18]

4. 새로운 자연미학: 뵈메의 자연미학

오늘날의 자연미학의 부활은 "자연에서의 고통"과 관련되어 있다. "인간이 자연에 가하는 것을 자신의 신체에서 감지"하게 된 데서 새로운 자연미학이 요구된다. "인간이 자연에 가하는 것을 자신의 신체에서 감지"하는 것이 이른바 환

---

18) 뵈메에 따르면, 부르주아 미학에 대한 고찰로부터 다음과 같은 사실이 분명해진다. 미학에서 생태학적 자연미학의 요구는 불가피하다. 생태학적 자연미학은 (자신의 주변 환경을 통해서 감성적이고 정서적으로 마주하게 되는) 자연 존재로서의 인간 자체를 주제로 삼는다.(*FöN*, 45쪽) 생태학적 자연미학은 자연의 판정을 주제로 삼는 것이 아니라, 자연의 감성적 경험을, 그것도 그 전 범위 내에 있는 그러한 경험을 주제로 삼는다.(*FöN*, 46쪽)

경문제의 핵심이고, 새로운 자연미학은 이러한 환경문제로부터 요구되는 미학이다.(*FöN*, 24쪽) 오늘날 자연은 아도르노가 말하는 화해의 가능성을 담고 있는 '사회 밖의 반세계'가 아니다. 그것은 근심, 고통과 결합되어 있는 삶의 공간이다. 이와 같은 문제로부터 생겨나는 미학은 미를 예술 이전에 자연으로 향하게 하고, 미학을 예술의 영역 너머로 확장시키며, 미학의 엘리트주의를 넘어서게 해준다.(*FöN*, 26쪽)

새로운 자연미학에 함축된 희망은 '눈앞에서 벌어지는 인간-자연관계의 변화와 관련하여 미학이 어떤 특별한 기여를 할 수 있다는 생각'에 근거한다. 달리 말해서 자연을 수단시하는 자연지배의 전략과는 다른 자연관계의 가능성을 새로운 미학이 열어 줄 수 있을 것이라는 말이다.(*FöN*, 27쪽) 뵈메는 이러한 가능성과 관련하여 일단 아도르노의 미메시스, 마르쿠제의 자연주체, 블로흐의 자연동맹 개념을 환기시키고 있다.[19]

---

19) 아도르노에게 미메시스 개념은 전유(Aneignung)의 반대개념이다. 미메시스는 일종의 태도로서, 타자(사물, 자연, 다른 사람)가 그 자체로 타당하게끔 허용하는 태도이다. 그러한 태도에서 타자는 전유되지 않고, 보존된 채로 있다. 그러나 뵈메는 이 개념을 우리 시대에 그대로 적용하는 것에 대해서 유보적이다.(*FöN*, 28쪽) 뵈메에 따르면, 오늘날 미메시스적 태도에서 결정적으로 중요한 것은, 자신의 고유한 신체를 통해서(몸으로) '함께 경험하고, 함께 고통스러워하는 것'이다. 이른바 공실행(共實行) 능력(Vermögen des Mitvollzuges)이다. 이것이 변화된 자연관계의 중심개념이다. 이 능력을 통한 인식에서는 '인식하는 인간' 스스로가 자신이 자연이라는 점을 용인하며, 자신이 자연과 친족관계에 있다는 것, 즉 자신의 고유한 자연성을 받아들이기 때문이다.(*FöN*, 29쪽) 달리 말하자면 변화된 자연관계의 핵심은 인간이 자연 속에서 자연과 함께 살아가는 신체적 존재라는 사실이다. 마르쿠제가 언급한 자연주체(Natursubjekt) 개념은 근대적 자연관계에 대한 명시적 반대를 담고 있다. 그 개념은 자연을 단지 객체로 인식하는 것, 자연을 단순히 질료로 다루는 것에 대한 반대를 함축한다. 마르쿠제는 자연을 하나의 주체로 간주한다. 이를테면, 자연이 누군가를

그럼에도 불구하고 새로운 자연미학에 의해서 분명하게 제시되어야 하는 중요한 사실이 그 개념들 속에는 담겨 있지 않다고 뵈메는 지적한다. 즉, 아도르노, 마르쿠제, 그리고 블로흐의 개념들 속에는, 인간은 무엇보다도 '자신을 둘러싸고 있는 환경을 접함으로써, 자신이 어떤 상황에 처해 있다는 사실을 신체를 통해서 감지하는 자연 존재'라는 사실이 분명하게 각인되어 있지 않다는 것이다. 뵈메는 이러한 사실이 분명해지는 것은 "인간의 근대적인 자기이해(das neuzeitliche Selbstverhältnis des Menschen)"의 극복을 통해서라고 보고 있으며, 이에 대한 요구로부터 새로운 자연미학이 성립된다고 언급하고 있다.(*FöN*, 33쪽 참조)

4.1. '신체의 현존'으로서의 감성과 분위기의 확장: 새로운 자연미학의 근본 요소

근대의 종말과 함께 인간의 자기이해의 변화가 오늘날 불가피한 것이라면, 문제의 핵심에 놓인 것은 인간의 신체에 대한 이해의 변화이다.(*FöN*, 33쪽) 그리고 신체에 대한 이해의 이러한 변화는 인간 및 자연에 대한 통합적 이해는 물론

감동시켜서, 어떤 특정한 기분에 놓이게 한다거나 혹은 누군가에게 말을 건넨다는 것이다.(*FöN*, 29쪽) 뵈메는 이러한 주장을 진지하게 받아들이고, 더 나아가 그 타당성을 마련하는 것이 필요하다고 말한다. 이를테면 '환경특성들'과 환경 속에서 살아가는 인간의 처해있음' 간의 관계에 대해서 연구하는 자연미학을 통해서 이에 대한 해명이 이루어질 수 있다는 것이다.(*FöN*, 30쪽) 뵈메에 따르면, 블로흐의 자연동맹(Naturallianz)개념은 자연과 파트너 관계에 있는 기술(예술)을 함축한다. 즉, 그 개념은 자연과 공동생산성(Koproduktivität)의 관계 속에서 이루어지는 기술을 함축한다. 뵈메는 이러한 견해(자연과 예술의 통일)가 영국 원예술(Gartenbaukunst)에서 발견되며, 이에 대한 연구는 주목할 만한 가치가 있다고 보고 있다.(*FöN*, 30쪽)

이고, 인간과 자연의 관계에 대한 통합적 이해를 함축한다. 따라서 이러한 통합적 이해의 관점에서 볼 때, 신체란 의학적·자연과학적 탐구의 대상을 의미하지 않는다. 인간이 자신의 신체를 의학적·자연과학적 탐구대상으로 볼 경우, 인간 스스로가 주체/객체로 분리된다. 신체가 자기 자신이면서도, 객체화되어 자기 자신이 아닌 것이 된다. 당연한 얘기이겠지만, 이럴 경우 인간과 자연의 관계 역시 서로 별개의 것들이 맺는 관계에 불과하다.

통합적 이해의 관점에서 말하는 신체란 "세계-내-존재(In-der-Welt-Sein)"의 일차적인 방식을 의미하며, "자기 감지 속에 있는 자기의식의 기초(dsa Fundament des Selbstbewußtseins im Sich-spüren)"를 의미한다.(*FöN*, 33쪽) 사실 이것은 전통적으로 사람들이 인간 감성이라고 불렀던 것이며, 바움가르텐의 미학에서 다뤄졌던 것이다. 제한된 형식에서이기는 하지만 칸트의 미학에서조차 다뤄졌던 것이다.(Ibid.) 그러나 문제는 그것이 '자연의 소외'를 바탕에 깔고 다뤄졌다는 데 있다. 달리 말하자면 그것이 인간 자신에 대한 통합적 이해 속에서, 그리고 인간-자연의 관계에 대한 통합적 이해 속에서 다뤄지지 않았다는 것이다. 통합적 이해 속에서 이 주제를 다루는 것이 새로운 자연미학 앞에 놓여진 과제라 할 수 있다.

계몽시대의 인간학에 따르면 – 이는 오늘날에도 여전히 지배적이다 – 감성은 감수성(Empfänglichkeit)으로 이해되었다. 이러한 생각에 따르면, 감성적 지각은 본질적으로 감각(Empfindung), 즉 자극과 신호의 수용이다. 그리고 그것에 근거해서 판단들이 생겨난다.(*FöN*, 34쪽) 요컨대 근대적인 관점에서 본 감성은 지성에 의한 판단으로 나아가기 위해서 오관을 통해서 자료를 모으는 능력에 다름 아니다. 게다가 이때 감성은 통합적으로 이해되는 것이 아니라, 각각의 감각기관별로 분리된 채로 이해된다. 시각은 시각대로, 청각은 청각대로, 후각은 후각대로 이해된다. 감성이 "분할해서 통치하라(divide et impera)"라는 원칙에 따라 파악되고 이해된다.(Ibid.) 이럴 경우 당연한 얘기겠지만, 인간에 대한 이해, 자연에 대한 이해 역시 마찬가지라 할 수 있다. 감성을 이렇게 파악하는 것의 목표는 분명하다. 자연을, 더 나아가서 자기 자신을 보다 더 효율적으로 통제하고 지배하려는 데 그 목표가 놓여 있다.

이에 반해서 새로운 자연미학은 감성을 "신체적 현존(leibliche Anwesenheit)"으로 이해한다. 그럴 경우 감성은 두 측면을 동시에 함축한다. 첫 번째 내용은 '우리의 처해 있음 속에서 환경이 감지된다.'는 것이다. 두 번째 내용은 '우리는 우리의 환경 속에서 어떤 분위기를 확장시킨다.'는 것이다.(Ibid.)

먼저 첫 번째 내용을 보자. 환경의 감지라는 것 속에는, '지각과 인지'라는 전통적인 계기가 담겨 있다. 환경을 감지하면서 우리는 뭔가를 지각하고 인지한다는 것이다. 또한 거기에는 우리가 우리의 환경에 "정서적으로 반응한다(emotional reagieren).'는 것도 담겨 있다. 이때, 정서(Emotion)라는 것은 '영혼의 상태와 같은 어떤 것'을 의미하는 게 아니다. 우리가 어떤 환경에 접했을 때, 의식적으로 그 환경에 반응하기 이전에 우리의 몸이 그 환경에 반응한다. 그리고 그러한 반응은 신체의 자연적 성향과 관련되어 있다. 우리가 환경에 정서적으로 반응한다는 것은 바로 이런 것을 의미한다. 즉, 신체의 자연적 성향에 따라 반응한다는 것이다. 그러므로 우리가 '처해 있음'에서 환경을 감지한다고 했을 때, 환경과의 관계 속에 놓인 "신체적 성향들(leibliche Dispositionen)"이 중요하다고 할 수 있다.(Ibid.)

다음으로 두 번째 내용을 보자. 신체적 현존으로서의 감성은 다음과 같은 것을 의미하기도 한다. 즉, 그것은 '인간은 끊임없이 (자신이 거기에 처하게 되는) 환경에 관여한다.'는 것을 의미한다. 이는 인간이 어떤 분위기를 확장한다는 것을 뜻한다.(*FöN*, 35) 인간은 어떤 환경에 접했을 때, 자신의 몸을 통해서 그 환경에 단순히 반응할 뿐만 아니라, 더 나아가서 어떤 특정한 분위기를 만들어냄으로써 그 환경에 관여한다.

쉽게 예를 들어보자. 프리지아 꽃 한 다발을 꽃병에 담아 식탁에 놔 보자. 어떤 일이 벌어지는가? 우리의 몸은 금방 그것에 반응한다. 단지 시각만 혹은 후각만 반응하는 것이 아니다. 온몸이 그것에 자연스럽게 반응한다. 그런데 이것으로 다가 아니다. 우리는 얼굴표정을 통해서, 손짓 발짓을 통해서 어떤 분위기를 만들어낸다. 그리고 그렇게 분위기를 만들어낸다는 것은 우리가 우리의 신체적 현존을 통해서 우리의 환경(이 경우엔 식탁의 환경이겠지만)에 관여하는 것을 의미한다.

이러한 인간학적 사실로 인해서 미학에서 인간 몸에 대한 새로운 이해가 요구된다. 그리고 어떤 의미에서 신체미의 부활이 요구된다. 이럴 경우의 미학의 과제는 환경에 반응하면서 분위기를 만들어내는 인간의 표현형식들(혹은 신체의 표현방식들)에 대해서 이론적으로 해명하고 실천적으로 발전시키는 것이라 할 수 있을 것이다. 그리고 이렇게 보자면 예술적 활동도 적어도 부분적으로는 '분위기를 만들어내는 인간의 신체적 현존'이 어떤 특정한 능력으로 '분리 독립된 것(eine Ausdifferenzierung)'으로 이해될 수 있을 것이다.(*FöN*, 35쪽).

'인간의 신체(혹은 감성)에 대한 이러한 이해'는 기본적으로 환경문제로부터 야기된 것이다. 인간이 자신의 신체를 통해 심각한 환경상태를 감지하게 되면서, 자연은 더 이상 지배의 대상으로 간주될 수 없게 되었을 뿐만 아니라, 인간의 신체 또한 의학적·자연과학적 탐구의 대상으로 간주될 수 없게 되었다. 인간의 신체 혹은 그것에 대한 새로운 이해가 환경문제의 핵심에 놓이게 된 것이다. '환경 속에서의 인간의 신체적 현존'에 관한 이론과 실천으로서의 자연미학이 중요성을 지니게 된 것도 그 때문이다. 그리고 그러한 자연미학을 구성하는 내용 중 '인간이 신체를 통해 환경을 감지하고, 그와 동시에 신체를 통해 어떤 분위기를 산출함으로써 환경에 관여한다.'는 것이 가장 근본적인 내용이라 할 수 있다. 이제 이러한 미학의 관점에서 보는 미의 경험과 미학적 경험이란 어떤 것인가를 살펴보자.

4.2. 미의 경험

뵈메의 자연미학에 따르면, 미의 경험은 '인간에게 유용하고 바람직한 의미에서의 좋은 생태학적 구조(Gefüge)'를 위한 일종의 양분(養分, eine Art Nahrung)이다. 이에 반해서 이제까지의 자연미학은, '미의 경험이 생태학적 구조 내에서 어떤 역할을 수행하는가'라는 물음에 대해서, 신통한 답변을 내놓지 못했다. 기껏해야 자연(혹은 자연미)은 '문명화된 인간'에게 어떤 하나의 욕구(eine Bedrüfnis)라고 답할 뿐이다. 문명화된 인간은 '그 자신이 아니고, 자신으로부터 벗어나 있는 어떤 것'에 대한 욕구, 즉 자연(자연미)에 대한 욕구를 지닌다는 것이다. 이렇게 함으로써 어떤 특별한 것에 대한 요구가 근거 지어질 수 있을는지는 모른다. 그러나 그러한 근거지음은 그 자체가 모순적인 것이라 할 수 있다. 왜냐하면 인간은 '엄밀한 의미에서 인간으로부터 자유롭게 형성된 자연'에서 어떤 것도 얻지 못한다. 생태학적 구조의 형성을 위해서, 다시 말해서 '사회적으로 구성된 자연'[20]의 형성을 위해서, 이제까지의 미학은 어떤 기여도 하지 못했다.(*FöN*, 47쪽)

이제까지의 미학은 미를 생태학적 차원에서 고찰하지 않았다. 그럴 경우 생태학적 차원에서 미를 고찰한다는 것은 미학에 있어서 일종의 장식물이라 할 수 있다. 생태학적 사실과 미학적 부가물(Beiwerk) 간의 이러한 이분법적 구분으로부터 벗어나기 위해서는 미 자체를 (좋은 생태학적 구조를 위한) 일종의 양분으로 이해해야 한다. 그리고 이는 인간 감성이 제한되지 않은 의미로 진지하게 받아들여질 때 성공한다.(Ibid.) 그리고 그럴 경우 미의 경험과 미의 경험이 아닌 다른 미학적 경험들 간의 차이도 큰 의미를 지니지 않게 된다.

우리는 '자연과학에서와 마찬가지로 부르주아 미학에서 인간 감성의 기능은 인식기능에 제한되었다'는 사실을 확인했다. 다시 말해 우리는 부르주아 미학

---

20) 뵈메는 이러한 자연을 이미 오래전에 확장된 생태학의 테마로 구상했다. G. Böhme/E. Schramm(Hg.), *Soziale Naturwissenschaft. Wege zu einer Erweiterung der Ökologie*, (Frankfurt am Main, 1985) 참조. 그리고 바로 이러한 이유 때문에 뵈메에게 자연미와 인공미는 거의 구분되지 않는다. 이를테면 산과 들에서 접하게 되는 꽃을 보고 미를 경험하는 것과 도시 디자인의 산물들을 보고 미를 경험하는 것이 차이가 없다는 것이다. 인위적으로 꾸민 도시 역시 인간이 자연 속에서 그리고 자연과 함께 살아가는 하나의 방식이다. 즉, 도시 역시 자연의 일부로 이해되어야 한다는 것이다. *FöN*, 71~75쪽 참조.

에서 감성은 판단을 위한 데이터 산출의 기능에 제한되었다는 것을 확인했다. 이러한 제한 속에서, 감성적 지각은 '처해 있음(Befindlichkeit)'을 직접적으로 산출한다는 사실이 배제되었다. 더 잘 말하자면, 감성은 '인간이 자신의 환경 속에서 어떤 상황에 처하게 되는 방식'이라는 사실이 배제되었다.(Ibid.)

어떤 사람이 좋지 않은 냄새를 맡는다고 할 경우, 그것은 그 사람이 좋지 않은 어떤 것의 냄새를 맡는다는 것을 의미할 뿐 아니라, 좋지 않은 상황에 처해 있다는 것을 의미한다.(Ibid.) 누군가가 자신을 둘러싸고 있는 어떤 색을 보는 것, 자신을 휘감고 있는 소리를 듣는다는 것은 그가 특정한 상황에 처해 있다는 것을 직접적으로 의미한다. 보는 것(혹은 냄새 맡는 것)과 기분 간의 관계는 상상력에 근거한다. 상상력의 역할은 그것의 인식수행에, 즉 외부세계에 대한 표상의 산출에 있을 뿐만 아니라, 외부세계를 바라볼 때에, 인간의 신체를 조직화하는 데 있다.(FöN, 48쪽) 어떤 것을 본다는 것(혹은 어떤 것을 냄새 맡는다는 것)은 스스로가 특정한 성향(Disposition)에 도달하는 것을 의미한다. 그것이 공격 혹은 도주의 성향일 수 있다. 그것이 사랑 혹은 강렬한 긴장의 성향일 수도 있다.(Ibid.)

중요한 것은 이러한 일련의 과정이 어떤 환경이 좋은 환경인가를 판별하는(혹은 어떤 생태학적 구조가 좋은 생태학적 구조인가를 판별하는) '충분하지는 않지만, 반드시 필요한 하나의 기준'[21]이 된다는 점이다.(FöN, 50쪽 참조) 그렇기 때문에 '생태학적 구조의 미학적 특성들(Qualitäten)'이 인간의 처해 있음과 (그

---

21) 이것이 충분한 기준이 못되는 이유는 우리의 감성이 접근할 수 없는, 즉 신체적 현존을 통해서는 직접적으로 감지되지 않은 유해한 환경요소가 있을 수 있기 때문이다. FöN, 50쪽.

구조물에 살고 있는) 인간의 신체적 성향들을 규정하는 한에서, 그러한 특성들이 구체적으로 어떤 것들이든지 간에 우리는 그것들 또한 양분으로 부를 수 있다.(*FöN*, 48쪽) 달리 말하자면 우리가 어떤 환경에 처해 있는가, 그 환경을 어떻게 느끼는가, 그리고 그 환경을 감성적으로 어떻게 경험하는가 하는 점이 문제가 되는 상황에서 미의 경험만 중요한 것이 아니다. 환경의 모든 형상들에 대한 감성적 경험 전부 다 중요하다 하겠다.[22]

요컨대 미를 경험하는 것이 좋은 생태학적 구조를 위한 양분이 될 뿐만 아니라, 여타의 미학적 경험 역시 좋은 생태학적 구조를 위한 양분이 될 수 있다는 것이다. 이를테면 멋들어지게 단풍이 든 광경이나 산뜻하게 꾸며진 도시 건축물을 접할 때의 미의 경험뿐만 아니라, 고속도로를 달리다 처참한 모습으로 죽어간 동물들을 접했을 때의 미학적 경험 역시 좋은 생태학적 구조를 위한 양분이 될 수 있다는 것이다.

5. 뵈메의 생태학적 자연미학에 담긴 함의 – 지각학의 함의

앞서 살펴보았듯이 오늘날 우리는 환경문제로부터 새로운 자연미학의 정초를 요구받고 있다. '인간에 의해 변화된 자연환경'은, 인간이 그러한 변화에 담긴 파괴성을 자신의 신체에서 감지하게 되었기 때문에, 문제가 된다. 이로 인해 우리들은 인간은 신체적·감성적 존재로서 환경 속에서 현존한다는 사실을 의

---

22) G. Böhme, *Atmosphäre*, 15쪽 참조.

식하게 되었으며, 더 나아가서 자신의 자연성을 다시금 자신의 자기의식에 통합시킬 것을 요구받고 있다. 요컨대 "환경 속에 처해 있음"이 새로운 미학의 근본테마이다.(*FöN*, 9쪽 참조)

그리고 바로 이런 이유 때문에 생태학적으로 동기 지어진 미학은 '보편적 지각론(eine allgemeine Wahrnehmungstheorie)'으로 불리어질 수 있다. 달리 말해 그것은 '지각학으로서의 미학'이라고 할 수 있다. 여기서 지각개념은 협소한 지각개념이 아니다. 이를테면 칸트의 『순수이성비판』, 「감성론(Ästhetik)」에서 언급하고 있는 직관개념과 뵈메의 '보편적 지각론'의 지각은 분명하게 구별된다. '지각학으로서의 미학'의 지각개념에서는 지각된 것에 정서적으로 관여하는 것(emotionalen Anteile, affektive Teilnahme)이 중요하며, 지각을 통한 자기조직화를 지각개념에 다시 통합시키는 것이 중요하다.(*FöN*, 10쪽)

지각이 '환경 속에 감성적으로 처해 있음'이라고 할 경우, 지각하는 자는 세계 밖의 위치로부터 자신의 환경에서 일어난 것을 확고히 하기보다는, 자신의 환경을 통해서 정서적으로 어떤 상황에 직면하게 되며, 그러한 상황 속에서 그 환경을 의식하게 된다. 요약하자면, 인간은 자신이 어떤 환경에 처해 있는가를 자신의 신체에서 감지한다. 이것이 새로운 자연미학의 핵심이며, 그러한 미학이 보편적 지각론으로 위치지어질 수 있게끔 해주는 요소이다.(Ibid.) 그리고 보편적 지각론으로서의 이러한 미학에 대한 요구는 자연, 인간, 그리고 자연-인간관계에 대한 새로운 이해가 불가피함을 함축한다.

이와 같은 미학에서는, '환경을 통해서 정서적으로 어떤 상황에 직면하는 것'이 중요할 수밖에 없다. 그리고 그와 관련된 감정들은 공동적으로 받아들여지는 특성을 띤다. 이를테면 그간 늘 식수로 사용했던 계곡물을 더 이상 그렇게 사용하는 것이 곤란하게 되었음을 신체가 감지하게 되었다면, 그때 느끼게 되는 감정은 주관적인 게 아니다. 물론 그게 객관적으로 엄밀하게 규정될 수 있는 것은 아니다. 그럼에도 불구하고 그것은 공동으로 받아들여질 수 있다. 그리고 그런 감정을 분위기(Atmosphäre)라고 칭할 경우[23], 새로운 미학은 '분위기의 이론' 혹은 '분위기의 미학'으로 간주될 수 있다. 달리 말하자면, 새로운 미학은 사람들이 환경에 의해서 혹은 특정한 대상에 의해서 정서적으로 어떤 상황에 직면하게 되는 데서 느끼는 것과 관계한다.(*FöN*, 10~11쪽)

그리고 새로운 미학을 이와 같이 파악할 경우, 그것은 예술작품의 파악과 무관한 것이 결코 아니다. 분위기이론으로서의 미학은 이제까지의 작품파악과는 분명하게 구별되는 작품파악을 함축한다. 즉, 분위기이론으로서의 미학은 작품이 무언가를 말하려고 하거나 무언가를 서술하려고 하는 방식에서 비껴서 있다. 예술작품을 통해 경험되는 것이 분위기라면, 그것의 본질적인 것은 그것 너머에 놓여 있을 수 없다. 그 본질적인 것은 그 작품이 겉으로 표현하는 것 속에서 실현된다. 그리고 예술작품의 산출이 분위기를 산출하는 것이라면, 예술의 역할 또한 다르게 파악되어야만 한다. 그 역할은 세간에 알려진 응용예술이라는 개념으로부터 접근된다. 이럴 경우 소위 말하는 자율적 예술은 사회적 연관

---

[23] 뵈메에 따르면, 분위기는 '환경특성들'과 '인간의 처해 있음'을 연결시켜 주는 어떤 것이다. (G. Böhme, *Atmosphäre*, 23쪽.) 분위기는 주관적인 것도 아니고, 객관적인 것도 아니라고 그는 말한다. 그것은 그 이상이다. 여하튼 중요한 것은 그 분위기는 공동적으로 받아들여진다는 점이다. 뵈메는 이를 "지각하는 자와 지각된 것의 공동적 현실성"이라고 일컫고 있다. Ibid., 34쪽.

− 일상의, 권력실행의, 종교실행의, 놀이의, 그리고 축제의 연관 − 에서 분위기를 산출하는 전반적인 미학적 노동으로부터 특별한 경우(Sonderfall)로 분리된다.(*FöN*, 12쪽)

뵈메의 생태학적 자연미학은 '이제까지의 전통을 이어받은 것'에 국한돼서 전개되지 않으며, 잘 알려진 미학의 영역하에 놓이지 않는다. 여기서 미학적 자연경험이란 자연미에 대한 취미의 판정이나 자연성에 대한 도덕적 가치평가를 의미하지 않는다. 또한 어떤 객관적 인식으로 가기 위한 예비절차를 의미하지 않는다. 그것은 자연의 일부에 처해서, 살며, 노동하며, 움직이는, 어떤 인간이 만드는 '신체적−감성적 경험'이다. 다른 한편 이때 자연이란 문화 혹은 기술에 대립되는 것을 의미하지 않는다. 그것은 "사회적으로 구성된 자연"을 의미한다. 도시공간 그리고 심지어 일상의 내부공간도 습득된 자연이다. 그렇기 때문에, 자연미학과 미학 일반 간의 경계 또한 사실상 불분명해진다.(Ibid.)

이와 함께 생태학적 자연미학은 미학적 반성에 대해서는 물론이고, 미학적 작업에 대해서도 새로운 관점을 제공한다. 생태학적 미학은 미학적 반성과 관련해서 엘리트주의적 편협성, 기호론적 혹은 해석학적 협소화에서 벗어나게 해 준다. 미학적 작업과 관련해서는 의미심장한 과제들을 상기시켜 준다. 그 과제들을 "생태예술"과 같은 데서 찾는 것은 피상적인 것이다. 오히려 그것은 인간의 새로운 미학적 교육을 촉구하는 것일 수 있다. 실러가 자신의 시대에 '실제에서 유리된 놀이'에서 자유의 왕국을 실험하고자 했다면, 생태학적 자연미학은 인간의 신체적−감성적 경험을 강조함으로써 인간에서 자신의 피조물성(Kreatürlichkeit)을 다시 의식하게끔 한다.(*FöN*, 14~15쪽)

전통의 많은 미학자들이 분위기와 만나는 것을 냉담하게 혹평해왔다. 그들은 그것을 키치, 문화산업 그리고 미학적 정치라고 폄하했다. 그들의 그러한 평가는 그러한 평가에 반대하는 사람들, 즉 광고와 선전을 만드는 사람들에게 '이 영역에서의 능력과 권한'을 양도하게끔 만들어왔다. 그렇기 때문에 그들은 분위기를 생겨날 수 있게 해왔던 사람들을 보호해오지 못했다. 그러나 미학주의에서 벗어나서, 생태학적으로 동기 지어진 미학은 미학적 힘의 편재에 대해서 눈을 열 것이며, 그리하여 미학화된 삶과의 만남에 있어서의 권한을 요구할 것이다.(*FöN*, 15쪽)

6. 나오는 말

이상의 고찰을 통해서 알 수 있었던 사실은 다음과 같다. 1) 뵈메의 자연미학은 자연 및 인간에 대한 이해의 근본적 변화, 그리고 자연-인간관계에 대한 이해의 근본적 변화가 불가피하다는 사실을 함축하고 있다. 달리 말해 지각학으로서의 미학에 기초한 미학적 경험에는 자연은 이제 더 이상 도구적 자연, 소외된 자연으로만 간주되어서는 안 된다는 사실, 인간 역시 자연과 함께 자연 속에서 살아가야 하는 자연 존재라는 사실, 자연-인간의 관계는 서로 별개인 자연과 인간이 만나는 관계가 아니라, 일종의 자기이해, 자기조직화의 관계라는 사실 등이 함축되어 있다. 2) 뵈메의 미학은 미학적 경험을 미의 경험, 그것도 예술미의 경험에 국한시키는 견해의 한계를 분명하게 보여준다. 미의 경험만 중요한 것이 아니라, 미학적 경험 전반이 더 나은 삶을 위한 일종의 자양물일 수 있다는 것이다. 즉, 미학적 경험 전반이 좋은 환경을 위한 분위기의 확산을 낳게 할 수 있으며, 동시에 현혹과 기만을 낳게 하는 것에 대한 비판일 수 있다는 것이다. 3) 뵈메의 시도는 예술작품의 의미에 대한 이해와 관련해서도 중요한 메시지를 제공한다. 무엇보다도 예술작품을 기호들의 놀이로만 간주하는 미학의 맹점을 적절하게 부각시켜 준다. 예술작품은 해석의 대상이기 이전에 '정서적으로 어떤 상황에 직면함'으로 이끄는 일종의 분위기로 간주되어야 한다는 것이다.

전통미학의 한계를 지적하면서 새롭게 미학을 정초하려는 뵈메의 시도에 대해서 비판이 없을 수는 없을 것이다. 이 점에 대해서 논의하는 것은 본고의 한계 너머에 있는 것이다. 여하튼 그의 미학에 어떤 비판이 가해지더라도, 그가 인간을 무엇보다도 '자신을 둘러싸고 있는 환경을 통해서, 자신이 어떤 상황에 처해 있음을 신체에 의해 감지하는 자연 존재'로 보고 있다는 점만큼은 가벼이 여겨져서는 안 될 것으로 보인다.

* 이 글은 2011년도 순천향대학교 인문과학연구소 추계학술대회(2011. 11. 24)에서 발표했던 것을 수정·보완하여 『철학연구』 45집(고려대학교 철학연구소, 2012. 3. 31)에 게재했던 것이다.

참고문헌

Adorno, Theodor, *Ästhetische Theorie*, (Frankfurt am Main:Suhrkamp, 2002).

Baumgarten, A. G., *Theoretische Ästhetik*, hrsg. und übers. von H. R. Schweizer, (Hamburg:Meiner, 1988).

_____, *Ästhetik*, hrsg. und übers. von Dagmar Mirbach, (Hamburg:Meiner, 2007).

Böhme, Gernot, *Das Andere der Vernunft*, (Frankfurt am Main: Suhrkamp, 1983).

_____, *Für eine ökologische Naturästhetik*, (Frankfurt am Main: Suhrkamp, 1989).

_____, *Atmosphäre*, (Frankfurt am Main: Suhrkamp, 1995).

_____, *Aisthetik*, (Müchen: Fink, 2001).

_____, 『칸트와 더불어 철학하기』, 구승회 옮김, (서울: 청하, 1993).

Böhme, G./Schramm, E.(Hg.), *Soziale Naturwissenschaft. Wege zu einer Erweiterung der Ökologie*, (Frankfurt am Main:Suhrkamp, 1985).

Haug, Wolfgang Fritz., *Critique of Commodity Aesthetics*, (Polity Press, 1986).

Kant, I., *Kritik der Urteilskraft*, (Hamburg:Meiner, 2002).

Menke, Christoph, "Wahrnehmung, Tätigkeit, Selbstflexion: Zu Genese und Dialektik der Ästhetik", in: *Falsche Gegensätze*, hrsg. von A. Kern und R. Sonderegger, (Frankfurt am Main:Suhrkamp, 2002).

Schiller, F., *Über Naive und Sentimentalische Dichtung, Schillers Werke*, Nationalausgabe, Bd. 2, (Weimar 1962).

Seel, Martin, *Eine Ästhetik der Natur*, (Frankfurt am Main: Suhrkamp, 1993).

_____, *Ästhetik des Erscheinens*, (Müchen: Hanser, 2000).

Welsch, Wolfgang, "Das Ästhetische—Eine Schlüsselkategorie unserer Zeit?", in: *Aktualität des Ästhetischen*, hrsg. von W. Welsch, (Müchen:Fink, 1993).

레만의 포스트드라마 연극론에서 수행성과 매체성의 문제

유봉근

1. 들어가는 말
2. 레만의 포스트드라마 연극론
3. 퍼포먼스의 전경화
4. 기술매체와 포스트드라마 연극
5. 퍼포먼스 텍스트의 양식적 특징들
6. 나오는 말

1. 들어가는 말

사진과 영화의 발명 이래 현대인은 이미지의 지배가 강화된 사회에서 살아가고 있다. 시대적으로 모던이 이미지의 영향력이 확산되는 시기였다면 포스트모던은 이미지의 지배에 대한 우려를 바탕으로 비판적 수용의 담론이 자리매김된 시기로 볼 수 있을 것이다. 토마스 만이 합리적 사고를 마비시킬 수 있는 음악을 우려했다면, 기술적으로 복제된 이미지가 인간의 이성적 판단 능력을 무력화시킬 수 있다는 우려는 더욱 그 개연성을 더해가고 있는 것처럼 보인다.[1] 이미지에 대한 비판적이며 부정적인 평가는 이미지 자체의 고유한 특성 때문이 아니라, 기술적으로 가능한 이미지의 대량 복제와 대량 유통 방식에 기인하는 것에서 합당한 이유를 찾을 수 있다. 이미지의 기술적 복제와 유통기술의 혁명은 계몽주의의 주요 수단이 되었던 이성 능력의 효과와 영향을 능가하는 것으로 볼 수 있기 때문이다. 서구 소비사회의 오랜 전통에 대하여 비판하는 아도르

---

[1] Hans-Thies Lehmann, *Postdramatisches Theater*, (Frankfurt/M. 1999/2005), 402쪽 참조. 앞으로의 인용에서는 이 책의 쪽수만을 표기함.

노의 '계몽의 변증법', 드보르의 '스펙터클 사회'와 마르쿠제 그리고 비릴리오의 비판은 이미지의 대량 복제 그리고 유통과의 연관 관계 속에서 의미를 갖고 있음이 드러난다. 또한 이성적 판단 능력의 한계에 대한 지적은 모던과 포스트모던이 둘 사이의 간극보다는 같은 현상에 대한 다른 시각에서의 관점임을 시사하고 있다. 포스트모던의 멀티미디어 문명에서 이미지는 막강한 수단으로 군림하며 음악보다 더 많은 정보를 전하며 문자보다 더 빠르게 유통된다. 동시에 전자적 신호로 전환된 정보들은 이미지 문명사회에서 손쉽게 대중에 전달되고 소통하며 더 막강한 경제적 성과를 획득한다. 이미지 문명은 오늘날 세계를 실질적으로 장악하고 있다고 해야 할 것이다.

영화와 비디오를 통하여 제공되는 이미지들은 많은 청중을 집단적이며 동시적으로 매료시키며, 특히 전자적 신호로 유통되면서 무대 위에서 연기하는 배우의 생생한 신체보다 강력한 힘을 발휘하게 된다. 시각적인 것의 우위는 전자적으로 구축된 정보화 시대 훨씬 이전에 이미 시작되었다. 시각장비를 통한 관찰은 육안 관찰을 통하여 얻은 인지보다 더 강한 힘을 갖기 시작했다. 눈이라는 감각기관을 통한 대상의 인식이 기계적 장치를 통한 대상의 인식과 구별되기 시작한 것은 갈릴레오의 망원경을 이용한 천체 관측에까지 거슬러 올라가야 한다. 그러나 19세기와 20세기에 이루어진 매체기술의 도약과 함께 신체로부터 해방된 시각에 관한 철학적 담론이 설득력을 더하게 되었다. 기술매체 사용의 보편화를 통하여 도구에 의한 시각적 사실성과 눈으로 직접 확인한 것에 대한 사실성 사이의 경쟁 구도에서 우월성의 논쟁은 의미를 잃게 되었으며, 포스트모던에 이르러서는 가능한 모든 시각기계들에 기대어 기호를 읽고 해석하는 것에 대한 신뢰와 의존성이 증대하게 된 것이다.

미디어 사회는 새로운 집단 경험이 가능한 사회다. 집단적으로 이용할 수 있는 정보를 주고받는 것이 서로 연결되고 상호교류하면서 집단 경험에 이르는 통로를 만든다. 매체문화는 익숙한 인식의 신호를 소비하고 저장하고 재생하게 하는 행위의 표준을 호명하거나 지시할 수 있다. 그리하여 집단 경험으로부터 자유로운 완벽한 개인 미디어의 구축이 가능할 것인가를 질문하게 한다.

매체성과 수행성은 긴밀하게 상호작용하는 관계를 유지한다는 크래머(Sybille Krämer, 1951~)의 시사점에 기대어 이 논문은 출발한다.[2] 연극학자 레만(Hans-Thies Lehmann, 1944~)은 또한 그의 저술에서 행위예술이 본격적으로 전면에 들어서는 지난 세기 중후반의 공연예술에 나타난 특징적 현상을 "포스트드라마 연극"이라는 용어로 포괄하고자 시도한다. 레만은 포스트드라마 연극이라는 현상이 새로운 시각기계의 발명과 기술적 이용을 기반으로 형성된 지난 세기의 시각문화와 깊은 관련이 있음을 전제로 삼는다. 시각 미디어의 발명과 디지털 기술의 발전으로 오늘날 연극무대는 거의 이미지 기술의 실험장소로 변해가고 있으며, 무대 위의 배우들은 '퍼포먼스적 텍스트'의 포로가 되며 그런 운명을 현실로 받아들이고 있는 것처럼 보인다. 포스트드라마 연극론은 총체성을 불러일으키는 미디어 스펙터클 사회의 시민들이 보통 '관객'으로 살아가고 있음을 지적한다.[3] 이 글에서는 레만의 포스트드라마 개념이 불러일으킨 부정적인

---

2) Sybille Krämer, "Sprache-Stimme-Schrift: Sieben Thesen über Performativität als Medialität", *Paragrana* 7, (Akademie Verlag, 1998). 33~57쪽 참조.
3) Lehmann, 467쪽 참조.

입장에 대한 논쟁을 유보하고, 포스트드라마 연극이 지난 세기에 발전한 기술매체와 함께하는 환경에서 허용되는 공연예술의 양상으로 보려는 관점과 그 개연성에 초점을 맞추고자 한다. 그리하여 레만의 연구 결과물이 기술시대의 보편화된 문화 연구에 적용 가능한 관점이며, 나아가 기술 미디어에 결박된 현대인의 운명을 강조하는 매체철학의 연장선에 있음을 밝히고자 한다.

2. 레만의 포스트드라마 연극론

레만의 저술 『포스트드라마 연극』은 그의 추종자들에게는 연극이론의 새로운 카논으로 받아들여진다. 1970년대 이후 공연예술에 나타난 변화와 현상들을 체계적으로 분류하기 어려웠던 연구자들에게 한 가지 관점을 제공하고 있다고 보여지기 때문이다. 20세기에 들어서면서 연극과 드라마의 오랜 전통적인 특징들은 조금씩 사라지고 새로운 요소들로 채워지기 시작한다. 일찍이 뉴욕의 연출가이자 연극학자인 셰크너(Richard Schechner, 1934~)는 해프닝의 특성을 강조하며 "포스트드라마적 연극(postdramatic theatre)"[4]이라는 표현을 사용하였으며, 지난 약 30년간 공연예술의 미학적 문제를 제기하는 용어로 "포스트드라마"를 전유하게 된다. 그는 '드라마 연극'에 대결하는 '포스트드라마 연극'을 '드라마적 요소들'에 대한 자기성찰, 해체 그리고 분리 과정의 결과물로 담론화한

---

4) Richard Schechner, *Performance Theory*, (New York:Routledge, 1988), 21쪽. 김형기 외, 『포스트드라마 연극의 미학』, (푸른사상, 2011), 23쪽에서 재인용.

다.[5] 이 과정에서 드라마적 요소가 전적으로 부정되는 것이라기보다는 새로운 특징들이 도입되는 것으로 레만은 설명하고 있다.

> 포스트드라마 연극은 오래된 미학적 요소들의 재수용과 지속적 영향을 포함한다. 드라마와 텍스트 차원으로부터 결별한 드라마적 이념까지도 받아들인다. 예술은 지난날 형식들과의 연관성 없이는 발전할 수 없다.[6]

레만은 포스트드라마 연극의 등장을 연극으로부터 시작된 혁명적 개혁의 결과라기보다는 지속적인 변화의 누진적 결과물로 추정한다. 그는 1970년대 이후 연극의 장면들과 공연 방식을 탐구하고 그들의 특징과 핵심 요소들을 요약하면서, 이들을 고대 드라마와 20세기 초에 역사적 아방가르드와 관련하여 발전된 새로운 현상들과 연관짓는다. 당시의 새로운 연극적 현상들은 다른 예술 장르들과 연결되고 그들의 조건을 규정하는 영향력을 행사한 것으로, 특히 다다와 미래주의 예술운동 등 조형예술과 무용 영역에서 창조적인 작업들이 나왔으며, 수행성 개념이 도입되면서 진정한 연극 공연에서의 변화가 이루어진 것으로 본다. 수행성 개념의 강조를 통하여 드라마 텍스트와 같은 작품 개념에서 공연 개념으로의 무게중심 이동이 이루어지고, 관객의 적극적인 참여와 인터랙션이 강조되는 공연 형식이 전면에 등장하게 되었다는 것이다. 레만은 연극의 아방가르드적 요소들과 함께 총체성이라는 드라마적 연극의 규범으로부터 결별하고

---

5) Lehmann, 77쪽 참조.
6) Lehmann, 31쪽.

전통으로부터 해방되는 길을 걷게 되는 것으로 이해한다. 전통적인 연극에서 작품의 텍스트는 최고의 위상을 차지하고 있었으며, 1880년 경부터 '드라마의 위기'가 온 것으로 설명한다. 연극에서 텍스트의 퇴장을 요구했던 연극사학자이며 연출자인 크레이그(Edward Gordon Graig, 1872~1966)의 관점에 의존하며, 1920년대 스타니슬라프스키(Stanislawski)와 1920년대에 아르토(Artaud)의 그로테스크하고 실험적인 연극이 등장하고, 1960년대 플럭서스, 해프닝과 부조리극 운동이 격렬해지기 시작하면서 연극 텍스트의 전통 형식들이 서서히 해체되기 시작했다는 것이다. 레만은 전통적인 텍스트 지배 형식의 약화 또는 와해 현상에서 새로운 연극의 단서를 발견한 듯하다.

> 언어를 넘어 연극의 수단들이 텍스트와 동등한 지위를 차지하게 되는 경우에 드라마적이며 서술적인 텍스트 논리의 틀이 깨어지고 텍스트 없이 체계를 유지하게 되면서 포스트드라마 연극은 첫 발걸음을 내딛게 된다.[7]

레만은 역사적 아방가르드나 네오아방가르드의 유희 형식들 자체는 줄거리를 갖는 텍스트, 내용을 전하는 텍스트 그리고 과정을 서술하는 텍스트와 공연 사이에 긴밀한 연결 관계를 유지하고 있었으며, 그런 연결 관계는 포스트드라마 연극에 이르러서 균열되기 시작한 것으로 설명한다. 그런 균열을 통하여 연기자 또는 퍼포머들의 현존이 전면으로 등장하게 되며 엄격한 텍스트의 규범이 느슨해지고 관객의 참여와 인터랙션을 허용하게 된다는 것이다. 그는 특히 지

---

7) Lehmann, 79쪽.

난 세기의 초반 아방가르드 운동이 당시의 연극에 특별한 영향력을 행사했음을 강조한다.

> 다다는 무의미성과 '여기 그리고 오늘'에 특권을 부여하는 것에 목표를 두었다. 작품으로서의 연극과 의미-컨셉으로서의 연극을 포기하고 공격적인 충동의 연극, 사건으로서의 연극을 지향하여 관객이 행동하도록 유도했으며(미래주의), 서사적 인과관계를 포기하고 다른 서술의 리듬, 특히 꿈의 세계와도 같은 논리를 옹호했다. 다다, 미래주의 그리고 초현실주의는 관객들을 성찰하면서 정신적-신경계와 신체적으로 공략하고자 했다. 그러한 연극미학이 작품으로부터 사건으로의 근본적인 전이를 초래하게 한 것이다.[8]

그 결과 '지금' 벌어지는 사건과도 같은 '현재'가 전면으로 들어서게 되며, 배우의 몸, 제스처와 움직임 고유의 기호학이 전경화되며, 음악적 지형으로서의 구성적이며 형식적인 언어 구조들이 전면으로 나오게 된다. 그 외에도 모방을 넘어 시각적인 것들의 이미지성, 고유한 시간성을 갖는 음악적-리듬감 있는 진행 등이 전면으로 등장한다.[9] "포스트모던" 개념으로 요약되는 1970~1990년 사이의 연극은 포스트드라마 연극 개념과 긴밀한 관계를 이룬다. 레만은 다음과 같이 포스트모던 연극의 핵심을 요약한다.

> 해체의 연극, 다중매체적 연극, 복고적이며 전통적으로 관습화된 연극, 제스처와 움직임의 연극, 애매성, 허구로서의 예술, 과정으로서의 연극, 불연속성, 이질성, 비

---

8) Lehmann, 100쪽.
9) Lehmann, 51쪽.

텍스트성, 다원주의, 다중 코드들, 전복, 편재적 장소성, 주제와 주인공으로서의 배우, 왜곡, 기초가 되는 토대 수준에 머무는 텍스트, 해체구성, 권위적이며 고색적인 텍스트, 드라마와 연극 사이의 제3지대로서의 퍼포먼스, 반미메시스적이며 해석을 거부하는 연극. 포스트모던 연극은 담론이 없으며, 사유성, 몸짓의 특성, 리듬, 톤이 지배하는 연극.[10]

여기서 레만이 강조하는 것은 연극의 실천 현장에서 포스트모던의 개념에 부합하는 특징들이 모던의 특성인 드라마적 형식의 전통들과 크게 어긋나지 않는다는 점이다. 즉, 포스트모던의 중요한 특징들은 포스트드라마 연극의 카논에 잔류하며, 레만은 포스트드라마 연극의 특성들을 더 넓은 범주로 서술하고 있는 것이다. 레만은 포스트모던 연극 그리고 포스트드라마 연극과 관련하여 연극의 관습뿐만 아니라 관객이 기대하는 태도까지 단절되는 "위험한 연극(riskantes Theater)"을 언급한다. 이해와 의미구성은 더 이상 우선시되지 않고, 장르간 경계는 유동적이 된다. 무용과 판토마임, 음악연극과 언어연극은 혼합되며, 콘서트와 연극은 공연 콘서트로 하나가 된다. 무대는 시작과 출발 지점이자 장소가 되며 더 이상 현실 복제의 장소가 아니다.[11] 전통의 관객은 드라마 패러다임을 벗어나고 더 이상 텍스트 문학도 아닌 새로운 코드와 매개물을 읽어내는 새로운 독법을 익혀야 하는 문제에 직면한다. 레만의 연극론에서 브레히트(Bertold Brecht, 1898~1956)의 서사극(epic theatre)이론은 포스트모던 드라

---

10) Lehmann, 27쪽.
11) Lehmann, 46쪽.

마와 포스트드라마 연극 개념의 형성에 역설적으로 기여한다. 여기서 레만은 포스트드라마 연극을 "포스트브레히트 연극(post-brecht-sches Theater)"이라 이름하는 것을 주저하지 않는다.[12] 레만은 정신을 대상화하는 헤겔의 이론을 개인 각각이 소유한 예술적 소재의 감각 안에서 시적인 언어에 이르기까지의 과정으로 설명한다. "이념이 감각적으로 현시하는 아름다운 이상"에 관한 헤겔의 공식을 통하여 포스트드라마 연극은 "드라마에서 분열, 파괴, 해체의 가능성이 생겨나고 꽃피우는 것으로" 서술하고 있다. 레만은 그 외에도 퍼포먼스 개념을 헤겔의 이론과 연관짓는다. 관객 앞에 등장하는 주인공 배우는 그의 가면 속의 인간으로, 연기자로, 즉 개인으로 그리고 실제 자신으로 분열된다. 포스트모던과 포스트드라마 연극은 이런 변화된 역할과 인물을 연기하면서 이를 드러내어 강조하고 있다고 설명한다.

레만은 영화의 발전도 새로운 연극 형식의 형성을 기여하고 조장한 것으로 본다. 영화의 발전으로부터 소위 연출가연극(Regie-theater)[13]이 형성되었으며, 이것을 포스트드라마 연극의 중요한 전제 조건으로 확인한다. 연출가연극은 포스트모던 연극뿐만 아니라 드라마 연극의 형식과 공연과도 관련된다. 이런 새

---

12) "Das postdramatische Theater ist ein *post-brecht-sches* Theater. Es situiert sich in einem Raum, den die Brechtschen Fragen nach Präsenz und Bewußtheit des Vorgangs der Darstellung im Dargestellten und seine Frage nach einer neuen "Zuschaukunst" eröffnet haben." Lehmann, 48쪽.
13) 1970년대부터 연극비평에서 사용되기 시작한 '레지 테아터'는 영화에서 '작가주의 영화'에 조응하는 용어로 볼 수 있으며, 연출가의 예술가적 자아에 치중한 것으로 여겨지는 연극의 한 양식을 말한다. 원작에 충실한 상연과는 반대로 연출가의 자의적인 해석이 강조되어 나타나는 공연이라는 점에서 비판을 받기도 한다.

로운 실험적 관점과 연극의 혁신을 가능케 했던 연출방식을 도입하는 연출자들이 소수에 불과했기에 연출가연극은 아직도 많은 연극학자와 비평가들로부터 비판의 대상이 되고 있다.

레만은 또한 새로운 연극 형식에 중요한 영향을 준 장르들로 카바레, 바리에떼 그리고 레뷰와 같은 대중적 오락극물들을 지목한다. 이런 형식들에는 산업화, 도시화와 같은 당대의 사회적 변화가 직접적으로 반영된다. 새로운 미디어 테크놀로지는 사건이나 과정을 급격하게 축약하거나 시간적 변화를 가속화할 수 있게 하며, 연극을 단편화하고, 빠른 박자와 연극적 시간의 파괴와 같은 결과를 가져올 수 있게 한다는 것이다. 특히 대중적이며 오락적인 음악을 연극무대에 도입하며 변화를 시도하고, 배우에게 새타이어와 유머를 즐기는 예술가 또는 카바레티스트와 같은 새로운 역할을 부여하는 등의 중요한 변화를 가져온 것으로 설명한다. 레만의 포스트드라마 연극과 상황극 그리고 역동적인 장면화 형상들은 무엇보다도 사건과 상황으로서의 연극 공연을 전면에 내세운다. 이런 이론적 틀 안에서 연극의 공연은 무엇보다도 퍼포먼스적 텍스트가 핵심적인 지위를 차지하게 된다. 레만의 포스트드라마 연극론은 20세기에 등장한 기술매체의 도입과 활용뿐만 아니라 "매체로부터의 영감"[14]을 바탕으로 새로운 컨셉으로 기획하는 공연예술의 새로운 현상들을 포괄하고자 한다.

---

14) Lehmann, 419쪽.

3. 퍼포먼스의 전경화

오늘날 '연극'이라는 용어는 '공연예술(performance art)'이라는 포괄적 우산 개념(umbrella term) 속으로 편입되어가고 있다. 인문학의 영역에서는 지난날 문헌학의 정신을 이어받아 정신과학의 우산 안에서 문예학이 독립하더니, 이후 문예학으로부터 연극학이, 그리고 연극학으로부터 다시금 공연예술학 또는 미디어학이라는 분과학문이 독립을 실현해 나아가고 있다.[15] 이는 20세기 들어 퍼포먼스 예술의 등장과 맞물려 생성된 학문적 세분화 현상의 연장 또는 학제적 연구를 요청하는 시대적 흐름의 반영으로 받아들여진다. 희곡 텍스트에 의존하던 연극이라는 예술은 퍼포먼스라는 라이브 형식의 예술을 선호하게 되면서 공연예술 혹은 퍼포먼스라는 개념으로의 변화를 겪고 있는 것으로 볼 수 있다. 백로라는 파슬웨이트(Thomas Postlewait)와 데이비스(Tracy C. Davis)에 기대어 공연예술의 역사를 "사회운동들, 미래주의자의 선언서, 그리고 다다이스트, 초현실주의자, 세기말 카바레 공연자들의 예술 활동, 음악홀이나 보드빌 퍼포먼스 등으로부터 기원"하는 것으로 요약한다. 또한 미국에서는 "2차 대전 이후에

---

15) 특히 독일 인문학의 전통에서는 문헌학(Philologie), 정신과학(Geisteswissenschaft)의 개념에서 문예학(Literaturwissenschaft, literature studies)이 독립하게 되고, 문예학으로부터 다시 연극학(Theaterwissenschaft)으로, 연극학은 다시금 공연예술학(performance studies) 또는 미디어학(Medienwissenschaft, media studies)으로의 세분화를 경험하고 있다. 공연(예술)학은 아직도 형성 중에 있는 분과학문으로, 공연 현상과 문화를 이루는 과정 일반을 연구하고, 공연과 민족지적 관습을 탐구하며, 공연과 해석학의 상관관계 연구를 포함하고자 한다. 반면에 미디어학은 매스미디어라는 제한적인 대상을 뛰어넘어 역사적으로 지식과 정보의 보관, 전달, 제작과 관련되는 기관과 기술 전체를 연구 대상으로 확장하고 있다.

등장한 비트(beat) 운동, 재즈 퍼포먼스, 존 케이지의 음악, 반 내러티브 모던 댄스, 액션 페인팅, 콜라주와 레디메이드 작품(readymades), 팝아트, 해프닝 등과 같은 공연 형식의 실험과 함께 발전"한 것으로 규정하고 있다.[16] 20세기에 등장하게 된 새로운 예술 현상을 서술하고 규정하는 것은 해석학적 전통에 의존하여 가능한 일이지만, 퍼포먼스 예술의 발생학적이며 계보학적인 기원을 거슬러 올라가기 위해서는 매체사, 매체미학 또는 문화사적인 접근이 좀 더 유효할 것으로 보인다. 공연(예술)학 또는 퍼포먼스 연구의 이론적 기초를 마련한 셰크너는 케임브리지 학파의 연구에서 영감을 받아 연극의 기원을 제의로 보고 연극과 제의의 '공통점'과 '차이'를 규명하고자 했다. 제의를 연극화하기 위해서는 실제화(Actualization)의 과정이 필요하고, 실제화를 통하여 시간과 장소를 재구성하고 지난 사건을 현재화해야 한다.[17] 인류학적인 관점에서 인간의 모든 행위를 연극으로 규정할 수 있으며, 우리 주변의 곳곳에 '공연성'이 존재할 수 있음을 셰크너는 강조하고 있다.

> 공연성(performativity)은 명사인 동시에 형용사이기도 하다. 명사로서의 공연성은 어떤 것을 행하는 단어나 문장을 가리킨다. 반면 형용사로서의 공연성은, '수행적인 글쓰기(performative writing)'의 경우처럼, 하나의 대상에 공연의 특질을 부여하는 것

---

16) 백로라, 「현대 퍼포먼스 담론의 주요 쟁점과 미디어 테크놀로지 연극. 라이브니스(Liveniss)' 이론과 우스터 그룹(the Wooster Group)의 〈햄릿(Hamlet)〉을 중심으로」, 한국연극학회 편, 『퍼포먼스 연구와 연극』, (연극과인간, 2010), 246~269쪽 중 247쪽.
17) 이미원, 『연극과 인류학』, (연극과인간, 2005), 58쪽 이하 참조.

과 관계된다.[18]

'수행적 글쓰기'를 포함하는 인간의 모든 행위에 공연의 특성을 부여할 수 있다는 셰크너의 주장과 함께 퍼포먼스 연구의 지평은 전방위적으로 확장할 수 있게 된다. 인간 행위의 근원적 기원을 설명하기 위해서는 또 다른 접근과 지적 탐색이 요청되고 있음은 물론이다. 즉, 아직도 분과학문으로 형성 중에 있는 공연학(performance studies)은 배우와 관객의 새로운 관계를 설명하고, 공연의 신체적 행위성, 공연의 장소성 그리고 시간성에 관련하는 문제, 그 외에도 퍼포먼스의 형식과 전통을 규정하는 물질적 조건에 관련되는 문화학적이며 매체사적인 질문들을 탐구의 대상으로 삼아야 하는 과제가 남아 있는 것이다.

레만이 제안하는 포스트드라마 연극에 대한 관점은 전통적인 드라마 연구에서 미제의 과제로 남겨진 행위의 본질적인 조건에 대한 물음으로 거슬러 올라간다. 레만은 리얼리티 서술에 대한 미제의 과제를 예술적 행위에서 몸, 시간 그리고 공간의 차원을 통하여 접근하는 방식을 제안한다. 레만이 말하는 리얼리티는 이미지로 또는 대상적으로 옮겨져 서술된다. 퍼포먼스 개념을 통하여 예술 속에서 행위의 지속성, 순간성, 동시성, 반복불가능성을 시간적으로 체험하게 하고자 한다. 연극은 언어 텍스트를 통하여 창조적 결과물을 제시해야 하는 의무로부터 해방되어, 과정으로서의 연극, 즉 이미지 형성의 시간 과정을 경

---

[18] Richard Schechner, "An Introduction", *Performance Studies*, (London and New York: Routledge, 2002), 110쪽. 백로라, 『현대 퍼포먼스 담론의 주요 쟁점과 미디어 테크놀로지 연극』, (연극과인간, 2010), 247쪽에서 재인용.

험하게 하는 연극으로 전환하게 되는 것이다. 이렇게 실제로 경험하려는 노력을 수행하면서 연극이라는 사건을 통하여 체험에 이를 수 있다. 여기에서 관객과 배우는 동등하게 생산자의 지위에 이르게 된다. 퍼포먼스는 재현이 아니라 시간, 공간 그리고 신체로서 사실적인 것의 의도된 경험을 직접 체험하게 하는 도구 또는 수단이 된다. 예술가와 관객이 직접적이며 동시적으로 함께 경험한다는 점에서 퍼포먼스 예술의 우월적 효능을 찾을 수 있다. 연기자는 지난날과는 다른 위치를 점하게 되는데, 요컨대 배우로서의 제한된 역할을 수행하는 것에 머물지 않고 퍼포머로 등장하여 그의 현존을 의식적으로 관객에게 공연하게 되는 것이다. 레만은 여기서 커비(Michael Kirby, 1931~1997)의 "액팅(acting)"과 "낫-액팅(not-acting)" 개념을 도입하여 설명한다.[19] "낫-액팅"이란 아무 것도 하지 않는 것이 아니라, 기호의 새로운 조건하에서, 예컨대 행위 속에서 스스로를 성찰하는 동작의 의미로 사용된다. 공연이 이루어지면서 사건성이 전면으로 등장하며 시간이 지나면서 사라지는 일회적 허무감이 중심적 지위를 차지하게 된다. "낫-액팅"은 소통의 행위와 소통의 순간이 되며, 일회적 사건으로서의 일과성을 연극 상황에 끌어들이는 교역의 지점이 된다. 그리하여 연극에서의 퍼포머는 스스로 변하려는 사람이 아니라 하나의 상황이며 동시에 관객

---

19) "Der Schauspieler des postdramtischen Theaters ist häufig kein Darsteller einer Rolle mehr (Actor), sondern Performer, der seine Präsenz auf der Bühne der Kontemplation darbietet. Mickael Kirby hat dafür die Begriffe "acting" and "not-acting" samt einer interessanten Ausdifferenzierung der Übergänge von einem "full matrixted acting" bis zum "non-matrixed acting" geprägt." Lehmann, 242쪽.

이 되는 셈이다. 레만에 따르면 퍼포먼스 예술의 이상은 사실적이고, 감성적으로 강요하면서, '여기 그리고 지금' 생겨나는 과정 그 자체라는 것이다. 폭력의 경험과 고통의 경험은 몇몇 퍼포먼스 예술가의 포커스 속으로 옮겨간다. 또 다른 중요한 핵심적 요소는 퍼포먼스 속에서의 '현전'이다. 이것은 관객과 배우가 교차적으로 도전하는 가운데 공동의 현존으로 나타나며, 연극 과정에서 적극적 참여를 만들어내는 것이다. 배우의 현전은 객관화할 수 있는 대상, 앞에 마주한 대상, 현재가 아니라, 피할 수 없이 연루되어 있다는 의미에서 함께 현존하는 것이다. 레만의 관점에서 퍼포먼스 예술은 포스트드라마 연극의 근본이자 출발점이 되며, 무엇보다도 현상학적으로 지각 가능한 연극의 과정을 드러내는 요소로 기능한다. 즉 상연의 행위, 사건적 성격과 공연의 과정, 그리고 관객의 새로운 수용 태도 등이 포스트드라마적 연극 형식들을 규정하고 지원하는 중요한 요소들을 구성하게 된다는 것이다.

4. 기술매체와 포스트드라마 연극

매체의 도입과 활용은 연극에서뿐만 아니라 여러 예술 장르에서 자명한 일이 되었다. 특히 피스카토르(Erwin Friedrich Max Piscator, 1893~1966)와 라인하르트(Max Reinhardt, 1873~1943) 이후 이미 영화와 사진은 연극무대에 자주 도입되어 다양한 연극 장치들과 결합되어 사용되었다. 이는 전통적인 드라마에서 텍스트가 차지했던 지위를 약화시키는 중요한 기제를 제공하게 된다.

연극에서 배역의 역할, 오페라에서 악보의 역할을 생각하면 금방 이해할 수 있겠지만, 연극과 오페라는 글의 독점에 기생적으로 의존해서 작동하는 예술 형식에 속했다. 그런데 새로 도입된 기술 미디어는 경쟁보다 더 극단적인 수준으로 작용해서 글의 독점 자체를 거의 붕괴시켰다.[20]

정보 미디어로서 글의 독점이 약화되는 매체사적 사건에 대한 키틀러(Friedrich Kittler, 1943~2011)의 관점은 연극과 오페라의 무대에 나타나는 기술 미디어의 역할에서 극단적인 결과를 단정적으로 확인한다. 빛, 음향 및 시각 미디어가 지배하는 오늘날 무대는 배우와 관객의 경계를 허물어 이들의 상호접근을 허용하게 한다. 비디오는 부재하는 연기자의 역할을 부분적으로 수행하고, 무대 위에서 연기자와 인터랙션하면서 다큐멘터리 장면들을 보여주거나, 녹화된 장면으로 낯선 효과를 내거나 환영(幻影)을 만들어낸다. 미디어와 연결하여 연기자의 현존과 부재를 보여주거나, 관객과 배우가 가까움 또는 멀리 있음을 주제로 하거나, 시간을 주제로 하여 공연한다. 멀리 떨어져 있는 사람들이 비디오를 통하여 서로 소통하고 대화하면서 행위를 이어간다. 그 외에도 비디오 이미지와 연기하는 배우가 함께 현존하는 비디오 기술을 통하여 비디오 현존과 라이브 현존이 대등하게 제시될 수 있게 된다. 미디어를 이용하는 연극이 관객들에게 미디어 장치들을 함께 보여줄 수 있게 되면서, 연극의 보조수단으로서의 미디어보다 좀 더 근본적으로 연극 형식에 개입하는 미디어 연극이 창조되는 것이다. 이에 대한 레만의 입장은 의문의 여지없이 확고한 편이다. 새로운

---

20) 프리드리히 키틀러, 『광학적 미디어』, 윤원화 옮김, (현실문화, 2011), 42쪽.

연극 형식들은 공연 미학을 통하여 인식 가능한 영감을 주는 것으로 미디어의 영향은 더 강력하다는 입장을 견지한다.[21] 레만에 따르면 이런 형식들이 서사적 드라마투르기에 따르지 않기 때문이 아니라, 독자적으로 혹은 어떤 리듬 안에서 상투적인 것으로 투입되어 장면을 만드는 이미지 콜라주의 요소로 기능할 수 있기 때문에 포스트드라마적이라는 것이다. 여기서 이미지를 만들 수 있다는 사실은 중요한 관점을 제공하는데, 수많은 이질적 요소들을 결합하여 언제나 새로운 이미지를 생산하는 것이 가능하다고 여겨지기 때문이다. 톤, 움직임, 이미지들은 무대 위에서 전자적으로 연결, 결합 또는 혼합되어 상호관계를 이룬다. 드라마적 연극의 가치를 수호하려는 일부의 노력을 과소평가할 수는 없지만, 오늘날 미디어의 다각적인 활용은 많은 포스트드라마 연극에서 이미 자명한 일이 되었다.

레만의 저술은 그가 도입한 개념인 포스트드라마 연극의 기호가 되는 특징들에 대한 옹호이며, 이들은 다른 공연예술의 영역에서도 활용이 가능한 것으로 확인한다. 레만의 관찰과 연구 대상은 주로 동시대 연극작품들의 공연들, 연극적 혼합 형식들, 장르의 분류에서 고전적 형식을 벗어나는 공연들을 주요 타깃으로 삼는다. 레만은 자신이 정당화하는 포스트드라마 연극의 보편적 특징으로 다음의 네 가지 특성을 강조한다.

첫째로, 작품 공연에서는 줄거리의 진행을 구체적으로 제시하지 않으며 총체적인 구조는 포기된다. 연극은 극단적으로 발생하는 사건과도 같은 예술 형식

---

21) Lehmann, 416쪽 참조.

으로 나타나며, 미적인 것의 패러다임이 된다. 사실적인 일상적 경험의 혼란을 모방하면서 작품의 전통적인 공감각을 상실하게 된다. 드라마투르기는 총체적 모델의 부분적인 구조를 넘어 기능하면서 분열된 인식 - 감각적 인식 - 연극적 과정의 조건이 된다. 레만이 말하는 포스트드라마 연극은 "과거에 있었던 제도화된 영역에 머무는 것이 아니라, 순간적인 사건의 모든 (멀티미디어/상호 미디어의) 해체적 예술의 실천에 대한 지칭이며, 해체적 예술 실천이란 테크놀로지와 의미의 매체적 분해와 분열"[22)]을 말한다. 그것은 인식을 해체 구성하는 예술가적 잠재력으로 시선을 돌리게 하는 것으로 본다.

둘째로, 이미지, 움직임, 단어들의 서열이 파괴되면서 몽상적인 구조가 들어선다. 꿈속 세계의 구조는 다시금 의미가 제거된 상태를 나타낸다. 조직적으로 구조화된 과정은 어디에서도 찾아볼 수 없다. 양식을 만들기 위한 수단으로 콜라주, 몽타주와 파편화가 도입되고, 의미가 제거된 수단들이 부유한다. "꿈이 기호에 대한 변화된 이해를 요청하듯, 새로운 연극은 고양된 기호학과 제거된 의미를 필요"로 하기 때문이다.[23)] 이러한 필요성에 디지털 테크놀로지가 적용된 이미지 기술은 포스트드라마 연극의 무대를 채운다.

---

22) "Es bleibt nicht die institutionalisierte Sparte, die es war, sondern wird der Name für alle multi-oder intermediale dekonstruktive Kunstpraxis des augenblicklichen Ereignisses. Doch sind es Technologie und die mediale Auf-und Abspaltung der Sinne, die zuerst den Blick auf die künstlerischen Potentiale der Dekomposition des Wahrnehmens gelenkt haben." Lehmann, 141쪽 이하.

23) "Wie der Traum eine veränderte Auffassung vom Zeichen nötig machte, so benötigt das neue Theater eine 'aufgehobene' Semiotik und eine 'ausgelassene' Deutung." Lehmann, 143쪽.

셋째로, 작품의 새로운 합성으로 넓은 영역에서 연상 작용이 복잡하게 교류한다. 조직적인 결속에 대한 반감, 극단적인 것에 대한 부정, 다른 장르의 양식과 주제에 대한 작품의 개방성을 통하여 연속성 대신에 구분된 이질성이 생성된다. 개그, 카오스, 시간과 줄거리의 왜곡 등으로 수용 태도를 불안하게 하고 파라독스로 만든다. 관객의 감각 기관은 불연속을 인내하지 못하고 상상력을 작동시켜 유사한 것, 관계되는 것, 상응하는 것을 추구한다.[24] 이에 여러 감각을 결합시켜 표현한 공감각(Synästhesie)은 포스트드라마 연극의 핵심적인 요소를 이룬다.

마지막으로, 텍스트와 작품 초안으로서의 줄거리는 뒷전으로 밀리고, 포스트드라마 연극에서 공연의 총체적 상황을 포괄하는 '퍼포먼스 텍스트'는 '언어 텍스트'와 '연출 텍스트'의 조건을 규정하게 된다. 그 결과 연극의 공연은 반복 가능한 상연이 아니라 과정으로서의 사건이 되는 것이다. 퍼포먼스 텍스트는 공연과 관객이 관계를 맺는 방식, 시간과 공간적 상황, 사회적 차원에서 공연이 이루어지는 장소와 공연의 진행 과정으로 구성된다.[25]

5. 퍼포먼스 텍스트의 양식적 특징들

레만이 말하는 포스트드라마 연극에서 퍼포먼스적 요소들은 어떤 질서를 갖

---

24) Lehmann, 143쪽 이하.
25) Lehmann, 145쪽 이하.

고 전경화되며, 포스트드라마 연극의 무대 위에서 어떤 방식으로 구현되어 나타나는가를 좀 더 구체적으로 확인하기 위하여 퍼포먼스 텍스트의 형식적 특징들을 미시적 시각으로 들여다볼 필요가 있다. 문학적 텍스트 중심의 연극에서 벗어나 "언어에 종속되지 않고 현실을 포착할 수 있는 표현 가능성"에 대한 탐색은 20세기 초 연극의 실천가들에 의해 실험적으로 시도되었으며, 기술 미디어의 효과가 드러나면서 퍼포먼스 텍스트와 같은 연극의 새로운 양식으로 발전할 수 있게 되었다. 크래머는 기호의 "두 세계 존재론(Zwei-Welten-Ontologie)"에 관한 테제에서 기호가 표출하는 '의미의 세계'와 기호가 현재화하는 '수행성 세계'를 이원론적으로 설명한다.[26] 의미의 세계는 기호로부터 현현하여 나타나지만, 수행성의 세계는 기호의 실행을 통하여 현재화되는 과정을 포함한다. 이후 1960년대의 네오아방가르드는 제2차 세계대전이 남긴 기술적 장치들의 영감으로부터 추동력을 얻게 된다. 전화, 라디오, 영화, 텔레비전 그리고 컴퓨터와 같은 기술매체는 개인적 삶에 "알레고리"와 같은 방식으로 개입하고 간섭한다. 두 번에 걸친 세계적 규모의 전쟁에 대한 체험은 질서가 아닌 무질서를 체화하고, 이성과 합리성에 대한 불신과 회의를 일상화한다. 매체에 대한 이니스(Harold Innis)와 맥루한(Marshall MacLuhan)의 역사적 사유는 1980년대를 지나며 철학적이며 미학적인 차원으로 정교화되며, 연극무대 위에서 활용되는 차원을 넘어서 기술적 아프리오리(apriori)로 일상적 사유를 지

---

26) Sybille Krämer, "Sprache-Stimme-Schrift: Sieben Thesen über Performativität als Medialität", 앞의 책, 33~57쪽 중 33쪽.

배하게 되는 매체철학적 입장이 설득력을 얻게 된다. 레만이 설명하는 포스트드라마 연극의 형식적 특징들은 연극학적인 요소들에 대한 문화적인 분석, 특히 매체문화로부터 도출되는 미학적 범주들과 긴밀하게 관련되는 것으로 보인다. "일련의 포스트드라마 연극의 양식적 특징들(Stil oder vielmehr die Palette der Stilzüge des postdramatischen Theaters)"[27] 가운데 레만은 우선 연극적 요소들 사이에서 위계질서가 교란되는 현상을 강조한다. 이는 전통적인 드라마에서 관객의 혼란을 막고 조화와 이해를 강조하기 위해 질서 정연한 방식으로 연극적 요소들의 결합시켰던 관습을 거스르는 양식을 말한다. 레만은 이를 병렬 구조(Parataxis)적 결합으로 설명한다.

> 포스트드라마의 병렬 구조에서 요소들은 분명한 방식으로 연결되지 않는다. (…) 비슷한 방식으로 기호가 위계질서에 반하여 사용되는 것을 언제나 확인할 수 있다. 기호의 사용은 공감각적인 인식을 목표로 하며, 확립된 위계질서와 반대되는 입장에 있다. 이들이 유희적으로 사용될 경우에는 종속적인 위치로 나타나는 것처럼, 그 정점에 언어, 말하기 방식과 제스처 그리고 건축 구조상 공간 경험과 같은 시각적 특성이 자리한다.[28]

---

27) Lehmann, 146쪽.
28) "Bei der Parataxis im postdramatischen Theater werden die Elemente nicht in eindeutiger Weise verknüpft. (…) In ähnlicher Weise läßt sich immer wieder ein nicht-hierarchischer Zeichengebrauch konstatieren, der auf eine synästhetische Wahrnehmung zielt und im Gegensatz zur etablierten Hierarchie steht, an dehren Spitze Sprache, Sprechweise und Gestik stehen und in der die visuellen Qualitäten wie architektonische Raumerfahrung, wenn sie ins Spiel kommen, als untergeordnete Aspekte figuierten." Lehmann, 147쪽.

전통적인 연극적 요소들은 불분명하거나 우연성을 바탕으로 상호결합되어 사용되며, 이런 활용은 생성되는 이미지를 탈드라마화한다. 각각의 개별적인 요소들은 동등한 비중을 갖게 되며, 부차적인 것과 중요하지 않는 것이 전면에 나서게 된다. 이에 상응하여 여러 다른 장르가 서로 연결될 수 있으며 각각의 수단들은 같은 수준으로 결합될 수 있게 된다. 이것은 관객 인지의 개방성과 적극적 감각과 수용을 규정하게 되는데, 이를 통하여 공연을 위한 작품을 변형시키고, 연극 요소들의 위계질서를 파괴하며, 작품 구조와 상연 구조가 공개되며, 의미가 탈취되고, 관객의 수용 태도와 인지 방식이 바뀌게 되는 것이다. 연극적 기호와 사건은 동시에 발생하며, 병렬적 가치와 기호의 질서는 동시적인 경험으로 이끈다. 동시적인 것은 조직적인 의도를 가지고 도입한 인지 장치를 무용지물로 만든다. 이것은 인지의 파편화 성격을 드러내고, 상세한 것, 보이지 않는 것, 전대미문의 것, 조각난 것에 대한 지각을 규정한다. 레만은 기술 미디어 시대의 관객이 이 모든 것들을 동시적으로 인지할 수 있다는 사실을 시대적 현상으로 받아들인다.

퍼포먼스 텍스트의 두 번째 특징으로 레만은 무대 위에서는 기호의 과도한 사용이나 과소한 사용이 똑같이 허용되며, 연기자, 기호, 소품, 예상할 수 없는 기호의 조밀도와 그의 완급이 조정되는 양식을 든다. 기호의 최소화는 시각적 과잉과 반대되는 방향에서 침묵, 빠름과 느림, 반복과 지속으로 완급을 조절하며, 이것으로 관객의 적극적 행위를 부추기는 효과를 거둘 수 있다는 것이다.

세 번째로, 포스트드라마 연극에서는 드라마 규범의 침범이 전면에 들어서는 현상이 지목된다. 무대 위에서의 시간은 해체되고, 관습화된 형상의 인지는 포기되며, 규범화된 이미지 형상을 거부하는 것을 통하여 극단적인 것이나 기호의 급진적 증가가 빈번하게 나타난다는 것이다. 규범을 공략하는 포스트드라마 연극의 중요한 형식으로 '소품 또는 소도구의 연극(Theater der Requisiten)'을 들 수 있을 것이다. 줄거리는 카오스적 구조를 선호하며, 연극무대를 유희장소로 기능하게 하는 형식을 흔히 사용하며, 문자나 기호를 대상으로 잘못 인식하는 개그와 과잉 효과들이 넘쳐난다는 것이다.

네 번째로, 포스트드라마 연극에서 음악은 연극적으로 혹은 도구적으로 각각의 분명한 역할을 떠맡게 되는데, 보통의 언어도 과도하게 음악적으로 강조하거나 리듬을 섞어 말하게 하여 청각적 기호학이 만들어진다. 이해하기 어려운 낯선 울림, 단어와 소리를 구별하여 기억하게 하기 위한 음악화가 이용된다. 음악적 특징에 초점을 맞춘 낯선 말과 발음이 도입되고, 미지의 음향 조합에 대한 체험을 지각하게 한다. 풍부한 배경음이 깔리고 이질적인 장르의 음악과 여러 가지 타입의 음악이 사용된다.

다섯 번째로, 레만은 시노그라피(Szenographie)[29]와 시각적 드라마투르기의 특성을 강조한다. 텍스트 드라마투르기 자리에 시각적인 것이 들어서며, 이 시각적인 것은 더 이상 텍스트에 종속되지 않는다. 이미지의 연극이 하나의 형식

---

[29] 시노그라피는 연극적이고 실현가능성을 고려하여 무대 세트, 의상, 텍스트를 포함해 연극을 만드는 것이다. 시노그라퍼는 구조화되고, 변형되고, 채워진 공간에서 작업을 하고, 그 역할이 드라마투르크와 유사한 측면이 있다. 복합 이미지극이라고 이름하는 시노그라피는 텍스트나 장면의 시같은 심오한 성찰의 시각을 보여주고, 인간의 신체는 은유이고, 춤이 아닌 글쓰기의 복합적이고 은유적인 감각의 글에 나타나는 움직임의 흐름이라고 한다. 김제민, 「요셉 스보보다의 시노그라피에서 확장된 현대공연예술의 영상표현 연구」, (연세대학교 커뮤니케이션대학원, 2011), 20쪽 이하.

이 된다. 시퀀스와 조응, 지각의 매듭과 밀도의 지점은 시각적인 것에 의해 규정된다. 이미지로서의 신체가 등장하고, 인간 신체의 다양한 관점과 시각으로 볼 수 없는 것이 가시화된다. 작가 자신이나 작가의 다른 작품에 대해 언급하는 자기지시성, 비수식성, 추상성, 구체성, 기표의 자의성, 연속성, 우연성 등의 개념으로 묘사할 수 있는 경향들이 포스트드라마 연극에서 자주 드러난다. 레만이 자신의 이론을 뒷받침하기 위해 자주 언급하는 윌슨(Robert Wilson, 1941~) 또는 스보보다(Josef Svoboda, 1920~2002)의 연극에서 시노그라피가 효과적으로 사용된다.

여섯 번째로, 포스트드라마에서의 퍼포먼스 텍스트는 온기(Wärme)와 냉기(Kälte), 가까움과 멀리 떨어짐의 관계와 같은 양식들과 함께 배우와 관객이 대등하고 동등하게 상호접근하게 하는 역할을 한다. 연극에서 언어기호의 권위가 박탈되고 텍스트는 고도의 심리화 과정을 벗어나게 된다. 온기는 요동치는 인간 운명의 강화된 고착과 서술을 통하여 무대에 오르게 되며, 냉기는 운명, 인물, 텍스트와 그것에 결합된 감각에 대한 격차를 통하여, 그리고 무자비하고 경멸하는 영화적 시퀀스나 서술을 통하여 드러난다.

일곱 번째로, 포스트드라마 연극의 쟁점이 되는 현존하는 신체의 아우라가 빈번하게 강조된다. 신체와 신체의 동작이 중심의 지위에 오르기 때문에 신체를 전시하는 경지에까지 이르게 된다. 점점 더 많은 동작들이 안무가에 의해 요청되고 지시된다. 신체 동작이 극단적인 지점에까지 이르게 하며, 신체의 절대화가 이루어지며, 의미로부터 자유로운 동작을 지향하게 된다. 연극의 진행과정에서 신체는 늘 긴장하고 위험스러운 액션까지 감행된다.

그 외에도 포스트드라마 연극에서는 지금 생겨난 구체적인 사건으로서의 연극(Konkretes Theater)이 강조된다. 구체연극은 '이야기 없는 연극' 혹은 '연극적 연극'으로 나타난다. 포스트드라마 연극은 구획된 공간 안에서 이루어지는 예술이지만, 종합예술작품으로 활용되는 모든 수단들을 이용하여 인간의 신체를 끌어들인다. 지치게 만드는 반복, 아무것도 없음 그리고 무지향성을 통하여 형식화를 강요하거나 침묵하게 하고, 신체, 물질 그리고 형식이 밀착된 현존으로 이끌어간다. 기호는 기호의 현존을 통하여 함께 나누고 공유한다. 지각은 구조의 인식으로 회귀하며, 시선은 감출 수 없는 것을 통하여 강조되어 자세하고 구체적인 것을 향하게 한다.

또한 실제의 침입(Einbruch des Realen)은 실재하는 것을 무대 위로 올리는 것이 아니라, 무대 위의 실재하는 것을 불안하게 만드는 것이 핵심이 되며, 이와 함께 불분명한 것의 미학이 생겨난다. 경계를 넘나드는 것의 미학, 형식과 내용의 전복이 아니라 사실적 연속성과 연출된 구축물의 전복이 주제가 된다. 관객과의 미학적 거리는 불안정하게 되며, 동시에 사건들은 관객은 물질성이 강조된 기호적 특성을 의식하도록 만든다. 요컨대 실재하는 것을 전면으로 등장시키는 것이 아니라, 의미를 자기반성적으로 이용하는 연극이 되는 것이다.

포스트드라마 연극은 과정으로서의 연극, 강조 행위와 줄거리 그리고 관객의 참여와 인터랙션 가운데 사건성과 행위가 중심이 된다. 이것과 함께 사회적 상황의 연극이 생성되며, 사실적인 것을 드러내는 행위를 완성하게 된다. 그리하여 텍스트는 의미를 상실하게 되며, 재현보다는 현존이 강조되거나 사건에 대한 행위가 중심을 이루게 된다.

포스트드라마 연극은 드라마 연극의 환영주의를 포기한다. 예술과 현실, 연극과 다른 예술, 라이브 행위와 기술적 복제, "액팅"과 "낫-액팅" 간의 경계를 없애고 상호침투하는 것이 포스트드라마 연극의 생명수(Lebenselixier)가 된다. 보여주기가 의식적으로 실행되고, 보여진 것과 병치되어 이들은 동일한 권리를 갖게 된다. 그러나 레만이 스스로 밝히고 있듯이 자신이 옹호하는 포스트드라마 연극에서 퍼포먼스 텍스트의 양식적 특성들은 수사적으로 "알레고리적"인 표현의 범주 안에 있음을 감안해야 할 것이다.[30]

6. 나오는 말

레만의 포스트드라마 연극론은 브레히트의 서사극이론과 대립된다는 점에서 포스트브레히트 연극론으로 이해되지만, 최근의 공연예술무대 위에 나타난 특징들에 대하여 포스트모던 철학을 적용하여 이론화한 결과물로 평가받기도 한다. 브레히트의 서사극이론이 관객을 학습시키기 위해 교육적이거나 이념적인 영향력을 행사하려는 목적극을 지향했다면, 레만의 연극론은 미디어 시대의 새로운 영감이 반영되어 변화된 공연예술 현상의 특징들을 설명하려는 이론적 형상화에 초점을 맞춘다. 작가이자 연출가였던 브레히트가 아리스토텔레스의 전통을 극복하기 위한 전략적 사유를 지향했다면, 연극학자이자 이론가인 레만은 기술 미디어가 개입된 공연예술 현장에 나타나는 현상들을 해석학적으로 종합

---

30) "Der Status der Beispiele ist allegorisch: (…)", Lehmann, 146.

하려는 노력을 보인다.

　연극의 역사는 드라마 텍스트의 내용과 형식은 물론 무대 공간의 변천, 공연 형식과 공연의 효과를 높이기 위한 기술적 수단이 변해온 역사를 포함한다. 공연의 목적을 극대화하기 위하여 언제나 당대 최고 수준의 기술과 보조수단이 동원되었으며, 무대 장치와 디자인, 음악과 조명은 당대 과학기술의 수준을 반영한다. 극장의 건축이나 무대 장치까지도 공연예술의 생성과 극작술의 발전, 극예술의 수용 관습에까지 중대한 영향력을 행사해 온 것은 기술 미디어 시대에 더욱 두드러지는 현상으로 다가온다. 바그너는 모든 기술을 집결시킨 종합예술작품(Gesamtkunstwerk)을 지향하는 통합적 예술론을 주창하면서 "건축이 인간의 삶을 그려내는 동료 작가들에게 틀을 제공해주고 그들의 예술이 보여지는 데 필수적인 특별한 환경을 만들어 주는 것 이상의 과업이 있을 수 있다"[31]고 했다. 바그너에 있어서의 건축은 레만에 있어서의 매체개념에 상응하는 지위를 점하는 있음을 상정할 수 있을 것이다. 오늘날 공연무대는 미디어 장치들로 채워지고, 연극의 관객은 시간성과 공간성이 결합된 미디어 퍼포먼스와 마주하는 상황에 점차 익숙해져 가고 있다. 영화, 텔레비전 그리고 인터넷에 익숙한 현대

---

31) 바그너: "드라마야말로 예술 통합의 결정체이다. 개별적으로 존재하는 각각의 예술 분과들이 완전할 때에만 드라마도 최상의 경지에 다다를 수 있다. 진정한 드라마는 모든 예술의 공통적인 목표, 즉 직접적으로 일반 대중에게 호소하고자 하는 목표에서 시작한다고 볼 수 있다. 이와 같은 드라마에서 개별적으로 존재하는 예술들은 다른 예술과의 상호협력을 통해 최고의 비밀을 일반 대중에게 보여주게 된다. 개별 영역으로 존재하는 모든 예술은 드라마 속에서 다른 예술들과의 상호 보완적인 타협과 협력을 통해 하나의 총체적인 메시지로 되살아나 각자가 지향하는 목적과 이상을 구현하게 되기 때문이다." 랜들 패커 편, 『멀티미디어』, (아트센터 나비, 2004), 53쪽에서 재인용.

의 호모 비디오쿠스는 오랜 전통의 드라마 관객보다는 이른바 포스트드라마 연극을 더욱 편안하게 수용하는 관객으로 진화하고 있는 것으로 보인다. 시청각 미디어의 투입과 무대 환경은 보조 수단을 넘어서 퍼포밍 아트(performing art) 생산의 전제가 되는 조건으로 작용하며, 수용자의 태도와 인지방식을 선험적으로 규정한다. 레만이 그의 저술에서 옹호하는 포스트드라마 연극론은 지난 세기의 공연예술의 특징적 현상들을 매체문화사의 흐름에 위치시켜 이론화하고, 물질성을 드러내는 공연예술의 시대적 흐름을 규정하려는 시도로 볼 수 있을 것이다.

* 이 글은 『브레히트와 현대연극』 제26집(2012. 2. 28)에 발표된 논문을 부분적으로 수정하여 재수록한 것이다.

참고문헌

김형기 외, 『포스트드라마 연극의 미학』, (푸른사상, 2011).
김방옥 외, 『퍼포먼스 연구』, (연극과인간, 2010).
김제민, 「요셉 스보보다의 시노그라피에서 확장된 현대공연예술의 영상표현 연구」, (연세대학교 커뮤니케이션대학원, 2011).
백로라, 「현대 퍼포먼스 담론의 주요 쟁점과 미디어 테크놀로지 연극. '라이브니스(Liveness)'이론과 우스터 그룹(the Wooster Group)의 〈햄릿(Hamlet)〉을 중심으로」, 한국연극학회 편, 『퍼포먼스 연구와 연극』(연극과인간, 2010), 246~269쪽.
심재민, 『연극적 사유, 예술적 인식』, (연극과인간, 2009).
이미원, 『연극과 인류학』, (연극과인간, 2005).
임종엽, 『극장의 역사』, (살림, 2005).
최영주, 「기술이 진화시킨 연극, 포스트드라마 연극과 미디어」, 『포스트드라마 연극의 미학』, (푸른사상, 2011), 151~184쪽.
뮐러, 하이너, 『하이너 뮐러 문학선집』, 이창복·정민영 옮김, (한마당, 1998).
무스너, 루츠·울, 하이데마리 편, 『우리는 어떻게 행동하는가. 문화학과 퍼포먼스』, 문화학연구회 옮김, (유로, 2009).
셰크너, 리차드, 『퍼포먼스 이론』, 이기우·김익두·김월덕 옮김, (현대미학사, 2001).
키틀러, 프리드리히, 『광학적 미디어. 1999년 베를린 강의. 예술, 기술, 전쟁』, 윤원화 옮김, (현실문화, 2011).
패커, 랜들 편, 『멀티미디어』, (아트센터 나비, 2004).
Jaeger, Dagma, *Theater im Medienzeitalter: Das postdramatische Theater von Elfriede Jelinek und Heiner Müller*, (Bielefeld, 2007).
Lehmann, Hans-Thies, *Postdramatisches Theater*, (Frankfurt/M., 2005).
Fischer-Lichte, Erika, *Ästhetik des Performativen*, (Frankfurt/M., 2004).
_____(Hg.), *TheaterAvantgarde*, (Tübingen und Basel, 1995).
Pias, Klaus(Hg.), *Was waren Medien?*, (Zürich, 2011).

Haas, Birgit, *Plädoyer für ein dramtisches Drama*, (Wien, 2007).

Krämer, Sybille, "Sprache-Stimme-Schrift: Sieben Thesen über Performativität als Medialität", *Paragrana* 7, (Akademie Verlag, 1998), 33~57.

Schoenmakers, Henri/Bläske, Stefan/Kirchmann, Kay/Ruchatz, Jean (Hg.), *Theater und Medien*, (Bielefeld, 2008).

Drewes, Mirian, *Theater als Ort der Utopie*, (Bielefeld, 2010).

춤연극을 통해 본 수행적 미학
― 자샤 발츠의 〈게차이텐(Gezeiten)〉을 중심으로

김형기

1. 들어가는 말: 재현에서 현존으로
2. 포스트드라마 연극의 한 범주로서의 춤연극: 그 개념과 특징
3. 춤연극 〈게차이텐〉에 나타난 수행적 미학의 양상
4. 춤연극의 수행적 미학

1. 들어가는 말: 재현에서 현존으로

독일의 문화학자 게르노트 뵈메는 오늘날 예술에 대한 논의가 더 이상 미학(Ästhetik)의 영역이 아니라, 지각학(Aisthetik)의 영역에 속한다고 주장한다.[1] 이성에 대한 절대적 믿음이 붕괴된 상황에서, 예술도 더 이상 아름다운 가상으로서 유토피아적 전망과 화해의 메시지로 현실의 모순을 위장할 수 없게 된 것이다. 그럼에도 불구하고 오랫동안 인문학이 스스로에게 부여한 과제는 항상 기호로서의 텍스트가 어떤 의미를 갖는지, 혹은 어떤 의미들을 그 텍스트에 부여할 수 있는가 하는 등의 해석학적인(hermeneutic) 것이었다.

그러나 포스트모더니즘의 세계인식이 확산되면서 이제 우리는 예술을 더 이상 형이상학적 진리를 실천하는 것으로 이해할 수 없는 상황에 도달했다. 다시 말해 단일성과 전체성에 입각해 모든 것을 하나의 원천에서부터 도출해내고 또 그곳으로 다시 환원시키는 근대의 이상주의 미학(idealistische Ästhetik)의 방식

---

[1] Gernot Böhme, *Aisthetik. Vorlesungen über Ästhetik als allgemeine Wahrnehmungslehre*, (München: Fink, 2001).

으로 예술을 논할 수 없는 새로운 인식론적 패러다임의 전환을 맞이한 것이다. 예컨대 미국의 문학비평가인 수잔 손탁이 "예술은 무언가에 관한 것만이 아니다. 예술은 그 자체로 무언가"이기도 하다. "예술은 세상 속에 있는 어떤 것이지, 그저 세상에 관해 말해주는 텍스트나 논평은 아니다"[2]라고 설파한 것은 해석의 행위야말로 예술작품에 가하는 "반동적이고 뻔뻔스럽고 비열하고 숨통을 조이는 훼방"[3]임을 강조하는 말이다.

이제 해석과 종합(synthesis)이라는 근대 형이상학(헤겔 미학)의 굴레에서 벗어난 예술은 오히려 유희, 예외적인 것에 대한 실험, 그리고 한때 구조주의적 체계 속에서 약속되곤 하던 기의로부터 벗어난 기표들이 서로에게 빚어내는 틈새들 및 거기에서 끊임없이 새로운 것을 드러내는 과정이자 그것을 경험하는 과정 자체로 이해된다. 이러한 입장은 해석의 문화, 다시 말해서 의미를 규명하는 것의 문화를 해석학적인 것의 바깥에 머무는 몸의 실체적 물질성으로 대체할 것을 주장하는 한스 울리히 굼브레히트의 『현존의 생산』(2004)에서도 확인된다. (연극)유희의 허구성이 그 안에서는 모든 의미가 중지되는 짧은 카니발적 시간으로 대체되어야 한다는 것이다.[4]

탈희곡적 연극을 뜻하는 "포스트드라마 연극(postdramatisches Theater)"에

---

[2] 수잔 손탁, 『해석에 반대한다』, 이민아 옮김, (서울: 이후, 2002), 39쪽.

[3] 같은 책, 25쪽.

[4] Hans Ulrich Gumbrecht, *Production of Presence: What Meaning Cannot Convey*, (Stanford University Press, 2004), 84쪽 이하 참조. 미하일 바흐친의 카니발(carnival) 개념에 대하여는 김욱동, 『모더니즘과 포스트모더니즘』, (서울: 현암사, 1992), 278~293쪽 참조.

관한 한스-티스 레만의 철학적 담론도 해석의 대상으로서의 전통적인 '드라마 연극'으로부터 등을 돌리면서 특히 텍스트와 연극을 "탈위계화, 탈중심화"[5] 하는 데서 출발한다. 그가 내세우는 포스트드라마 연극의 양식적 특질은 "종합의 중지", "꿈의 이미지", "공감각", "퍼포먼스텍스트" 등이다.[6] 레만이 이 같은 개념들로써 추구하는 것은 기존의 드라마 연극(희곡적 연극)이 지향하는 재현(representation)이 아닌, 포스트드라마 연극 특유의 현존(presence)이다. 그에 의하면 이 현존성은 다름 아닌 배우와 관객 간에 현상적 육체(phenomenal body)를 매개로 하여 일어나는 수행성(performativity)과 사건성(eventness)에 의해 활성화되고 체험될 수 있다.

이는 최근에 미디어의 혁명적 발달과도 무관하지 않은 것으로, 이에 따른 지각습관의 변화는 예술의 생산뿐 아니라 수용 방식에도 변화를 일으키고 있다. 포스트드라마 연극을 비롯한 현대 예술은 전통적인 재현의 연극을 거부하고 20세기 말 이후 포스트모던 사회에 조응하는 새로운 표현방식을 모색하고 있다. 그 결과 전통적인 작품미학(Werkästhetik)의 범주로 파악되지 않는 새로운 특징들이 발견되는데, '수행성', '사건성', '사물의 황홀경', '분위기' 등의 개념 등이 그것이다. 예술의 생산 차원에서 일어나고 있는 이러한 변화는 동시에 관객과 어떻게 소통할 것인가 하는 예술 수용의 문제도 함께 제기한다. 인식이 아닌 지

---

5) Miriam Drewes, *Theater als Ort der Utopie. Zur Ästhetik von Ereignis und Präsenz*, (Bielefeld: transcript, 2010), 15쪽.
6) Hans-Thies Lehmann, *Postdramatisches Theater*, (Frankfurt a. M.: Verlag der Autoren, 1999), S. 139~146쪽 참조.

각 내지 감응이 예술적 소통의 새 매체로 부상하면서, 지각학이 기존의 전통적 미학의 범주로부터 분리되어 적극 논의되는 것도 이 때문이다.

1960년대 이후부터 오늘에까지 이르는 이 같은 네오아방가르드[7] 형태의 공연예술들의 특징을 가리켜 '포스트드라마 연극'이라고 규정하는 레만은 "탄츠테아터(Tanztheater, 춤연극)"[8]을 그 대표적인 사례로 들고 있다.[9] 레만이 자신의 이론에 대한 적절한 예를 춤연극에서 발견한 것은, 의미를 구성하지 않고 에너지를 표출하는 춤이야말로 포스트드라마 연극 전체에서 통용될 수 있는 것을 특징적으로 나타낸다고 보았기 때문이다.

연극과 무용을 포함한 공연예술에서 가장 중요한 표현의 매체는 몸이며, 몸을 사용한 새로운 이미지들이 가장 명확하게 드러나는 장르가 무용이다. 그러나 포스트드라마 연극에서는 몸을 의미 전달의 수단으로 사용하는 대신에, 몸의 물질적 자립성과 감각적 이미지를 강조한다. 종래의 연극에서는 연기자의 몸이 텍스트의 의미를 재현하는 수단으로 주로 사용되어 왔다면(기호학적 몸), 포스

---

[7] (네오)아방가르드 연극과 포스트드라마 연극의 개념 설명 및 상호연관성에 관해서는 김형기, 「포스트드라마 연극'의 개념과 영향미학 – 퍼포먼스와 '수행적인 것'을 중심으로」, 김형기 외, 『포스트드라마 연극의 미학』, (서울: 푸른사상, 2011), 17~63쪽 참조.

[8] "탄츠테아터(Tanztheater)"를 우리말로 "무용극"이라고 하지 않고 "춤연극"이라고 번역한 이유는, 국내 무용(학)계에서 고전무용이든 현대무용이든 극적인 스토리를 포함하고 있는 무용이면 통상 "무용극"이라고 지칭하는 데서 이 용어가 1970년대 이후 독일에서 생겨난 "탄츠테아터"와 개념상의 혼동을 불러일으킬 수 있기 때문이다. 따라서 필자는 일반 "무용극"과 구별되면서 동시에 "탄츠테아터"의 변별적 특징(본 논문의 2, 3장 참조)을 드러내기에 적합한 용어로서 "춤연극"을 택하였다. 춤연극에 관하여는 김형기, 「독일의 현대 '춤연극' 연구 – 피나 바우쉬를 중심으로」, 『헤세연구』, 13(2005), 한국헤세학회, 413~437쪽 참조.

[9] Lehmann, 앞의 책 참조.

트드라마 연극에서는 신체의 현존과 움직임 그 자체가 행위(기표)이자 내용(기의)이 된다(현상학적 육체). 연기자의 몸은 의미작용을 위한 기표로서 작용할 뿐만 아니라, 리듬이나 분위기, 박자 등을 만들어내기도 한다. 텍스트와 음악이 후퇴하고 몸과 움직임이 부상하기 시작한 포스트드라마 연극 시대에 "의미를 표현하는 것이 아니라 에너지를 표출하며, 에피소드가 아니라 행위를 육화"[10] 하는 춤에 연극학자들의 관심이 쏠리는 것은 지극히 자연스러운 일이다. 그러나 유의해야 할 점은 그렇다고 해서 육체가 '탈의미화(Desemantisierung)' 되는 것은 아니라는 점이다. 그보다 공연예술에서는 오히려 육화(embodiment, 체현)의 과정이 곧 의미화의 과정에 다름 아니므로 이 둘은 서로 분리될 수 없다.[11]

본 논문에서는 포스트드라마 연극의 범주에 속하는 춤연극 고유의 변별적 특징들을 먼저 살펴본 다음, 춤연극이 관객과의 대화와 소통을 위해 어떤 영향전략들을 사용하며, 또 그러한 영향미학이 포스트드라마 연극의 수행적 미학과 어떤 연관성을 갖는지 자샤 발츠(Sasha Waltz)의 〈게차이텐〉 공연을 통하여 고찰하고자 한다.

---

10) 같은 책, 371쪽.
11) 이에 대한 설명은 본 논문의 4장 참조.

2. 포스트드라마 연극의 한 범주로서의 춤연극: 그 개념과 특징[12]

1970년대 이후 서구 연극계에서 점차 활발히 시도되고 있는 이른바 포스트드라마 연극에 해당되는 양식상의 특징들이 서양의 동시대 무용(contemporary dance)에서는 더 급진적이고 과격한 양상으로 나타난다. 머스 커닝햄(Merce Cunningham)과 같은 미국의 포스트모던 댄스 안무가들은 예술 형식들 간의 경계가 모호하고 또 창작 과정에서 새로운 형식들의 온상이 된 해프닝이나 이벤트 같은 퍼포먼스에서 안무구조와 연기태도를 찾아낸다. 반복과 비논리적 구조, 동시성과 즉흥성 그리고 우연성을 지니는 이벤트, 극장의 영상, 음악에서의 소리 우선, 회화(繪畫)에서 실제 오브제의 부상(浮上), 그리고 해프닝의 소재를 제공해주는 일상의 시시한 파편들은 포스트모던 세대의 안무가들이 확장시킨 무용언어의 새로운 영역이다. 여기서 훈련되지 않은 신체로 퍼포먼스를 만드는 새로운 무용미학이 제기된다.[13] 이와 같이 포스트모던 댄스의 반(反) 권위적, 반(反) 전통적인 창작경향은 잃어버린 '연극성'을 다시 회복하려는 1960년대 이후의 연극에 상존(常存)하는 '탈희곡적' 성향, 다시 말해 텍스트언어 대신 몸과 이미지가 부각되는 현상과 궤를 같이 한다.

미국의 포스트모던 댄스와 거의 같은 시기에 독일에서 발생한 "춤연극"(탄츠

---

12) 김형기, 「독일의 현대 '춤연극' 연구-피나 바우쉬를 중심으로」, 『헤세연구』, 13(2005), 한국헤세학회, 413~437쪽; 김형기, 「다매체 시대 연극의 탈영토화: 연출가연극-춤연극-매체연극」, 『한국연극학』, 34(2008), 한국연극학회, 63~73쪽 참조.
13) 샐리 베인스, 『포스트모던 댄스』, 박명숙 옮김, (서울: 삼신각, 1994), 11~39쪽 참조.

테아터)의 개념은 순수하게 무용적인 수단과 연극적인 수단들을 하나의 새로운 독자적 형태의 춤이 되도록 결합하는 것을 의미한다. 이 새로운 독자적 형태의 춤은 고전주의 발레와는 반대로, 우리의 삶의 사회정치적 현실과 의식적으로 관련을 맺고자 하는 태도를 통해 그 특징을 드러낸다. '춤연극'이라는 개념은 독일에서 일어난 '표현무용(Ausdruckstanz, expression dance)'[14] 운동 시기(1910~20년대)에 이미 사용되었는데, 이는 표현무용을 고전주의 발레의 전통과 본질적으로 구분하기 위해서였다. 마리 비그만(Mary Wigman)과 더불어 독일 현대무용을 주도한 루돌프 폰 라반(Rudolf von Laban)과 그의 제자인 쿠르트 요스(Kurt Jooss) 등은 온갖 예술 수단을 결합하고 또 춤을 통해 인간의 전체적인 혁명을 꾀하려는 새로운 춤문화를 위해 이 용어를 사용하였다.[15] 그러나 이 용어는 그 후 수십 년 동안 사용되지 않다가, 전후(戰後)에 서독에서 처음에는 미학이나 양식을 나타내는 대신에 무용단(앙상블)을 가리키는 용어로 사용되었다.[16] 그러다가

---

14) 표현무용은 마리 비그만에 의해 창시되었으며, 보편적 인간의 투쟁이라든가 욕구와 관련된 개인적 표현을 추구하는 무용이란 점에서 종래의 고전주의 발레에 대한 '반역'으로 여겨진다.
15) "탄츠테아터"라는 용어를 최초로 사용한 인물이 누구인가에 대해서는 아직 논란의 여지가 있다. 예컨대 페르난데스는 그녀의 박사학위논문에서 루돌프 폰 라반을 이 용어를 처음 사용한 인물로 밝히고 있다. 반면에 독일의 저명한 무용비평가 요헨 슈미트는 라반의 제자인 쿠르트 요스가 그의 「탄츠테아터의 언어」(1935)라는 텍스트에서 이 용어를 최초로 사용하였다고 주장한다. Ciane Fernandes, *Pina Bausch and the Wuppertal Dance Theater: The Aesthetics of Repetition and Transformation*, (New York, Washington, D. C. etc.: Peter Lang, 2001), 1~11쪽 참조; Jochen Schmidt, *Tanztheater in Deutschland*, (Frankfurt a. M./Berlin: Propyläen, 1992), 7쪽 참조.
16) 게르하르트 보너가 1972년 다름슈타트의 발레 감독이 되었을 때, 그의 무용단을 "탄츠테아터 다름슈타트"라고 불렀다. 이는 1970년대 초에 유럽에서 모든 진보적 무용단의 전범으로 여겨졌던 네덜란드 덴 헤이그의 "NDT(Nederlands Dans Theater)의 직접적인 영향을 받은 것이기도 했다.

오늘날 우리가 사용하는 개념으로서 탄츠테아터가 명실상부하게 시작된 것은 1973년 피나 바우쉬(Pina Bausch, 1940~2009)가 부퍼탈의 발레단장으로 취임하면서 무용단을 "탄츠테아터 부퍼탈(Tanztheater Wuppertal)"로 명명한 것에서 비롯한다.[17]

그렇다면 춤연극의 특징은 어떻게 나타나는가? 전체적으로 볼 때 춤연극의 특징은 무용 재료를 연극적으로 다루는 데 있다. 춤연극의 안무가들은 무엇보다도 1968년 학생운동 시기에 유럽을 지배하던 반동적인 예술정책[18]에 반대하여 현실과 관련된 주제들을 강화하고 위계질서 구조를 타파하고자 하였다. 1960년대 말에 크레스닉과 보너, 그리고 그 뒤를 이은 피나 바우쉬에 의해서 춤연극이 극장 운영에서 새로운 무대양식으로 도입된 것은 이러한 시대적 흐름이 반영된 결과이다. 이들 안무가들에게서 발견할 수 있는 공통점은 "일상의 현존하는 세속적 실재들을 감각적이고 의식적인 신체 표현방식을 써서 무용과 연극에서 현실발견의 동인(動因)으로 만들어야 한다는 미학적 확신"[19]이다. 말하자면 표현주의적 연출과 서술적 기법이 상호의존 관계에 있는 춤연극은 신체를 택하되 동작 속의 신체를 사회적으로 특징짓고, 미적 외양(外樣)의 예술에 불과한 무용을 문화적으로 규정함을 뜻한다.

---

17) 그 후 70년대 말부터 시작하여 90년대에 이르러서는 독일 내에 공적으로 조직된 극장체계 안에서 거의 15%에 달하는 무용단이 "발레"라는 표현 대신에 "탄츠테아터"라는 이름을 갖게 되었다.
18) 이를테면 전후의 경제부흥시기와 때를 맞추어 보수화의 색채가 점점 짙어가던 독일의 여러 오페라 하우스에서는 고전 무용만을 지원하였다.
19) Sabine Huschka, *Moderner Tanz: Konzepte—Stile—Utopien*, (Reinbek bei Hamburg: Rowohlt, 2002), 279쪽 이하.

따라서 춤연극의 미학은 수잔네 슐리허가 그녀의 저서 『탄츠테아터』에서 서술하고 있듯이[20], 신체적 감각성을 식민화하는 사회적 결정과 억압들로부터 해방시키는 것이라고 말할 수 있다. 슐리허는 춤연극을 프랑크푸르트 학파의 관점에서 그리고 같은 시기에 전개되고 있는 '연출가연극(director's theatre, Regietheater)'의 문맥 안에서 관찰한다. 여기서 말하는 '연출가연극'은 베르톨트 브레히트의 서사적 연극이론과 앙토냉 아르토의 잔혹연극이라는 아방가르드적 기도(企圖)에 의존해서 일종의 신체 중심의, 텍스트와 문학으로부터 독립된 연기의 자율성을 추구하는 연극을 말한다. 몽타주와 생소화, 그리고 정서에 의해 유도된 신체행동 등의 연극수단들을 가지고 '연출가연극'은 비(非)환영주의적 묘사형식으로 실제 세계에 대한 비판적 수용과 묘사를 목표로 한다. 슐리허는 몽타주와 생소화의 연극수단을 동시에 춤연극의 미학적 핵심으로 평가하는데, 그 이유는 이 두 수단이야말로 브레히트의 서사극에서와 마찬가지로 관객에게 리얼리티를 비판적으로 매개해주는 통로가 되기 때문이다. 이에 따르면 춤연극은 산업화되고 기술적으로 소외된 우리 사회 내에서 어쩌면 마지막일지 모르는 인간적 면모를 해방시키기 위하여 행동하는 것에 다름 아니다.[21]

춤연극의 무용작가들[22]은 초기 표현무용의 전통을 받아들이는 한편, 고전과

---

20) Susanne Schlicher, *TanzTheater: Tradition und Freiheiten: Pina Bausch, gerhard Bohner, Reinhild Hoffmann, Hans Kresnik, Susanne Linke*, (Reinbek bei Hamburg: rowholt, 1987), 14~26쪽 참조.
21) S. Huschka, 앞의 책, 280쪽 참조; C. Fernandes, 앞의 책, xv~xviii쪽(PREFACE by Susanne Schlicher) 참조.
22) 무용작가(Tanzautor, dance author)라는 말은 우선 연극을 연출의 예술로서 이해하기 시작한 역사적 아방가르드주의자들의 영향하에 연출가와 무용안무가들이 문학, 음악 등에 대하여 연극과

신고전 발레이론은 명백히 거부하면서도 발레의 훈련상의 가치를 충분히 '인용'하고 또 '활용'하여 새로운 독일식의 현대무용을 만들었다. 나아가 특히 춤연극이 관심을 기울이는 사회정치적 주제와 관련해서는 특히 브레히트의 서사극의 이론과 실천으로부터 지대한 영향을 받았다. 이렇게 춤연극은 20세기 초에 브레히트를 비롯해 아피아, 메이어홀드, 아르토, 피스카토어(Erwin Piscator) 등의 연극 아방가르드주의자들에게서 일기 시작한 신체언어의 중요성과 극적 표현수단 및 연극성을 중심에 두는 극장주의(theatricalism) 정신을 도입하였다. 그 결과 전통적이고 인습적인 무용동작을 넘어서서 언어, 무대장치, 음악, 연극, 영상 등을 콜라주함으로써 총체예술의 공연형태로 발전하게 되었다. 무용수들은 정서적인 내용이나 인간관계를 관객에게 전달하기 위해 자연스러운 동작과 몸짓으로 정서적인 면을 창조해내어 무용수의 역할을 확대함은 물론 관객층도 새로이 확충하였다. 이때 현실과 유리된 설화적 플롯 대신에 상황과 공포, 인간의 갈등들이 제시되면서 관객은 이미지와 사유의 사슬을 따라가면서 심사숙고하도록 자극을 받게 되었다.

마리 비그만 이후 독일의 대표적 춤작가로서 전 세계 동시대 무용의 한 중심축을 이끌어온 피나 바우쉬의 춤연극 작업의 출발점은 신체가 경험하는 일상의 사회적 삶이다. 바우쉬는 우선 추상적이고 난해한 내용이나 주제 대신에, 동시

무용의 자율성을 강조하고, 독자적인 표현언어를 만들어내기 시작하면서, 그들이 자신의 관심사, 세계관, 미학 등을 표현하는 작가로 되었던 데서 나온 명칭이다. 무용작가에 속하는 인물로는 한스 크레스닉, 쿠르트 요스, 피나 바우쉬, 게르하르트 보너, 라인힐트 호프만, 수잔네 링케 등이 있고, 자샤 발츠는 그 다음 세대에 속한다.

대성과 현실 인식에 따른 주제를 선택하여 관객과의 소통을 원활히 하고자 한다. 아울러 바우쉬는 신체언어의 자율성을 강조하여 무용수의 역할과 범위를 '진행 중인 작품(work in progress)'의 공동 생산자로 확장시키고 있다. 또한 피나 바우쉬는 기존의 고착된 예술 장르를 거부하고, 무용, 대화, 노래, 멜로디, 연극, 일상적인 소품과 의상 등을 이용하여 정서적인 내용이나 인간관계를 전달하고자 함으로써 현대무용의 지평을 새롭게 확장하는 데 크게 기여했다. 이러한 맥락에서 춤연극과 탈희곡적 연극은 서로 긴밀히 영향을 주고받았다고 할 수 있다. 무용은 연극으로부터 이미지의 미학과 열린 구조를 배우고, 스토리가 있는 드라마투르기로부터의 해방을 새로 터득하였다면, 연극은 춤연극에서 신체 및 정서상으로 표출되는 비억압적이고 비위계질서적 연극언어를 배우게 되었다.

연극학자 가브리엘레 브란트슈테터는 아방가르드 연극과 무용의 상호영향관계 속에서 형성된 포스트모던 시대의 포스트드라마 연극의 미학적 특징을 1) 탈문학화, 2) 미메시스 원리의 무효화, 3) 추상화, 4) 기계화, 5) 다층시각화, 6) 움직임의 강조 등 여섯 가지로 요약하여 설명하고 있다.[23] 첫째, 탈문학화란 여타의 연출요소들을 강조함으로써 언어의 우세를 깨는 것을 말하며, 둘째, 미메시스 원리를 무시한다는 것은 표현에서 사실주의, 자연주의, 심리주의를 거부하고 이와 함께 환영(幻影)을 조장하는 무대수단들을 배척하는 것을 말한다. 셋째

---

23) Gabrielle Brandtstetter, *Bild-Sprung: TanzTheaterBewegung im Wechsel der Medien*, (Berlin: Theater der Zeit, 2005), 160쪽 참조.

로, 추상화란 다양한 장면상의 매개변수, 기호적 차원에서의 구성과 해체, 변형과 기계화, 생소화와 몽타주 등의 형식을 자유로이 활용하고 시도함을 말한다. 넷째, 기계화란 메이어홀드가 〈세계의 종말〉(1923)을 연출하면서 시도한 바와 같이 인간의 신체가 그 기능방식에서 "노동기계"처럼 그 어떤 장식이나 군더더기 없이 정밀하게 분석되고 적확하게 투입되는 것을 가리킨다. 다섯째, 다층시각화(Perspektivierung)란 시선을 조종하는 새로운 형식으로서 초점을 다층의 중심에 맞추는 것, 다시 말해 영화와 같은 새로운 기술과 매체의 영향을 받아서 시공간을 지각하는 형식을 가리킨다. 끝으로 여섯 번째, 움직임의 강조는 새로운 연극적 시간·공간 개념과 결합하여 새로운 운동성이 있는 신체와 동작을 리드미컬하게 구성하는 것을 말한다.

이렇듯 20세기 후반의 네오아방가르드 연극을 관류하는 양상은 무엇보다도 연극언어, 표현방식 그리고 조형적이고 공간적인 사유를 혁신하고 확장하는 것이다. 독일의 춤연극의 발전도 이러한 맥락에 위치한다. 20세기 초 역사적 아방가르드 시기(1905~1935)에 촉발된 무대개혁운동은 연극을 위계질서적인 희곡언어로부터 해방시켜 신체적이고 정서적인 자기표현과 무대경험을 가능케 한 20세기 후반의 포스트드라마 시대에 춤연극에 이르러 마침내 기착지에 도달했다고 볼 수 있다.[24] 그러므로 1970년대 독일에서 일어난 연출가연극과 춤연극은 재현주의 연극과 고전 발레와 같은 규범적 미학에 갇혀 고사(枯死)의 위기에

---

24) 무용 분야에서 이에 해당하는 인물들을 열거하자면 달크로즈, 아피아, 라반, 요스 그리고 오스카 슐렘머 등이 있다.

처한 '춤의 유토피아'와 '연극성'[25]을 각기 회복하고자 19세기 말부터 뜨겁게 일기 시작한 예술에서의 혁명적 반동, 다시 말해 아방가르드 운동을 일으킨 "반란의 후예"[26]라 할 수 있을 것이다.

3. 춤연극 〈게차이텐〉에 나타난 수행적 미학의 양상[27]

3.1. 〈게차이텐〉 공연의 분석

춤연극 〈게차이텐〉(안무: 자샤 발츠, 2009. 9. 25, 서울 LG아트센터)이 시작되면 스러져가는 듯 허름한 뒷면 벽이 한눈에 들어오고 마룻바닥이 깔려 있는 널찍한 방안에 나 있는 세 개의 문을 통해 쌍쌍의 남녀가 마치 분신(分身)처럼 2인이 1조가 되어 각기 천천히 무릎을 굽힌 채 사뿐사뿐 조용히 그리고 조심조심 걸어 들어온다. 평소 외적 인격(persona)과 자아 사이의 끊임없는 숨바꼭질과 분열 속에서 살아가는 사회적 존재로서의 인간들이 이 순간만큼은 서로의 감정과 뜻이 일치된 듯, 한 명의 무용수가 다른 무용수의 바로 뒤에서 포개져 동

---

25) 김형기, 「"연극성" 개념의 변형과 확장」, 『한국연극학』 23(2004), 269~295쪽; 최영주, 「연극성의 실천적 개념」, 『한국연극학』, 31(2007), 243~278 참조.
26) Susanne Schlicher, *TanzTheater: Tradition und Freiheiten: Pina Bausch, Gerhard Bohner, Reinhild Hoffmann, Hans Kresnik, Susanne Linke*, (Reinbek bei Hamburg: rowholt, 1987), 194쪽.
27) 공연비평문으로 발표된 글을 학술논문의 체제에 맞게 수정·보완함. 김형기, 「인간의 존재방식에 관한 탐구: 사건과 아우라의 공연미학─자샤 발츠 작/안무 〈게차이텐〉」, 『연극평론』, 55(2009, 겨울), 한국연극평론가협회, 223~227쪽 참조.

일한 걸음과 동작 그리고 형태를 취하며 등장한다. 서로 다른 방향으로 나 있는 세 개의 문을 통해 중앙을 향해 들어오는 이들은 무대 한 중앙에서 필연적으로 서로 마주치게 되는데, 이때마다 이들은 즉흥동작을 엮어나가며 우아하고 기하학적인 대칭의 아름다움을 표현한다. 무용수들은 저마다 동작의 주체가 되었다가 이내 마치 조각과도 같이 오브제로 변모하면서 절제된 동작과 에너지에서 오는 질서와 균제의 미를 현출한다.

그러다 건물 전체가 무너지는 듯한 굉음과 폭음이 별안간 들리면서 조금 전의 평화롭고 서로의 받침대가 되어주며 배려하고 봉사하던 사람들의 모습은 온 데 간 데 없어지고 서로가 배척하고 적대시하며 생존을 위한 난리를 피우기 시작한다. 바로 카오스의 상황이다. 안무를 맡은 자샤 발츠는 여기서 피나 바우쉬의 춤연극에서처럼 반복의 모티프를 사용함으로써 인간 서로에 대한 적대적 몸짓과 동작이 순간의 우연에 의한 것이 아님을 드러낸다.

평상시와 달리 극한 상황에 처하게 되었을 때 인간은 으레 그 탓을 남에게서 찾으며 희생양을 찾는다. 그때 희생양은 우리들 가운데서 약자나 소수자, 즉 다수의 무리와 차이가 나는 자가 된다. 대 재앙의 혼돈이 들이닥쳤을 때 인간이 드러내 보이는 이러한 집단행동은 필연적으로 파시즘을 낳는다. 이렇게 해서 희생이 된 자들에 대한 십자가들이 무대 앞면에 벽돌로 세워지고, 나머지 사람들은 이런 광경을 서로 방관자가 되어 물끄러미 바라볼 뿐이다. 두 명의 남녀 무용수가 내짖는 개 울음소리는 이처럼 개만도 못한 인간존재에 대한 조롱에 다름 아니다. 이윽고 한 사람을 희생양으로 쫓아낸 이들은 저마다 양 팔에 자줏빛 색깔의 의자를 들고 360도 회전하며 춤을 춘다. 여기서 의자가 나의 삶의 자

〈게차이텐〉 공연 캡처 사진, ⓒ LG아트센터

리요 공간을 표상함은 물론이다. 한 사람을 희생시켜 얻은 대가는 낯선 이방인들로부터 이들을 단단히 보호해줄 그들만의 닫힌 공간이다. 이들은 안전하게 닫혀 있는 공간 안에서 무너진 삶의 공간과 터전을 복구하는 작업에 열중한다. 이들의 복구는 저마다 따로 나만을 위한 공간을 쌓고 지키는 일이다. 여기서 타인과의 소통은 안중에도 없이 오로지 나의 세계, 나의 영역, 나의 실존을 지키고 확장하는 일에 혈안이 되어 있다. 이들 각자가 보이는 행동과 동작은 혼돈 그 자체이다. 이들이 입에 문 뾰족한 삼각뿔 모양의 나무토막이 상징하듯 그들은 그 상태로 서로를 쪼아댄다.

  상대를 헐뜯고 공격하는 이들의 모습은 우리의 시대가 곧 세계종말의 상황임을 연상시킨다. 이런 상상이 펼쳐지기가 무섭게 이때 갑자기 암흑세상으로 바뀌며 마룻바닥이 무너지거나 뜯겨지고, 뒷벽 한 곳이 무너지기 시작하면서 커다란

구멍이 뚫린다. 그리고 벽 오른편 한 곳에서 2미터 높이의 불길이 활활 치솟으며 시커먼 연기를 자욱이 뿜어댄다. 무대와 객석은 온통 삽시간에 매캐한 연기로 가득 찬다. 그야말로 아비규환의 상황이요, 살아 있는 지옥의 묵시록이다.

 이 모든 붕괴와 그로 인한 무질서, 혼돈은 인간이 스스로 초래한 재앙임에 틀림없다. 마지막 장면에서 암전 직후 온통 붕괴하고 솟아오른 폭력의 현장에서 두꺼운 흰 천으로 온몸이 칭칭 감긴 채로 마치 거대한 괴물 혹은 애벌레가 되어 힘들게 몸을 일으켜 세우거나 앞으로 굽히는 형상은 이제 누구도 그 정체를 알 길이 없이 되어버린 상처투성이의 인간존재의 실상이라 할 것이다.

 누가 이 지경으로까지 인간의 실존을 파멸시켰는가는 너무나 분명하다. 너나 할 것 없이 오로지 나의 관점에서 '개별화의 원리'[28]에 따라 나의 존재의 집을 쌓고는 이를 위협하거나 파괴하는 타자에 대해서는 집단적인 파시즘의 폭력을 가차 없이 휘두르는, 그러나 이렇게 함으로써 결국 자신의 존재의 터전과 더불어 인류의 공존마저 무너뜨리는 어리석음을 범하는 인간존재의 아이러니를 자샤 발츠는 이 공연에서 표현하고 있는 것이다.

---

28) "개별화의 원리(principium individuationis)"는 쇼펜하우어가 한 말이다. 그에 의하면 이 세계의 밑바닥에 있는 참된 세계인 물자체(物自體)의 세계는 불합리한 맹목적으로 살려고 하는 의지의 세계이고, 어디를 가나 고뇌에 찬 세계이다. 그의 "개별화의 원리"는 위와 같은 근원적인 의지의 세계를 구체적으로 개개의 현상으로서 현상화하는 원리를 가리킨다. 니체는 조형의 신인 아폴로를 이 "개별화의 원리"의 장려한 신상(神像)이라고 불렀으며, 아폴로적인 것과 디오니소스적인 것의 결합에 의해 이 "개별화의 원리"가 깨뜨려지고 해소될 때 비로소 가장 내면적인 근거로부터 기쁨에 넘치는 황홀감이 솟아오른다고 보았다. Friedrich Nietzsche, *Die Geburt der Tragödie aus dem Geiste der Musik*. Mit einem Nachwort v. Peter Sloterdijk, (Frankfurt a. M.: Insel, 1987), 30쪽 참조.

〈게차이텐〉 공연 캡처 사진, ⓒ LG아트센터

 무용수 가운데 백인 외에 아시아, 인도, 아랍지역 출신이 각각 등장하는 것도 이 춤연극 공연의 주제의식과 무관하지 않다. 나와 피부색이 다른 사람, 나와 생각이 다른 사람을 무조건 이상하고 비정상이라고 배척하고 적대시하면서 나의 기득권을 지키고자 하는 사람들의 이기적이고 독단적이며 비겁한 생존방식이 숱한 세월의 흐름(조류(潮流), Gezeiten) 속에서 변함없이 반복되며 인류의 재앙과 불행을 초래하는 장본인임을, 그래서 인간이 더 이상 인간의 모습이 아니라, 마치 벌레의 형상으로 드러나고 있는 현실을 자샤 발츠는 혹독하리만치 끔찍한 춤연극으로 형상화하고 있는 것이다.

3.2. 〈게차이텐〉의 영향전략: 사건과 아우라(aura)

독일의 무용학자 자비네 후쉬카에 따르면, 춤연극에서 안무를 한다는 것은 이제 특정한 미학적 구상을 가지고 춤을 만드는 것이 아니다. 오히려 안무가 자리하는 문맥은 사회적이고 개인적이며 미학적인 구성물로서의 몸의 역사와, 장르의 인습적 경계를 허무는 (무용)매체의 역사와의 논쟁이다. 여기서 무용은 '시공간 속에서의 신체의 움직임'이라는 미학적 상수(常數)를 변화시키고 그 대신 사회정치적 진술이 된다.[29] 자샤 발츠가 소위 '육체의 3부작'으로 기획한 작품 가운데 하나로 "움직임의 본질에 관한 끝없는 탐색"을 부제로 삼은 〈육체(Körper)〉(2004, LG아트센터)에서도 그녀가 정작 탐색하고자 한 것은 단순한 신체표현의 차원에 머물지 않는다. 그보다 신체 움직임의 형태로 표면화되어 나타나는 인간의 공격성과 관능, 고정관념, 유머와 두려움 등과 같은 인간의 몸

---

29) S. Huschka, 앞의 책, 278~282쪽 참조.

과 인간 본성에 대해 근원적인 질문을 던진다.[30] 자본주의의 정치사회 내에서 인간의 본성과 사회적 존재방식에 대한 탐색은 춤연극 〈게차이텐〉에서도 이어진다.

'조류(潮流)'라는 뜻을 지닌 독일어 원제 Gezeiten이 말해주듯이, 이 작품은 이미 지나간 시간부터 다가올 시간까지를 포함하는 유구한 시간의 흐름 속에서 인간과 인간의 관계에서 언제 어디서든 일어날 수 있는 사건을 보여주고 있다. 표현무용이 단순한 양식화, 형체화에서 벗어나 몸을 움직이는 무용수의 주관이나 정서의 표출이어야 한다는 발상의 전환에서 등장하고, 나아가 무용이 다루는 소재가 우리의 현실과 유리될 수 없다는 미학적, 인식론적 성찰에서 20세기 초 춤연극의 개념(라반, 쿠르트 요스)이 처음으로 부상하였다는 사실은 앞장에서 이미 서술한 바 있다. 피나 바우쉬의 등장 이후로 동시대 무용의 한 축을 형성하는 춤연극은 이러한 표현무용과 연극 아방가르드 운동의 정신을 계승·발전시켜 전통적이고 인습적인 무용동작을 넘어서서 언어, 무대장치, 음악, 연극, 영상 등을 콜라주하고 또 몽타주하여 배열함으로써 복합매체적 기표와 에너지의 지각에서 상호충돌과 간섭작용을 드러낸다. 특히 춤연극 1세대인 피나 바우쉬의 뒤를 이어 춤연극의 가능성을 한 단계 더 높인 차세대 안무가로 주목받고 있는 자샤 발츠의 작품은 현실의 상황과 공포, 인간의 갈등 등을 묘사하되 전통적인 연극 드라마투르기에서처럼 관객이 극중 인물 내지 사건과 동일시를 추구

---

30) 자샤 발츠의 춤연극 〈육체〉에 대한 공연분석과 포스트드라마적 영향미학에 관해서는 김형기, 「다매체 시대 연극의 탈영토화」, 63~73쪽 참조.

하도록 하는 대신에 분출하는 육체성(물질성)과 감각적 이미지의 사슬을 따라 가면서 분위기상의 긴장과 불안상태를 감지하고 숙고하게 한다. 여기서 상황과 분위기, 에너지, 밀도, 호흡 등에 관객의 긴장과 주의가 집중된다.

자샤 발츠는 이번 공연에서 무대 한구석이 불타오르는 등의 위험한 장면연출을 그대로 감행하는데, 이는 "관객들이 그 상황을 실제처럼 경험하도록 만들고 싶어서", 관객들이 "무용수들과 함께 하고 있다고 느끼게끔" 하기 위함이다.[31] 〈게차이텐〉의 무대움직임과 행동이 관객에게 작용하는 방식은 그러므로 내러티브의 구조화나 해독에 있지 않고, 오히려 정서로 감각으로 느낌으로 그 현장의 공동현존(co-presence)을 함께 체험하도록 하는 데 있다. 다시 말해 공연이 진행되는 동안에 무용수와 관객들은 기존의 생산자와 수용자의 관계라는 이분법을 넘어 공동으로 하나의 '사건(event)'을 만들게 된다.[32] 뚜렷한 이야기 구조를 지니고 있지 않은 이 춤연극에서는 무용수의 몸, 움직임, 조명, 무대미술, 의상, 리듬, 템포, 음향 등이 빚어내는 수행적인 것, 다시 말해 사건으로서의 공연(performance)과, 여기서 나오는 유일무이한 분위기로서의 아우라가 관객과 무대가 만나는 미적인 경험과 소통의 접점이 된다. 이와 같은 춤연극의 미학적 작용방식은 무엇보다 1970년대 이후 출현하기 시작한 소위 '포스트드라마 연극'

---

31) 〈게차이텐〉(자샤 발츠 안무, 2009. 9. 25, 서울 LG아트센터)의 공연 프로그램 참조.
32) 여기서 말하는 사건이란 "일회적이고 반복할 수 없으며, 대부분 갑자기 등장하고, 어떤 특정 장소에서 특정한 시간에 일어나는 것"을 가리키며, 행위자와 관객의 신체적 공동현존에 기초해 있으므로 '돌발성'과 함께 나타난다. Fischer-Lichte, Erika, "Diskurse des Theatralen", *Diskurse des Theatralen*, hrsg. v. Erika Fischer-Lichte, Christian Horn, Sandra Umathum und Matthias Warstat, (Tübingen u. Basel: Francke, 2005), 21쪽 참조.

〈게차이텐〉 공연 캡처 사진, ⓒ LG아트센터

이 관객과 소통하기 위해 취하는 효과적인 영향전략이기도 하다.[33]

4. 춤연극의 수행적 미학

　문화학자인 도리스 바흐만–메딕에 의하면 학문의 세계에서 이른바 '전환들(turns)'이라고 표기될 수 있는 특정한 역사적 방향전환이 일어난다. 이러한 방향전환은 패러다임의 비약이라든가 학문적 무게중심의 이동을 수반한다. 이런 관점에서 보자면 '전환'이라는 개념은 논쟁 자체를 말하기보다는 오히려 종래의

---

33) 포스트드라마 연극의 미학에 관하여는 김형기 외, 『포스트드라마 연극의 미학』, (서울: 푸른사상, 2011) 참조.

〈게차이텐〉 공연 캡처 사진, ⓒ LG아트센터

지배적 담론과의 차이 및 그 과정들에 대한 관찰을 가리킨다고 볼 수 있다.

1960년대에 언어중심주의에 대한 비판에서 이른바 '수행적 전환(performative turn)'[34]이 일어나면서 공연에서는 행위예술을 시발로 한 '수행성(performativity)' 개념이 연극학의 중심으로 부상하였다. 전통적 연극에서와는 달리 행위예술과 춤연극 등을 포괄하는 포스트드라마 연극의 공연에서는 공연에 앞서는 텍스트가 없거나, 아니면 다양한 텍스트가 재료로서 도발적으로 사용된다. 그 결과 공

---

34) '수행적 전환(performative turn)'은 근본적으로 '언어학적 전환(linguistic turn)'이라는 언어이론적 모델과의 논쟁 속에서 전개되었다. 1970년대에 발생한 수행적 전환 이후로 한편으로 언어중심주의에 대한 비판이 일어났고, 다른 한편으로는 현실과 현실경험을 구성하는 관점이 과정적인 것에, 즉 의미의 형성과 창조 쪽으로 더 많이 옮겨갔다. 물론 이때 언어중심의 모델이 수행적 모델로 대체된 것은 아니다. Doris Bachmann-Medick, *Cultural Turns: Neuorientierungen in den Kulturwissenschaften*, (Reinbek bei Hamburg: Rowohlt, 2007), 104~144쪽 참조.

연에서 또 공연을 통해서 생산되는 의미들은 미리 주어진 어느 텍스트의 의미로서 파악될 수 없다. 그보다는 오히려 공연의 특수한 '수행성'이 최초로 의미를 생산한다. 이로써 연극학의 관심은 기호성과 수행성의 관계로 향하게 되었다. 공연에서는 언제나 수행적인 것과 기호적 특성이 동시에 작품에 존재한다. 그렇다면 수행적인 것, 수행성이 구체적으로 가리키는 것은 무엇인가?

공연[퍼포먼스]의 수행성이란 '지각'하는 사람의 주의를 등장하는 인물과 오브제의 기호적인 것이 아니라, 이들이 갖는 각기 특수한 물질적 "현상성(Phänomenalität)"으로 쏠리게 하는 데에 그 본질이 있다.[35] 지각은 지각대상이 갖는 감각적 자질들에로 주의를 집중한다.[36] 즉 어떤 몸의 독특한 형체와 그것이 뿜어내는 광채라든가, 어떤 동작이 시행되는 방식, 그리고 동작이 수행되는 에너지, 목소리의 음색과 성량, 음이나 동작의 리듬, 빛의 색깔과 강도, 공간과 그 분위기의 독특함, 시간이 경험되는 특수한 모드 등에 집중한다. 이것은 행위자의 현존을 경험하는 것이고 제시되는 오브제의 현현(顯現)을 경험하는 것이다. 이에 따라 수행적인 것에 초점을 맞출 때는 제시되는 요소들을 현상성의 상태로 지각하는 것이 중요하고, 이와 함께 동시에 지각하는 사람에게 지각의 행위로 미칠 수 있는 영향(예컨대 맥박상승, 심폐호흡의 확장, 땀 분비, 심장박동, 현

---

[35] Erika Fischer-Lichte, "Performativität/performativ", *Metzler Lexikon Theatertheorie*, hrsg. v. Erika Fischer-Lichte, Doris Kolesch, Matthias Warstat, (Stuttgart/Weimar: Metzler, 2005), 234~242쪽 중 240쪽.
[36] 제롬 스톨니쯔, 『미학과 비평철학』, 오병남 옮김, (서울: 이론과 실천, 1999), 33~72쪽 중 46쪽 참조.

기증, 성적 반응, 욕망, 구역질, 슬픔, 기쁨, 행복 등등)이 중요하다. 여기서 '수행적인 것'은 결코 의미 없는 것, 무의미한 것, '중요하지 않은 것'으로서 생각되어서는 안 된다. 만일 그렇다면 수행적인 것은 전혀 지각되지 않을 것이기 때문이다. 무엇인가를 지각한다는 것은 곧 그것을 '어떤 것으로서' 지각한다는 것을 뜻한다.[37]

그런 점에서 하나의 공연 안에서 기호적인 것과 수행적인 것은 대립해 있지 않으며 항상 긴밀하게 연관되어 있다. 이는 전통적인 '연극'의 공연들도 텍스트에 미리 주어져 있는 의미의 전달로서는 더 이상 파악될 수 없다는 뜻이다. 그 이유는 전통적 연극의 공연에서도 행위자가 수행하는 '육화(Verkörperung, embodiment)'의 과정 그 자체가 곧 의미이기 때문이다. 다시 말해 이 육화의 과정을 통해서 의미가 처음으로 산출되는 것이다.[38] 결국 현상학적 육체와 기호학적 몸은 공연 속에 항상 같이 존재하는 것으로, 공연예술의 변별적 특질은 그것의 의미생산과 수용에 있어서 이처럼 신체(물질)의 수행과 지각작용이 항상 전제가 된다는 데 있다. 공연에서 행위자와 오브제들은 현전(現前)의 상태로 경험되므로 관객에게 물리적 영향을 행사한다. 그리고 이 영향은 생리적, 정서적 변

---

[37] Erika Fischer-Lichte, "Perzeptive Multistabilität und asthetische Wahrnehmung", Erika Fischer-Lichte, Barbara Gronau, Sabine Schouten, Christel Weiler(Hg.), *Wege der Wahrnehmung. Authentizität, Reflexivität und Aufmerksamkeit im zeitgenössischen Theater*, (Berlin: Theater der Zeit, 2006), 129~139쪽 중 131쪽.

[38] Erika Fischer-Lichte, "Einleitung. Theatralität als kulturelles Modell", *Theatralität als kulturelles Modell in den Kulturwissenschaften*, Erika Fischer-Lichte, Christian Horn, Sandra Umathum u. Matthias Warstat(Hrsg.), (Tübingen/Basel, 2004), 7~26쪽 참조.

화, 에너지 변화 등의 형태로 나타난다.

그러나 오늘날 공연예술이 주목하고 있는 것은 단순히 물리적 행위가 아니라, 열려진 기표, 자기지시적(self-referential) 기표로서의 행위 및 사건이다. 그것은 모든 것을 개념으로 파악하려는 서구의 전통적인 형이상학 및 연극의 고전적 문법을 파괴하는 것이다. '수행적인 것의 미학'이 오늘의 공연예술 속에서 새롭게 논의되고 구명(究明)되어야 하는 이유가 바로 여기에 있다.

춤연극을 포함하여 20세기 후반의 네오아방가르드 연극(포스트드라마 연극)이 직면하고 있는 것은 문자의 지배를 받지 않는, 기호학적 의미의 몸을 넘어선 '현상학적 육체'이다. 동시대 무용이 탐색의 대상으로 삼는 것도 '객체'로서의 몸이 아니라, 표현이나 육화의 '과정'을 말하는 형체화이다. 여기서 말하는 형체화 내지 육화는 확정된 지시체계 속에 몸을 자리매김하는 것을 의미하지 않고, 지속적이고 다층적인 고쳐쓰기와 다시쓰기의 과정을 나타낸다. 따라서 동시대 무용은 늘 미끄러지고 부유하는 기표와 기의의 근원을 캐묻지 않는다.

춤을 춘다는 것은 직접적인 신체적 소통의 과정으로서 이해되며, 동시대 안무가들은 인간 실존의 기본조건과 그 비전을 몸과 움직임을 매개로 하여 표현한다. 이때 인간 현존의 법칙성들이 선형적 흐름의 내러티브나 추상적 형태로 매개되지 않고, 현존하는 춤[행동]으로 체험되고 전달되는데, 이러한 구성방식은 무용수와 관객의 소통적 공동유희 가운데서 형성된다. 여기서는 지각하는 자가 행위자의 현존을 경험할 때 지각대상의 은밀한 의미가 나타난다.

이렇듯 어떤 고정된 의미를 거부하며 무한히 증식하는 기표로서 유희하는 사건 자체가 동시대 연극과 무용에서 수행적 사건이 된다. 오늘날 공연을 '작품

(opus, ergon)'이 아닌 '사건(event, energeia)'의 관점에서 접근해야 하는 이유는 바로 작금의 공연이 논리적, 심리적 인과관계를 지양함으로써 완결된 의미의 재현이나 전달이 아니라, 일종의 의미교란 혹은 기존의 인식 내지 가치의 틀을 해체하고 새롭게 구성하는 것에 궁극적 의미를 부여하기 때문이다. 관객의 행동은 무대로부터 지각한 에너지에 대한 응답이며, 배우의 행동 역시 관객의 행동에 대한 대답이다. 이렇게 재현 대신에 "현존의 질서"를 좇아 끊임없이 순환하는 "자동형성적 피드백 고리(autopoietische Feedback-Schleife)"가 긴밀하고 팽팽할수록 바로 수행성이 전경화된 퍼포먼스가 된다.[39]

이 같은 수행성, 수행적인 것을 통해 정신과 육체, 기호와 의미(지시대상)의 구분이 사라짐에 따라 배우와 관객, 생산자와 수용자라는 전통적인 이분법적 틀도 해체된다. 이제 관객은 배우와 동등한 위치에서 공연의 흐름에 적극적으로 영향을 미치는 공동주체(co-subject)가 된다. 관객은 배우와 더불어 다양한 방식으로 공연 전체에 계속해서 영향을 미치며 끊임없이 돌발적(창발적, emergent) 의미를 구성해가는 행위자요, 공동생산자로서 그 역할을 수행하기 때문이다. 관객이 '리미널리티(liminality)'[40]로 대변되는 경계성의 체험에 이어

---

39) Fischer-Lichte(2006), 앞의 논문, 132쪽; Erika Fischer-Lichte, *Ästhetik des Performativen*, (Frankfurt a. M.: Suhrkamp, 2004), 58쪽 이하 참조.

40) 리미널리티(전이성, 전이영 역)에 관하여는 Victor Turner, "Das Liminale und das Liminoide in Spiel, Fluß und Ritual. Ein Essay zur vergleichenden Symbologie", *Vom Ritual zum Theater. Der Ernst des menschlichen Spiels*, (Frankfurt a. M.: Campus, 1989), 28~94쪽 참조: '문지방'을 의미하는 라틴어 'limen'에 뿌리를 둔 '리미널리티'는 두 개의 다른 국면 사이 혹은 그 경계(border)의 상태를 가리키며 모호성, 개방성, 불확정성을 특징으로 한다. 그러므로 이 리미널 공간(liminal

미적 경험에 이르고, 이를 통해 새로운 인식과 변화(transformation)에 도달하는 것이야말로 춤연극을 포함하는 포스트드라마 연극의 궁극적인 목표이다.[41] 20세기 후반의 네오아방가르드 연극에서와 마찬가지로 동시대 무용에서 관객에게 의미기호의 체계를 인식하기보다는 무대 사건 속으로 자기 자신을 함께 연루시키는 능력, 다시 말해 관객의 능동적인 수용과, 공연을 사건으로서 지각하고 경험하는 데 있어서 보다 개방적 자세가 요구되는 이유가 여기에 있다.

---

space)에서 관객들 개개인은 정체성의 해체와 방향상실을 경험하며 체험의 공동체(communitas)를 형성하게 된다. 즉 리미널리티는 자기이해와 행동의 정상적인 경계가 이완되거나 해체되는 전환의 시기이며, 이를 통해 변화를 위한 새로운 조망이 나타날 수 있다.

41) 예술작품에 대한 추구성(追構成, Nachkonstruktion)의 능력이 요구되는 '예술체험'에 관한 논의는 아놀드 하우저, 『예술의 사회학』, 최성만·이병진 역, (서울: 한길사, 1983), 25~50쪽 참조; 공연에서의 미적 경험에 관하여는 김형기, 「연극비평에 관한 연극학적 고찰 – 대상, 역사, 기능과 형태를 중심으로」, 『헤세연구』, 20(2008), 한국헤세학회, 425~469쪽 참조.

참고문헌

〈계차이텐〉(자샤 발츠 안무, 2009. 9. 25, 서울 LG아트센터)의 공연 프로그램.
김욱동, 『모더니즘과 포스트모더니즘』, (서울: 현암사, 1992).
김형기, 「독일의 현대 '춤연극' 연구-피나 바우쉬를 중심으로」, 『헤세연구』, 13(2005), 한국헤세학회, 413~437쪽.
_____, 「연극비평에 관한 연극학적 고찰-대상, 역사, 기능과 형태를 중심으로」, 『헤세연구』, 20(2008), 한국헤세학회, 425~469쪽.
_____, 「다매체 시대 연극의 탈영토화: 연출가연극-춤연극-매체연극」, 『한국연극학』, 34(2008), 한국연극학회, 39~99쪽.
_____, 「인간의 존재방식에 관한 탐구: 사건과 아우라의 공연미학-자샤 발츠 작/안무 〈계차이텐〉」, 『연극평론』, 55(2009, 겨울), 한국연극평론가협회, 223~227쪽.
김형기·심재민·김기란·최영주·최성희·이진아·파트리스 파비스, 『포스트드라마 연극의 미학』, (서울: 푸른사상. 2011).
문애령, 『서양무용사. 신표현주의를 중심으로』, (서울: 눈빛, 2000).
베인스, 샐리, 『포스트모던 댄스』, 박명숙 옮김, (서울: 삼신각, 1994).
손탁, 수잔, 『해석에 반대한다』, 이민아 옮김, (서울: 이후, 2002).
스톨니쯔, 제롬, 『미학과 비평철학』, 오병남 옮김, (서울: 이론과 실천, 1999).
하우저, 아놀드, 『예술의 사회학』, 최성만·이병진 역, (서울: 한길사. 1983).
Bachmann-Medick, Doris, *Cultural Turns: Neuorientierungen in den Kulturwissenschaften*, (Reinbek bei Hamburg: Rowohlt, 2007).
Böhme, Gernot, *Aisthetik: Vorlesungen über Ästhetik als allgemeine Wahrnehungslehre*, (München: Fink, 2001).
Drewes, Miriam, *Theater als Ort der Utopie: Zur Ästhetik von Ereignis und Präsenz*, (Bielefeld: transcript, 2010).
Fernandes, Ciane, *Pina Bausch and the Wuppertal Dance Theater: The Aesthetics of Repetition and Transformation*, (New York, Washington, D. C. etc.: Peter Lang, 2001).

Fischer-Lichte, Erika, "Einleitung. Theatralität als kulturelles Modell", *Theatralität als kulturelles Modell in den Kulturwissenschaften*, Erika Fischer-Lichte,, Christian Horn, Sandra Umathum u. Matthias Warstat(Hrsg.), (Tübingen/Basel, 2004), 7~26쪽.

_____, *Ästhetik des Performativen*, (Frankfurt a. M.: Suhrkamp, 2004).

_____, "Performativität/performativ", *Metzler Lexikon Theatertheorie*, hrsg. v. Erika Fischer-Lichte, Doris Kolesch, Matthias Warstat, (Stuttgart/Weimar: Metzler, 2005), 234~242쪽.

_____, "Diskurse des Theatralen", *Diskurse des Theatralen*, hrsg. v. Erika Fischer-Lichte, Christian Horn, Sandra Umathum und Matthias Warstat, (Tübingen u. Basel: Francke, 2005), 11~32쪽.

_____, "Perzeptive Multistabilität und asthetische Wahrnehmung", *Wege der Wahrnehmung. Authentizität, Reflexivität und Aufmerksamkeit im zeitgenössischen Theater*, Erika Fischer-Lichte, Barbara Gronau, Sabine Schouten, Christel Weiler(Hg.), (Berlin: Theater der Zeit, 2006), 129~139쪽.

Gumbrecht, Hans Ulrich, *Production of Presence: What Meaning Cannot Convey*, (Stanford University Press, 2004).

Huschka, Sabine, *Moderner Tanz. Konzepte-Stile-Utopien*, (Reinbek bei Hamburg: Rowohlt, 2002).

Lehmann, Hans-Thies, *Postdramatisches Theater*, (Frankfurt a. M.: Verlag der Autoren, 1999).

Nietzsche, Friedrich, *Die Geburt der Tragödie aus dem Geiste der Musik*, Mit einem Nachwort v. Peter Sloterdijk, (Frankfurt a. M.: Insel, 1987).

Schlicher, Susanne, *TanzTheater: Tradition und Freiheiten: Pina Bausch, gerhard Bohner, Reinhild Hoffmann, Hans Kresnik, Susanne Linke*, (Reinbek bei Hamburg: rowholt, 1987).

Schmidt, Jochen, *Tanztheater in Deutschland*, (Frankfurt a. M./Berlin: Propyläen, 1992).

Turner, Victor, "Das Liminale und das Liminoide in Spiel, Fluß und Ritual. Ein Essay zur vergleichenden Symbologie", *Vom Ritual zum Theater. Der Ernst des menschlichen Spiels*, (Frankfurt a. M.: Campus, 1989).

신한류 K-pop의 '감흥(感興)'과 수행성

이난수

1. 들어가는 말
2. K-pop의 형성과 매체
3. K-pop의 '감흥'
4. 동양미학에 나타난 '감흥'의 수행성
5. 나오는 말

1. 들어가는 말

K-pop은 2000년대 한국 대중음악의 대표적인 음악 트렌드로, 한국의 팝 음악 특히 아이돌 음악을 지칭한다. 이 음악은 10대에서 20대에 이르는 글로벌 팬들을 중심으로 아이돌 그룹의 노래를 따라 부르고, 그들의 춤을 따라 추는 문화적 현상을 특징으로 한다. 즉 K-pop이라는 음악 트렌드가 감상자의 심미 경험을 일으켜 적극적 행위로 나타난 것이다. 여기서 감상자의 반응은 음악을 수용하는 과정에서 발화된 일종의 수행적 요소로 이해될 수 있다. 화려한 비주얼을 갖춘 아이돌 그룹의 음악은 경쾌한 비트와 한 번만 듣고도 귀에 착 들러붙는 후렴구 그리고 쉬운 안무로 구성되었다. 이러한 음악적 요소와 미디어 기술의 적절한 활용과 조합이 감상자의 정서를 자극하여 그들로 하여금 자신도 모르게 노래를 흥얼거리며 춤을 따라하게 만드는 행위를 생산한다. 이와 같은 수행성의 심리적 요인을 미학적 관점에서 고찰한다면, 동양미학의 개념 가운데 '감흥(感興)'[1]을 통해 분석할 수 있다. '감흥'은 인간이 미적 대상에서 무엇인가를 느끼

---

[1] 여기서 '감흥(感興)'은 미적 대상에 대한 감상자의 예술적 경험으로, 본고에서의 '흥(興)'은 중국시

고, 이 느낌을 받아들이는 과정에서 일어나는 정서적 변화로 수행성을 이끌어내는 동력이기 때문이다. 따라서 본 연구는 K-pop에 나타난 수행적 측면을 '감흥'으로 고찰하고자 한다.

2. K-pop의 형성과 매체

K-pop이란 한국의 대중가요에 대한 아시아 권역에서의 인기 및 선호하는 현상을 총칭한 음악 트렌드로, 용어는 대한민국 국가의 영문 이니셜인 'K'와 가요를 나타내는 'Pop'의 합성어로 되어있다. 한마디로 '한국의 인기가요'인 K-pop은 2000년대 한국의 대중가요가 국경을 넘나드는 문화적 흐름 가운데 호명된 것이다. 그것은 일본에서 '한국의 인기가요'를 그들의 J-pop(일본의 대중음악)처럼 부르면서 시작되었다.[2] 이처럼 한국의 대중문화를 타자의 입장에서 정의

학 가운데 비유기법(賦・比・興 가운데 '興')을 논외로 한다. '감흥'에 대한 논의는 4장을 참고.

2) "K-pop에 대한 정의 자체가 논란의 여지는 있지만, K-pop은 한국 대중음악의 국제화, 혹은 아시아화를 명명하는 문화적 아이콘이 되었다. K-pop은 분류의 용어이면서 통합의 용어이기도 하다. K-pop은 아시아 내 존재하는 일본의 J-pop, 홍콩의 칸토 팝(Canto pop), 그리고 중국의 만다린 팝(Mandarin pop)과 구분되는 새로운 분류종이면서 동시에 '팝'이라는 가족 유사성을 가지고 있는 동족종의 의미를 가지고 있기도 하다. 말하자면 K-pop은 한국 대중음악의 독자성을 지시하면서도 글로벌한 팝 음악 지형의 보편적인 지위를 획득하는 통합성을 동시에 지닌다." 이동연, 『아시아 문화연구를 상상하기』, (서울: 그린비, 2006), 330~331쪽. ; "J-pop이 일본 대중음악을 포괄하는 용어가 되었듯, K-pop은 한국의 대중음악을 포괄하는 용어가 된 것이다. 이 용어는 '한국 음악', '한국 팝' 등의 과도기적 용어를 대체하면서 이제는 하나의 장르로 정착한 것으로 보인다. … K-pop은 일본어권에서 형성된 용어이다. 말하자면 K-pop은 용어 자체가 '타자가 호명한' 것이자 국경을 넘는, 이른바 월경적 실천의 산물에 속한다." 신현준, 「K-pop의 문화정치(학)-월경하는 대중음악

내리게 된 것은 한국의 문화가 세계적인 문화로 변해가는 것을 의미한다.

그 밖에 한국의 문화를 지칭하는 국제적 고유명사로는 1999년 중국에서 형성된 한류(韓流)가 있다. 이 고유명사는 중국 언론매체가 당시에 젊은이들의 유행을 의미하는 류(流)를 사용해 만들었다.[3] 중국을 중심으로 시작된 한류는 아시아로 퍼지면서, 최근에는 한국의 문화산업 전반으로까지 확대되었다. 즉 영화, 음악, 드라마, 게임뿐만 아니라 한류상품의 구매, 관광 등의 경제적 효과까지 창출한 것이다. 이처럼 한류는 한국의 대중문화 전반을 포괄하는 범주로서, 1997년 중국 CCTV 채널 8에서 〈사랑이 뭐길래〉로부터 시작되어 3단계를 거쳐 발전하였다. 한류 1기(1997년~2001년)는 한국 TV 드라마로부터 시작되어, 음악에서는 보아의 일본 진출과 HOT, NRG, 클론 등의 중국진출로 한류가 생성된 시기이다. 한류 2기(2002년~2004년)는 드라마를 중심으로 성장하였다. 드라마 〈겨울 연가〉와 〈대장금〉이 동남아시아 전역에 인기를 끌면서 문화콘텐츠의 일환으로서 본격적인 수출이 이루어진 것이다. 한류 3기(2006년~)는 음악, 영화, 게임, 만화 등의 다양한 한류의 흐름 속에서 안정기에 접어든다.[4] 특히 최근에 가장 주목을 받는 것 중의 하나는 K-pop인데 이를 중심으로 하는 '신(新)한류'가 지속적으로 성장하고 있는 추세이다.[5]

에 관한 하나의 사례연구」, 『언론과사회』, 제13권 3호(2005), 8쪽.

[3] 일반적으로 한류는 '한국 대중문화 및 순수 예술과 이와 직접적으로 관련된 상품에 대한 해외에서 인기 및 선호현상'으로 정의된다. 국회도서관, 『한류, 아시아를 넘어 세계로』, (서울: 국회도서관, 2011), 6쪽.

[4] 방정배·한은경 외, 『한류와 문화커뮤니케이션』, (서울: 커뮤니케이션북스, 2007), 61쪽 참조.

[5] '신한류'에 대하여 조형근·심희정은 다음과 같이 말한다. "K-pop 중심의 한국 문화콘텐츠가 인

현재 '신한류'는 한국의 아이돌[6] 그룹인 원더걸스, 슈퍼주니어, 소녀시대, 카라, 샤이니, 빅뱅, 2PM, 2NE1, JYJ 등이 아시아를 넘어 유럽과 미국에서도 인기를 얻고 있다. 이는 그동안 K-pop이 동아시아 지역에만 영향을 끼쳤던 팬덤 현상에서 세계적 팬덤 현상으로의 확장을 의미한다.[7] 그중 한 예로는 지난해 6월 11일 프랑스 파리에서 'SM타운 라이브 월드투어' 공연에서 티켓을 구하지 못한 300여 명의 유럽 팬들이 루브르박물관 앞에서 시위를 벌인 일이 있다. 그들은 아이돌 그룹의 노래를 한국어로 따라 부르고, 춤을 추는 퍼포먼스를 통해 공연 연장을 요구하였다. 그리고 이와 같은 유럽팬들의 반응에 고무된 언론들은 일제히 'K-pop의 침공(K-pop invasion)'이란 단어를 사용하였다.[8] 여기서 '침공'은 K-pop이 세계의 음악시장을 공략한다는 의미로 상징화되어 있다. 유럽에서의 K-pop 인기는 현지 프로모션을 통한 홍보도 없이 자생적으로 확산되었다는

터넷 등 뉴미디어를 기반으로 능동적 성향의 수용자들 사이에서 자발적으로 수용 확산되는 현상이다." 조형근·심희정, 「신한류 현상의 특징과 향후 과제」, 『이슈와 논점』, 제254호(2011), 1쪽.

6) "아이돌의 어원은 종교적인 의미를 갖고 있다. 그것은 우상이라는 뜻으로 신을 숭배하기 위해 만든, 신을 표상하는 이미지나 물질적인 대상을 의미한다. 그것은 또한 맹목적인 경배나 찬양, 헌신의 대상이 되는 어떤 사람이나 사물을 의미하기도 한다. … 한국 대중문화에서 아이돌은 명백하게 어떤 정형화된 유형을 상상하게 만든다. 아이돌은 우선 연령으로는 10대에 데뷔한 연예인을 한정해서 부르고, 솔로보다는 그룹으로 활동하는 팀의 구성원을 전제하며, 체계적인 기획과 관리 통제 시스템이 만들어낸 스타를 말한다." 이동연 엮음, 『아이돌』, (서울: 이매진, 2011), 18~20쪽.

7) 이동연은 K-pop을 초국적 문화현상으로 진단하고 그 조건들을 음악과 마케팅 그리고 팬덤 현상으로 구분하여 설명하고 있다. 『프레시안』, 「케이팝의 시대, 그 불편한 진실」, http://member.pressian.com/article/article.asp?Section=04&article_num=30120116115208.

8) 이 용어는 1960년 영국의 비틀즈가 팝의 본고장인 미국을 공략하여 세계 팝의 흐름을 바꾸어 놓았던 음악사적 사건인 '영국의 침공(British invasion)'으로부터 응용된 것이다. 국회도서관, 『한류, 아시아를 넘어 세계로』, 2쪽 참조.

점에서 기존의 한류 전파와는 다르다.[9] 즉 K-pop이 주도하는 '신한류'는 디지털 미디어를 통해 실시간으로 확산되었던 것이다. 이와 같은 'K-pop의 침공'에 대한 구체적인 논의를 위해, 우선 디지털 미디어의 등장 배경부터 살펴보겠다.

한국에서 대중음악이 미디어를 통해 본격적으로 다루어진 것은 1960년대 후반으로, 주로 LP, Cassette, CD 등의 아날로그 미디어로 전파되었고 음반의 형태로 제공되었다. 음반의 제작은 음반을 유통하여 소비하는 음반 산업의 발달로 이어졌다. 이러한 흐름은 2000년대 들어 인터넷과 모바일로 대표되는 디지털 시대가 도래하면서 급속한 변화를 겪는다. 우선 음악 형태가 음반에서 음원으로 이동하면서 다양한 미디어와의 융합으로 이어진다. 과거 음반 단위로의 소비가 온라인 상에서 음원을 구입하는 형태로 나타난 것이다. 이렇게 구입한 음원은 인터넷에서 파일 형태로 다운받아 PC, MP3플레이어, 모바일 등의 다양한 디지털 미디어를 통해 이용할 수 있도록 바뀌었다. 이전의 아날로그 미디어보다 이동과 휴대가 활성화된 디지털 미디어는 언제 어디서나 짧은 시간에 원하는 음악을 제공함으로써 소비자들이 음악 소비를 더욱 편하고도 효율적으로 할 수 있게 하였다.[10]

---

9) K-pop의 자생적 확산에 대하여 다음의 예로 소개한다. "브라질의 한 연예 프로그램은 K-pop의 장르별 가수와 뮤직비디오를 소개하며, 'K-pop이 미국을 거쳐 브라질까지 건너와 대세를 이루고 있다.'며 "한국 가수들은 쇼 한번 안하고도 브라질 청소년의 새로운 우상이 됐다."고 평가하기도 했다." 정미나, 「K-pop. SNS 날개 달고 세계로」, 『방송작가』, 제64집(2011), 14쪽.
10) 아날로그 미디어와 디지털 미디어에 대한 차이를 Susan B.는 Nicholas Negroponte의 원자와 비트의 묘사를 들어 다음과 같이 설명한다. "원자는 물리적인 매체를 구성한다. 그 예로써 책이나 오디오테이프, 비디오카세트와 같은 미디어를 구성한다. 정보비트를 네트워크상에 분배하는 것보다 원자를 사람들의 손 안으로 보내는 것이 더 어렵다. 인쇄공장에서 독자에게까지 책을 보내기 위해서는 책이 물리적으로 트럭에 선적되어야만 하며, 가게로 보내져야만 한다. 반대로 책이 디

이와 같은 음악시장은 유통 경로에 따라 인터넷 음악시장과 모바일 음악시장으로 나눈다. 인터넷 음악시장은 유선 인터넷을 통해 다운로드, 스트리밍 방식으로 유통되는 반면, 모바일 음악시장은 이동통신을 통해 다운로드, 스트리밍 방식으로 유통되는 디지털 음악 방식이다.[11] 인터넷과 모바일 음악시장이란 사용 미디어의 차이에 따른 구분이며, 모두 온라인 음악 스토어(벅스, 멜론 등)를 통해 음악 파일을 거래하는 것이다. 소비자들이 온라인상에서 곡의 3분의 1가량을 미리 듣는 서비스를 통해 음원의 구매를 결정한다. 즉, 온라인 음악 스토어에서의 '맛보기' 서비스는 짧은 시간에 소비자들의 귀를 사로잡아 수익을 창출하는 시스템인 것이다. 이와 같은 판매 시스템은 단시간에 강력한 임팩트를 지닌 음악의 생산과 소비의 메커니즘을 탄생시켰다.

또한 온라인을 통한 새로운 소비 현상이 보편화되면서, 다양한 음악 상품들이 대거 등장하게 된다. 모바일 음악시장에서는 주로 벨소리, 통화 연결음, 전곡 다운로드 서비스로 소비자의 음악 구매가 이루어졌으며, 인터넷 음악시장에서는 소셜네트워크서비스(SNS: Social Network Service, 이하 SNS로 약칭)에서의 구매가 가장 활성화되었다.[12] SNS는 온라인에서 사람들과 다양한 정보, 생각, 느낌을 공유하는 가상 공간이다. 이 공간에서는 SNS의 서비스로 전 세계의

지털 형식으로 분배된다면, 정보 원천으로부터 바로 컴퓨터 네트워크를 통해 독자에게 전달 될 수 있다. 디지털 북은 장소 이동이 훨씬 수월하며 전 세계로 보내는 데도 시간이 덜 걸린다." Barnes, Susan B, 『사이버커뮤니케이션 이론』, 권상희 옮김, (서울: 성균관대학교 출판부, 2007), 68쪽.

11) 한국콘텐츠진흥원, 「2009 해외콘텐츠시장조사(음악)」, 『Kocca 연구 보고서』, (서울: 한국콘텐츠진흥원, 2010), 7쪽 참조.

12) 앞의 책, 9, 35쪽 참조.

사람들과 서로 정보를 교류하고, 쇼핑을 하며, 뉴스·동영상·음악을 시청하고 감상한 개인의 느낌과 의견 등을 서로 공유한다. 국내 음악시장에서 SNS는 미니홈피와 블로그의 BGM(Background music)으로부터 시작되었고, 최근에는 유투브(Youtube), 트위터(Twitter), 페이스북(Facebook) 등을 통해 음악에 대한 정보와 곡을 공유하거나 팬덤 커뮤니티의 공간을 만들어 활동한다. 특히 유투브는 2005년에 개설된 무료 동영상 파일 공유사이트로 콘텐츠 대부분은 영화와 뮤직비디오, TV, 개인이 제작한 동영상 등이다. 이 사이트는 누구나 동영상을 업로드, 공유할 수 있으며, 전 세계 어디서든지 수백만 명이 동시에 볼 수 있다. 유투브에 업로드된 슈퍼주니어의 〈Mr. Simple〉의 경우 2012년 3월 20일 기준으로 조회수가 41,038,600건이다. 이처럼 영상을 비롯한 온라인 음원은 실시간으로 전 세계 사람들에게 확산되고 있으며, 이러한 현상은 더욱 가속화되고 있다. 국내 기획사인 SM엔터테인먼트, JYP엔터테이먼트, YG엔터테이먼트 등이 각각 유투브에 자사 채널을 개설하여 소속 가수들의 홍보 마케팅 창구로 활용하고 있다. 그리고 기획사에서 배포한 유투브 동영상은 전 세계 22개국에서 8억 회 가량 조회된 것으로 알려져 있다.[13]

이렇게 볼 때, SNS 서비스의 활성화는 음악 자체를 하나의 영상콘텐츠로 전 세계 사람이 소비할 수 있는 환경을 조성해 준 것이다. 이와 같은 미디어의 날개를 달고, K-pop은 언어와 문화를 넘어 실시간으로 전 세계인들의 눈과 귀를 글자 그대로 침공하였던 것이다.

---

13) 정미나, 앞의 자료, 15쪽 참조.

3. K-pop의 '감흥'

3.1. 음악적 특징: '후크송(Hook song)'을 중심으로

2000년대에 들어, 한국의 대중가요는 온라인 음악시장이 발달하면서 단시간에 강력한 임팩트를 지닌 음악이 요구되었다. 따라서 노래 첫 부분부터 짧고 강한 메시지에 단순한 리듬과 멜로디를 실어 지속적으로 반복하는 작곡 패턴이 하나의 흐름이 되었다. 이와 같은 패턴에 미국과 유럽에서 유행하는 힙합, 일렉트로닉, 소울, 알앤비 등의 스타일을 복합적으로 사용한 K-pop 음악은 잘 짜인 군무를 가미하여 감상의 효과를 극대화시킨다. 다시 말해 세계 음악의 주류 스타일을 차용하여, 단순한 리듬과 멜로디의 작곡 패턴으로 감상자들의 청각적 효과를 끌어내고, 화려하고 역동적인 군무(群舞)를 통해 시각적 효과를 극대화시킨 것이다.[14] 이 장에서는 K-pop 음악의 패턴 가운데 반복적인 비트와 리듬 그리고 짧고 인상적인 후렴구의 반복적 특징인 '후크송'[15]을 중심으로 살펴볼 것이다.

---

14) K-pop 음악의 스타일을 이동연은 "힙합, 알앤비, 일렉트로닉이 서로 뒤섞인 짬뽕 스타일"로 평가하면서, K-pop을 미국 팝의 하청공장으로 정의 내린다.『프레시안』,「케이팝: 황색피부, 흑색가면」, http://www.pressian.com/article/article.asp?article_num=30120129140801&Section=04.

15) '후크송'은 원더걸스의 〈Tell Me〉 이전에도 나타났다. 주로 광고에서 간결하고 강렬한 메시지를 담은 CM송에 사용되었으며, Jazz에서의 리프(riff)와도 흡사하다. 이와 같은 원더걸스 이전의 '후크송'을 필자는 논외에 둘 것이다. 왜냐하면 본 논문은 K-pop에 나타난 '후크송'만을 중심으로 하기 때문이다.

〈사진1〉 원더걸스의 〈Tell Me〉 공연 모습 (출처: 유투브 동영상 캡쳐)

2007년 하반기 풋풋한 소녀들의 상큼한 목소리와 발랄한 동작이 전 국민을 〈Tell Me〉열풍으로 빠져들게 하였다. 5명의 10대 소녀들로 구성된 원더걸스는 이 곡으로 폭발적인 인기를 얻었다. 〈Tell Me〉는 디스코와 펑크로 대표되는 복고풍의 리듬과 한 번만 들어도 귀에 착 들러붙는 후렴구 그리고 쉬운 안무가 반복되면서 감상자 뇌의 특정 부위를 자극하여, 자동적으로 기억하게 만들었다. 이처럼 감상자의 귀를 잡아끌기 위한 음악적 아이디어를 '후크(hook)'라 하며, 곡에서는 짧은 리프(riff)나 프레이즈(phrase)의 반복 형태로 나타난다. 원더걸스의 〈Tell Me〉는 'Tell Me'라는 '후크'가 들어간 '후크송'이다.[16] '후크송'은

---

16) '후크송'의 개념 정의는 정찬중·최성영·배명진의 공동 논문인 「후크송의 음향학적 분석에 관한 연구」(『韓國通信學會論文誌』, 제35집 2호(2010), 한국통신학회, 25쪽)와 김민주의 『2010 트렌드

2007년 박진영 씨가 작곡한 원더걸스의 〈Tell Me〉에서부터 시작되었다. 박진영 씨는 'Tell Me'라는 가사로 '후크'를 강조하였다. 이 곡은 시작한 지 47초 만에 'Tell Me'의 반복구가 시작되어 끝날 때까지 50번을 반복한다. 이와 같은 '후크송'으로 원더걸스의 〈Nobody〉(2008), 손담비의 〈미쳤어〉(2008), 소녀시대의 〈Gee〉(2009), 슈퍼주니어의 〈Sorry Sorry〉(2009)와 〈Mr. Simple〉(2011), 빅뱅의 〈거짓말〉(2009), 2PM의 〈Again & Again〉(2009), 샤이니의 〈Ring Ding Dong〉(2009), 티아라의 〈Bo Peep Bo Peep〉(2009), 〈Roly-Poly〉(2011), 〈Lovey Dovey〉(2012), Trouble Maker의 〈Trouble Maker〉(2012) 등이 있다.

이와 같은 '후크송'에 대한 음향학적 특징으로서, 우선 음악의 속도는 평균 123bpm으로 측정된다. 이 속도는 듣기에 부담이 없으면서 약간 빠른 템포로, 보통 120~140bpm을 나타내는 댄스음악보다는 조금 느리다. 또한 스펙트럼에 있어 500Hz 이하의 평탄한 주파수를 가진다. 이것은 강한 저음의 비트 효과를 강조한 것으로서 음악 자체의 리듬감을 강화한 것이다.[17] 이렇듯 '후크송'은 음향학적으로 따라 부르기 쉬운 속도와 저음이 강조된 비트 때문에 음악적 호흡을 감상자가 느끼기 쉽다는 장점을 가지고 있다.

다음으로 '후크송'의 구성은 기승전결이 아닌 후렴구의 반복 사이에 멜로디가 들어가는 형식이다. 따라서 '후크'가 시작되는 지점이 '후크송'의 클라이막스가 된다. 아래의 8곡을 중심으로 '후크'의 시작과 반복 횟수를 살펴보면 다음과 같다.

키워드』(서울: 미래의 창, 2009, 197쪽)를 참조하였다.
17) 정찬중·최성영·배명진, 앞의 논문, 26쪽 참조.

제 목	시작시간 (분 : 초)	반복 횟수 (회)
Tell Me	0 : 47	50
Nobody	0 : 15	64
Gee	0 : 26	53
Sorry Sorry	0 : 16	64
Mr. Simple	0 : 8	14
Again & Again	0 : 17	24
Ring Ding Dong	0 : 16	48
Bo Peep Bo Peep	0 : 8	110

분석한 '후크송'의 공통점은 곡의 제목이 모두 영어로 되어 있고, 그 영어가 바로 곡의 '후크'라는 점이다. 또한 모든 '후크송'의 '후크'는 곡이 시작한 지 1분 안에 나타나는 특징을 가지고 있다. 즉 곡의 시작부터 '후크'가 들어간다. 특히 8곡 가운데 〈Bo Peep Bo Peep〉은 시작한 지 8초 만에 '후크'가 시작되어, 총 110번을 반복한다. 8곡의 '후크'가 시작되는 지점은 평균 19초이며, 반복 횟수는 단어에 따라 혹은 음절에 따라 차이가 있지만 평균 53회를 반복하고 있다. 만약 전체가 3분인 곡을 기준으로 살펴본다면, 감상자는 시작한 지 19초부터 3초마다 '후크'를 듣게 되는 셈이다. 이렇게 53회 반복되는 '후크'를 듣다 보면, 자연히 이 단어를 기억하게 되고 무의식중에 흥얼거린다. 이처럼 인간이 반응하게 된 것은 소뇌의 신경회로가 가동되었기 때문이다. 음악을 지각하고 기억하는 이 신경회로는 청각체계의 단기 기억 용량에 해당하는 15초에서 30초 정도의 길이의 악절을 계속적으로 반복 재생할 수 있다.[18] 다시 말해 일정 부분의 악절이 감상자의 머릿속에

---

18) Daniel J. Levitin, 『뇌의 왈츠』, 장호연 옮김, (서울: 마티, 2008), 197쪽 참조.

틀어박혀 맴도는 것이다. 따라서 감상자들이 '후크송'을 기억하고 흥얼거리는 것은 소뇌의 작용과 밀접한 관계가 있으며, 이와 같은 반응을 끌어내기 위한 음악적 기법은 아래의 인용문처럼 작곡가들에 의해 의도된 것이다.

> 김형석(〈URMan〉 작곡가): 사람이 같은 얘기를 계속하면 기억에 남습니다. 그게 동형, 같은 형태의 이야기를 계속하면 기억에 남듯이 음률에도 같은 형태의 음률을 계속 줍니다. 상대방에게. 예를 들면 2도로써 계속 모티브(동기)가 일관성 있게 진행되니깐 사람들은 무의식적으로 그걸 기억하게 되는 겁니다. 그래서 동형진행을 씁니다. …… 마치 최면에 걸린 것처럼, 최면에서 계속 반복하듯이, 잠이 온다. 잠이 온다. 이것처럼 한 번씩 계속 비슷한 음형들을 음 안에 넣어주면 결국에는 자기도 모르게 그 음을 기억하게 됩니다. 그 비밀이 숨겨져 있죠.[19]

> 이트라이브(〈Gee〉 작곡가): 맨 처음 음악을 들을 때 후렴을 맨 앞으로 둔다든지 저희가 의도했건 의도하지 않았건, 〈Gee〉같은 경우도 'Gee Gee Gee Gee baby baby baby'를 앞에 넣어서 조금 더 먼저 사람들을 휘어잡은 다음에 노래를 듣게 만듭니다.[20]

> 용감한 형제(〈미쳤어〉 작곡가): 노래 전체의 인상을 8마디 안에 짧게 응축적으로 표현하는 게 중요합니다. 멜로디를 만들어 놓고 편곡하는 게 아니라, 반주를 먼저 만든 다음에 멜로디를 삽입하는 방법을 좋아하는데, 틀에 박히지 않을 수 있고, 무한한 변주와 변화가 가능하기 때문입니다. 전 힙합을 했기

---

19) 『SBS스페셜』, 〈히트곡의 비밀코드〉, 2009.
20) 앞의 자료.

때문에 '라임'을 만드는 데 익숙합니다. 그냥 '떠나버려'가 아니라 '떠떠떠 떠떠나 버버버버려'('미쳤어'), '너와 내가 둘이, 둘이'('Ah')로 말의 뉘앙스를 살려 내뱉습니다. '그대가'라는 말이 있으면 그 단어 뒤에 '들에가'와 붙을 수도 있습니다. MR은 세련되게 가는데, 노래가 귀에 잘 들어오더라도 반주까지 쉬워지면, 곡이 유치해지기 때문입니다. 그리고 가사는 단순하면서 짧게 갑니다.[21]

김형석은 음악을 무의식중에 기억하게 만드는 기법으로 동형진행의 반복을 사용한다. 즉 스스로에게 "잠이 온다. 잠이 온다."라며 최면을 걸듯이, 모티브가 같은 방향으로 계속 반복되는 것이다. 이트라이브는 곡의 시작에 짧고 강렬한 후렴구를 넣어서, 감상자들의 귀를 사로잡은 다음에 곡을 전개시킨다고 하였다. 또한 용감한 형제는 응축된 주제에 리듬이 강조되는 기법을 말하고 있다. 인용문에서 작곡가들은 곡의 주제인 '후크'에 짧고 강렬한 멜로디와 리듬을 강조하여, 곡의 전반에 걸쳐 반복하는 공통된 작곡 기법을 사용하고 있다. 이렇듯 '후크송'은 일정한 음악적 패턴인 동형진행, 강렬한 후렴구, 인상적인 리듬, 세련된 반주를 '후크'와 결합하여 감상자들을 중독시킨다.

K-pop 음악은 이와 같은 음악적 패턴에 가사와 군무가 조화를 이룬 것이다. 음악적 패턴은 가사와 군무에 많은 영향을 주는데, 이는 곡의 '후크'가 바로 가사의 주제가 되고, '후크'의 리듬에 맞춰 안무가 구성되기 때문이다. 우선 가사의 경우, 대중가요의 가사는 사랑에 관한 주제가 대부분이다. 이 점은 '후크송

---

21) 『한계레신문』, 「내가 미쳤어, '후크송'에 빠졌어」, http://www.hani.co.kr/arti/specialsection/esc_section/340938.html, 2009.

도 일치하지만, 사랑에 대한 표현이 솔직하고 단순하다는 점에서 기존의 가요와 차이가 난다. 즉 '후크'에서 사용된 단어는 곡의 정서와 사랑을 상징하고 있다. 일례로 원더걸스의 〈Tell Me〉의 경우, 좋아하는 남자에게 사랑 고백을 듣고 싶어하는 소녀의 욕망을 표현하였다. 이 욕망은 'Tell Me'로 표출되어, 속삭이듯이 반복된다. 무대에서 원더걸스는 귀여운 춤으로 속삭이듯 "나에게 (사랑한다고) 말해줘."를 남자친구(혹은 감상자들)를 향해 부른다. 이렇듯 사랑에 대한 소녀의 감정을 'Tell Me'로 표현한 것처럼, '후크'는 사랑의 감정을 압축적으로 반복을 통해 전달한다.

그렇다면 '후크'에서 표현된 사랑의 감정이 생생하게 들리도록 하는 가사와 음악적 패턴의 관계를 알아보자.

〈악보1〉 Nobody

〈악보1〉은 원더걸스의 4번째 프로젝트 앨범 『The Wonder Years-Trilogy』의 타이틀곡으로 1960~70년대 여성 그룹의 전성기를 이끌었던 슈프림스(Supremes)와 로네츠(The Ronettes)의 음악 스타일을 모방하였다. 〈Nobody〉의 '후크'는 못갖춘마디로 시작되며, 'No-bo-dy'를 같은 음으로 반복하여 순차적으로 내려온다. 'you'가 들어간 가사는 완전 4도의 도약으로, 춤에서는 이 때 양손을 권총 모양으로 하며, 누군가를 가리키고 있다. 이것은 곡의 내용처럼 내가 사랑하는 사람은 오직 당신뿐이라는 것을 가사와 춤으로 강조한 것이다. 악보에서 알 수 있듯이 〈Nobody〉의 '후크'는 'No-bo-dy'를 강조하는 부분에서만 A음을 반복하고 있으며, 순차적으로 하행하다가, 뒤에 도약으로 포인트를 준다. 이처럼 같은 음의 반복이 '후크' 전체를 차지하는 곡을 살펴보자.

〈악보2〉 Sorry Sorry

〈악보3〉 Mr. Simple

〈악보4〉 Ring Ding Dong

〈악보2〉는 네 마디에 걸쳐 A음이 반복되는 '후크'이다. 한 박자에 하나의 단어로 구성되어, 한 단어가 한 마디에 3~4번을 반복한다. 이와 같은 경우는 단어의 전달에 중점을 둔 것으로, 'Sorry', '내가', '네게', '빠져'가 강조되었다. 곡에서 전달하고자 하는 내용인 "내가 너에게 빠졌다."를 '후크'의 단어로 강조하였다. 〈악보3〉은 〈악보2〉의 변형으로 볼 수 있다. 마찬가지로 같은 음의 지속적인 반복이지만, 첫 음에 최고음을 두고 갑작스런 완전 5도의 하행과 이어지는 둘째 마디 리듬의 변화로 강렬한 '후크'를 만들었다. 특히 빠른 속도에서 처음을 최고음인 G음에서 C음으로 하행하는 것은, 자연스럽게 G음에 악센트를 넣어주기 위한 것이다. 이 악센트는 곡의 시작을 알리는 동시에 감상자들의 귀에 G음이 강하게 들어와 처음부터 주목을 끌게 하는 역할을 한다.

〈악보4〉는 음정의 폭과 리듬을 가사와 함께 효과적으로 사용하였다. 'Ring Ding Dong'이라는 단어와 E음을 가지고 신비스러운 효과를 연출하였다. 우선 E음을 한 옥타브의 폭으로 반복적으로 사용하여, 첫 마디 'Ring'과 둘째 마디 'Ding'을 강조하고 있다. 그리고 가사에 있어서 '링딩동'은 발음상 입 안에 울려서 소리를 내는 특성을 가지고 있다. 이 곡은 샤이니의 세 번째 미니 앨범의 타이틀곡이며, 아프리칸 콩고드럼의 그루브(groove)와 일렉트로 신디가 결합된 'Ring Ding Dong'은 사랑에 빠진 순간 머릿속에서 종소리가 울린다는 상상력을 표현한 제목이다.[22] 이처럼 종소리의 울림을 묘사한 'Ring Ding Dong'은 신비스러운 효과를 재현하기 위해, E음을 옥타브 간격으로 반복하면서 울림 있는 '후크'를 반복하였다.

이와 비슷한 경우로 티아라의 〈Bo Peep Bo Peep〉을 들 수 있다. 'Bo Peep'은 영어단어 'Boo'와 'Peep'이 결합된 '까꿍'이라는 의미로 해석된다.[23] 이 곡은 화가

---

[22] 『노컷뉴스』, 「샤이니 신곡 '링딩동', 무슨 뜻?」, http://www.nocutnews.co.kr/show.asp?idx=1287441, 2009 참조.
[23] 『서울신문 NTN』, 「Roly-poly(롤리폴리)와 Bo peep(보핍)의 차이」, http://ntn.seoul.co.kr/?c=news&m=view&idx=114528, 2011 참조.

난 남자친구를 달래는 모습을 그렸다. '후크'인 'Bo Peep'은 남자친구를 향한 애교 섞인 감탄사를 연발하는 것이다.

〈악보5〉 Bo Peep Bo Peep

〈사진2〉 티아라의 〈Bo Peep Bo Peep〉 공연 모습 (출처: 유투브 동영상 캡쳐)

〈악보5〉에서 'Bo Peep'은 8분 음표 두 개로 이루어졌고, 2마디 동기를 기준으로 7번을 반복한다. 총 4마디의 '후크'에서 둘째 마디 마지막 A음(가사로는 Oh)에 4분 음표를 넣어 악센트가 생기게 하였다. 빠른 속도에 반복되는 'Bo

Peep'은 발랄함과 사랑스러움을 표현한 '후크'이다. 또한 노래를 부를 때 '보팝'으로 발음하는 것이 아니라, '뽀삐'로 발음하면서 〈사진2〉에서처럼 양손을 주먹 쥐고 고양이 흉내를 내는 춤을 춘다. 그러다가 A음에서 'Oh'를 부르며, 오른쪽 팔을 위로 뻗는다. 즉 'Bo Peep'에서부터 'Oh'까지가 하나의 프레이즈가 된다. 따라서 'Bo Peep'은 두 마디를 하나의 패턴으로 하며, 총 110번을 반복한다. 이와 같은 '후크'의 반복은 이 그룹의 후속곡인 〈Roly-Poly〉와 〈Lovey Dovey〉에서도 나타난다. 2011년도에 발표된 〈Roly-Poly〉는 좋아하는 사람에 대한 변함없는 마음을 '오뚝이(Roly-Poly)'로 표현하였다. 이 곡은 1980년대 유행한 디스코풍의 팝 댄스곡으로, 복고댄스와 허슬(hustle), 다이아몬드춤과, ABC춤 등을 통해 복고적인 콘셉트(concept)를 선보였다. 또한 올해 초부터 인기를 끌고 있는 〈Lovey Dovey〉는 사랑하는 사람들의 애정 표현이 (다른 사람들이 보기에 우스꽝스러울 정도로) '달콤하다(Lovey Dovey)'라는 뜻으로 전 곡에서 18번 반복되며, 강한 비트와 일렉트로닉 사운드가 결합한 스타일에 셔플댄스(Shuffle dance)를 가미하여, 미국이나 유럽에서 유행하는 클럽 음악 스타일을 재현하였다.[24]

 지금까지 살펴본 '후크송'은 짧고 강렬한 '후크'에 강렬한 비트가 경쾌한 군무와 결합된 댄스곡인 반면, 다음에 살펴볼 '후크송'은 몽환적인 분위기에 역동적인 군무가 결합된 곡이다.

---

24) 『daum뮤직』, 「티아라 앨범소개」, http://music.daum.net/album/main?album_id=586300&song_id=9040507.

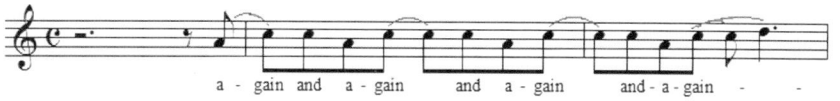

〈악보6〉 Again & Again

  2PM의 〈Again & Again〉은 헤어진 여자친구를 잊지 못하는 남성의 모습을 'Again and Again' 이란 단어로 설명하였다. 이 곡의 '후크'이기도 한 이 단어는 2마디에 걸쳐 8분 음표로 이어지며, 붙임줄을 이용하여 싱코페이션 효과를 넣었다. 약간 느린 템포에 'Again and Again'은 'gain'에 붙임줄을 넣어서 이어서 들리게 하였고, 이때의 춤은 제자리를 걷고 있는 동작이다. 다시 말해 'Again'이라는 단어가 꼬리에 꼬리를 물고 노래를 부르는 동안 제자리를 계속해서 걷는 연출로 'Again'의 느낌을 강조하였다. 그리고 이와 같은 노래와 춤은 몽환적인 분위기를 조성하여, 마치 멀리서 들려오는 메아리처럼 감상자들의 귀에 들어온다. 이렇듯 '후크'의 음악적 기법은 헤어진 그녀의 주변을 맴돌며, 이전으로 돌아가고 싶은 남자의 심리적 상태를 표현한 것으로 볼 수 있다.

  이상으로 살펴본 '후크'는 같은 음을 반복하는 기법이 대부분을 차지한다. 같은 음의 반복은 자칫 지루함을 줄 수 있는데, 분석한 곡들은 이러한 단점을 비트와 리듬의 변화로 강렬한 느낌을 불러일으키게 하였다. 그리고 해외 음악시장에서 유행하는 음악 스타일의 차용은 해외 팬들을 공략하려는 전략이 숨어있다. 또한 '후크'는 곡의 정서를 압축적으로 표현하고 있다. 특히 '후크'의 단어는 곡의 정서를 대변하면서 춤과 조화를 이루어 감정을 효과적으로 전달하고 있었다. 이때의 춤은 어렵지 않아서, 노래를 부르며 따라 할 수 있는 장점을 지녔다.[25] 다시 말해 K-pop의 '후크송'은 해외 시장을 공략하기 위한 음악적 트렌드로, 아시아뿐만 아니라 미국과 유럽의 팬들이 함께 부르며 출 수 있는 음악적 효과를 전략적으로 취하였다.

다음으로 살펴볼 것은 K-pop의 춤이다. 예술 가운데 춤은 시간과 공간 속에 존재한다. 춤은 무대라는 공간에서 인간의 손짓 하나, 발짓 하나도 움직이기 시작할 때 일어나는 예술이다. 또한 춤은 동작뿐만 아니라 춤을 추는 사람의 얼굴, 시선, 표정 등도 춤이다. 즉, 공간에서 일어나는 모든 것이 춤인 것이다. 춤은 몸으로 리듬을 표현하고 감정을 나타내는데, 여기서 리듬과 감정은 노래의 요소이기도 하다. 춤과 노래는 "모두 동일한 힘, 운동에의 충동에서 발생한다."[26] 인간이 보고, 느끼는 것에서 받은 인상이 인간을 움직이도록 자극하고, 감정을 일으키기도 하며, 흉내를 내게 한다. 인간이 운동을 하려는 충동에서 소리를 내면 노래가 되고, 동작은 춤이 된다. 그리고 이 충동이 노래와 춤으로 행해지면서 감정이 표출될 때 가장 절정을 이룬다. 이와 같은 절정에 이르렀을 때 방출되는 것은 응결된 욕망 혹은 갇혀 있던 정서이다.[27] 즉 인간은 몸을 통해 리듬을 타고, 점점 동작에 몰입하게 되면서 강렬한 정서적 체험을 하게 되는 것이다.

이와 같은 정서적 효과는 같은 공간에서 한 사람의 춤보다 여러 사람의 춤(군

---

25) '후크송'의 춤과 관련하여 안무가 이재욱 씨는 다음과 같이 말했다. "예전에는 대중들이 못 따라 해야 멋있는 춤이라고 하였지만, 요즘에는 나이가 많든 적든 여자든 남자든 흉내라도 낼 수 있는 정도의 쉽고 재밌는 춤이어야 합니다."『SBS스페셜』, 앞의 자료.
26) Curt Saches, 『세계무용사』, 김매자 옮김, (서울: 풀빛, 1983), 201쪽.
27) Jane Ellen Harrison, 『고대 예술과 제의』, 오병남·김현희 옮김, (서울: 예전사, 1996), 49쪽 참조.

무)에서 증가한다. 군무는 단순하게 같은 동작을 추는 사람이 증가하는 것이 아니라, 그 이상의 새로운 공간과 동작의 연출을 의미한다. 즉 A+A=2A가 아니고 A×A=A^{2}인 것이다. 이런 까닭에 군무를 '움직이는 합창(Bewegungschor)'이라고 한다.[28] 필자가 분석한 '후크송'에서 춤은 모두 아이돌 그룹의 군무이다. 공연에서 그들은 모두 노래를 부르면서 춤을 춘다. 그룹의 춤 동작은 조직적이고 역동적으로 잘 짜여졌다. 비트를 중심으로 리듬을 따라 추는 군무는 다양한 대형으로 일사불란하게 움직이며, 노래 속에 감각적인 화려함을 선사한다.

이렇듯 '후크송'을 중심으로 살펴본 K-pop의 음악적 특징은 짧고 매력적인 후렴구의 반복, 솔직하고 간결한 가사, 다양한 음악 스타일의 혼용, 화려한 군무로 음악적 효과를 극대화시켰다.

3.2. 수행적 요소: 감상자들의 '감흥'을 중심으로

K-pop의 음악적 특징은 함께 부르며 출 수 있는 음악적 효과를 전략적으로 취한 데에 있다. 감상자들은 '후크'의 노래와 역동적인 군무 그리고 풍부한 사운드에 의해 노래를 흥얼거리며 춤을 따라하는데, 이것은 감상자의 정서적 변화가 수행적 측면으로 나타난 것이다.[29] 여기서 '수행'은 작품이 감상자들에게 예술의 상

---

28) 윤희상, 「群舞 구성법의 硏究」, 『논문집』, 제22집(1982), 춘천교육대학, 3쪽 참조.
29) '후크송'을 듣고, 경험하게 되는 감상자들의 심리적 현상을 '후킹효과(Hooking effect)'라 부른다. 이때의 '후킹효과'는 '후크송'을 듣고 일어나는 심리적 현상과 그에 따른 행동들로 필자는 본 논문에서 '후킹효과'를 수행성의 개념 범주에 포함시켜 다룰 것이다.

징성과 표현의 특성을 넘어서는 방식으로 수용되는 문화적인 실천의 차원을 포괄한다.[30] 기본적으로 '수행'은 인간의 행위를 대상으로 행위가 지닌 육체적 특성뿐 아니라 행위에 미치는 영향과 변화까지를 포함한 개념이다. 따라서 본고는 수용자 즉 감상자들의 수행성을 K-pop 음악의 수용과정에서 일어나는 정서적 영향과 변화로 초점을 맞추고자 한다. 다시 말해 지금까지 살펴본 K-pop 음악의 특징을 토대로 감상자들의 정서적 변화와 그에 따른 수행적 측면을 논의할 것이다.

〈사진3〉 슈퍼주니어의 〈Sorry Sorry〉 공연 모습과 유럽 팬들의 〈Sorry Sorry〉 퍼포먼스
(출처: 유투브 동영상 캡쳐)

〈사진3〉의 오른쪽 사진은 지난해 6월 1일 프랑스 파리 루브르박물관 앞에서 'SM타운 라이브 월드투어' 공연 티켓을 구하지 못한 유럽 팬들의 시위 장면이다. 시위가 기존의 피켓, 현수막, 각종 도구들을 사용하기보다는 퍼포먼스의

---

30) Musner, Lutz 외, 『문화학과 퍼포먼스』, 정윤희 외 옮김, (서울: 유로, 2009), 105쪽 참조.; 김형기 외, 『포스트드라마 연극의 미학』, (서울: 푸른사상, 2011), 47~52쪽 참조.

형태를 띠고 있다. 사진의 상황은 유럽 팬들이 왼쪽 사진 슈퍼주니어의 〈Sorry Sorry〉에 따라 노래를 부르고 춤을 그대로 흉내를 내는 장면이다. 그들은 음악이 나오자마자 자신도 모르게 노래를 따라 부르고 춤을 췄다. 이것을 단지 의사를 표출하기 위한 일종의 퍼포먼스로만 여겨서는 안 된다. 이러한 현상은 예컨대 판소리에서 고수가 흥에 겨워 넣는 추임새와도 같다. 고수의 "얼쑤!"처럼, 유럽 팬들은 음악을 듣는 순간 흥에 겨워 저절로 몸이 움직여지고, 흥얼거린 것이다.

어떻게 언어와 문화가 다른 사람들이 이와 같은 반응을 나타낸 것일까? 우선 K-pop에 대한 해외 팬들의 생각을 들어보자.

> 프랑스 팬: K-pop은 듣기 편하고 따라 부르기가 편해 중독성이 강하다. 반복되는 가사와 귀여운 안무, 일렉트로닉 사운드가 가미된 세련된 기계음은 한국어를 모르는 외국인들에게도 즐겁게 들린다.[31]

> 프랑스 팬: 한국 노래는 들으면 들을수록 흥겹고 즐겁다. 쉽게 따라 부를 수 있는 반복 구절이 있어 듣다보면 자꾸 생각난다. 요즘 매일 샤이니의 〈루시퍼〉를 듣고 있다.[32]

> 브라질 팬: K-pop 노래가 나를 행복하게 하고 가사와 춤이 너무 좋아요.[33]

> 일본 팬: 스타일이 정말 좋아요. 일본 아이돌하고는 달라요.[34]

---

31) 『공감코리아』, 「케이팝에는 뭐랄까 '중독성'이 있어요」, http://reporter.korea.kr/reporterWeb/getNewsReporter.do?newsDataId=148714390&sectionId=PE_SEC_1_EDS0303002&call_from=extlink, 2011.
32) 같은 자료.
33) 『KBS스페셜』, 〈K-pop, 세계를 춤추게 하다〉, 2011.
34) 같은 자료.

해외 팬들의 K-pop 음악에 대한 평가는 언어가 다르지만, 듣기 편하고 따라 부르기가 쉽다는 점이 공통적이다. 그리고 음악의 중독성, 쉬운 가사, 춤, 스타일을 특징으로 꼽고 있다. 이는 '후크송'의 특징과 일치한다. 또한 음악에서의 정서적 경험은 흥겨움, 행복으로 주로 즐거움의 정서를 느낀다고 하였다. 즐거움은 미적 대상에 대한 인간의 정서적 경험 가운데 가장 보편적인 것이다. 이와 같은 정서적 경험은 바로 음악이 언어의 한계를 초월하여 전 세계 대중에게 호소력을 발휘하는 장르임을 입증한 것이다.[35] K-pop 음악의 쉬운 노래와 안무는 해외 팬들에게 문화적 경계를 넘어 이국(異國)의 노래와 안무를 똑같이 재현할 수 있는 요소로써 작용한다. 이렇듯 인용문과 〈사진3〉에 나타난 현상을 종합해 보면, 사람들이 시청각적 매체를 통해 K-pop 음악을 지각하면서 즐거운 감정이 일어나고, 이 감정이 노래를 부르고 동시에 춤을 따라하는 행위로 발전한다는 사실을 확인할 수 있다.

이렇듯 감상자의 관점에서 음악이라는 특정한 환경과의 만남을 통해 나타나는 수행성의 동인은 '감흥'이란 단어에 내포되어 있다. '흥'은 인간의 정서가 신체 내부에서 외부로 발현되는 상태로, 일상에서 흔히 쓰이는 단어이기도 하다. 이를테면 '흥겹다', '흥미(興味)', '흥분(興奮)', '흥회(興懷)', '흥청거리다', '흥얼거리다'[36] 등

---

35) Giddens Anthony, 『현대 사회학』, 김미숙·김용학 옮김, (서울: 을유문화사, 1992:2011), 629쪽 참조.
36) 흥미: 흥을 느끼는 재미, 흥분: 어떤 자극을 받아 감정이 격해지거나 신경이 날카로워짐. 또는 그 감정이나 상태, 흥회: 흥을 돋우는 마음, 흥청거리다: (사람이) 흥에 겨워 마음껏 잘난 체하다. 고려대 민족문화연구원 국어사전 편찬실, 『고려대 한국어 대사전』, (고려대학교 민족문화연구원, 2009), 7259~7261쪽.

은 동양인에게 매우 친숙한 표현들이다. 이 표현들의 동선은 어떤 원인에 의해 일어나는 정서적 상태를 그리고 있다. '흥겹다'는 '흥'과 '겹다'가 합성된 단어이다. '겹다'는 '겨워'라는 형용사로 감정이 거세게 일어나 누르기 어려울 정도를 말한다. 따라서 마음 속에서 '흥'이 세차게 일어나 누르기 어려운 상태를 '흥겹다'라고 한다. 이때 일어나는 '흥'을 주체하지 못하여 토해내는 말로 "얼쑤!"[37]라는 감탄사가 있다. "얼쑤!"는 추임새 가운데 하나이다. 한국 전통음악 가운데 판소리는 광대 한 사람이 고수(鼓手)의 북장단에 맞추어 서사적(敍事的)인 이야기를 소리와 아니리로 엮어 구연(口演)하는 음악이다. 고수는 북을 사용하여 장단과 추임새로 판소리의 음악적 효과를 극대화시킨다. "얼쑤!"는 고수가 광대의 소리에 흥에 겨워서 내는 소리이다. 이처럼 '흥'은 인간이 어떤 자극이나 동기에 의하여 일어나는 정서적 상태의 변화를 뜻하며, '겹다'에 의해 '흥'의 상태가 밖으로 드러나는 것이다. 내면에서의 흥겨움이 자연스럽게 솟구쳐 나와 "얼쑤!"로 발현되는 것이다. "얼쑤!"와 같이 '흥겹다'가 발현된 경우로 '흥얼거리다'를 들 수 있다. '흥얼'의 접미사인 '-거리다'는 소리나 동작이 되풀이되거나 지속되는 뜻을 더하여 준다. 그래서 '흥얼거리다'는 흥에 겨워서 입으로 노래를 부른다는 의미이다

이처럼 '흥겹다'와 '흥얼거리다'는 감상자의 '감흥'이 발현되는 구체적인 양상을 묘사한다. 두 단어의 결을 따라가면 감상자들의 K-pop 음악에 따른 수행적 측면을 목격할 수 있다. 인간이 음악을 듣고 춤을 추는 것에 대해, 소뇌의 신경회로가 작동하여 근육이 움직였다는 의학적 설명보다는 음악 소리에 흥에 겨워 저

---

[37] 얼쑤는 춤을 추거나 노래를 하면서 흥에 겨워 장단을 맞출 때 내는 말이다. 앞의 책, 4260쪽.

절로 리듬을 탄다는 설명이 정확하게 그 상태를 떠올리게 한다. 다시 말해, '후크송'의 가사와 멜로디에 자신도 모르게 흥얼거리게 되는 것이다. 여기서 '저절로'와 '자신도 모르게'는 '감흥'의 속성을 함의하고 있다. 이는 어떤 자극이나 동기에 의해 일어나는 것으로, 지속적인 속성을 가지고 있지 않으며, 객관적인 판단이 개입할 수도 없다. 그것은 다만 대상과의 직접적인 체험에 의해 일어나는 것으로, 돌발적이고 우연적이며, 순간적이고 무의식적인 속성을 가지고 있다.[38]

자료를 통해 살펴본 K-pop에 대한 해외 팬들의 반응은 바로 '흥에 겨워 춤을 추고, 흥얼거리는 것'이다. 감상자들은 K-pop의 짧고 매력적인 후렴구의 반복, 솔직하고 간결한 가사, 다양한 음악 스타일의 혼용, 화려한 군무를 감각을 통해 지각한다. 이때의 지각은 감각기관의 반응에 의해 생성된 느낌[感]이며, 이 느낌으로부터 일어난 정서[興]가 외적인 동작으로 전이된다. 다시 말해 감상자의 '감흥'은 음악에 점점 몰입하면서 일어난 정서로 인해 자신도 모르게 (감상하는 곡의) 춤과 노래를 직접 재현한 것이다. 이처럼 감상자들의 '감흥'은 음악적 효과에 따른 행위의 생산으로, 주체마다 지속성과 정도에 차이가 있다. 예컨대 〈Sorry Sorry〉를 감상할 때, 음악에 따라 춤을 추는 사람이 있는가 하면 가만히 듣고 있는 사람 등 주체마다 그 '감흥'은 다르다. 그럼에도 불구하고 '감흥'은 작품과의 소통에서 생성된 정서적 변화이기에, 공통적으로 감상자들로 하여금 수행적 과정에 참여시키는 의의를 갖는다. 나아가 해외 팬들에게 나타난 '흥'의 양상인 '흥에 겨워'와 '흥얼거림'은 감상자의 수행적 측면이 자신도

---

38) 이난수, 「심미정서로서의 '흥(興)' 연구」, 성균관대학교 박사학위논문, (2011), 135쪽 참조.

모르게 일어나는 돌발적이고 무의식적인 속성임을 알 수 있다.

이상의 논의 결과를 통해서, 2000년대 들어 온라인 음악 산업의 메커니즘이 감상의 효과를 극대화시키는 기법으로 음악을 변화시켰고, 그와 더불어 세계시장을 공략하기 위한 음악적 트렌드로 K-pop이 등장하였다. 본고에서는 K-pop이 등장하게 된 배경과 음악적 특징을 분석하면서, 감상자들의 음악에 대한 수행적 측면을 '감흥'으로 고찰하였다. K-pop의 '감흥'은 자신도 모르게 흥에 겨워 춤을 따라하고, 노래를 흥얼거리는 양상으로 나타났다. 이것은 음악적 효과에 따른 정서적 변화가 발현된 것으로, 의도된 반응이라 할 수 있다.

4. 동양미학에 나타난 '감흥'의 수행성

동양미학에서 인간과 미적 대상과의 관계에서 일어나는 심미정서로 '흥(興)'이 있다. 그 과정을 살펴보면, 인간이 대상을 지각하면서 무엇인가를 느끼고[感], 이 느낌을 감수(感受)하는 과정에서 정서적인 변화가 일어난다[興]. 이처럼 '감'과 '흥'이 결합된 '감흥'은 미적 대상에 대한 인간의 예술적 경험을 함축시킨 단어이다. 논리적으로는 '감'에서 '흥'으로의 순차적인 과정이 되겠지만, 실제 경험은 동시에 진행된다.[39] 위진남북조시대의 지우(摯虞, ?~311)는 『문장유별론(文章流別論)』에서 '흥'을 "유감지사야(有感之辭也)"[40]라고 하였다. 여기서 '감'은 인간이

---

39) 이난수, 「唐代 이후 미학에서 나타난 형상 너머의 '感興' 문제」, 『哲學硏究』, 제121집(2012), 大韓哲學會論文集, 96쪽 참조.
40) 『文章辨體彙選』 卷420 「論29・文章流別論」: 興者, 有感之辭也. 劉懷榮, 『賦比興與中國詩學硏究』,

대상을 지각할 때 일어나는 느낌이다. 그의 '흥'에 대한 언급은 대상을 지각하는 순간에 생성되는 심리적 변화에 초점을 두고 말한 것이다.

'흥'자의 어원에 대하여 살펴보면, 자오청(趙誠)은 갑골문(甲骨文)에서 보이는 '흥'자를 "네 손이 하나의 쟁반을 들고 있는 모양을 본뜬 것이다."[41]라고 설명하였다. 그리고 『설문해자주(說文解字注)』에서 '흥(興)'은 "기(起)이다. 여(舁)와 동(同)으로 구성되었고, 동(同)은 힘을 모으는 것이다."[42]라고 되어 있다. 이러한 자형(字形)을 통해 분석해 볼 때, '흥'은 '기(起)'와 관련되어 '힘을 모아 함께 들어 올린다.'라는 동작을 묘사하고 있음을 알 수 있다. 원시 공동체에서 여러 명이 힘을 모아 기물을 들어 올리는 것은 제례의식에서 가능한 일이다. 즉 '기'는 원시 제례의식에서 들어 올리는[起] 구체적인 동작이며, 이러한 환경에서 생성된 심리적 측면은 이전의 심리상태에서 고조된[起] 상태로의 변화이다. 따라서 들어 올리는 구체적인 동작과 정서적 변화를 의미하는 '기'가 바로 '흥'자의 의미이다.

나아가 천스샹(陳世驤)은 '흥'자의 어원에 대하여 "'흥'은 원시사회 사람들이 무리를 이루어 물건을 들고 선회할 때 내는 소리로써, 정신이 상승[飛逸]하는 분위기 속에서 함께 하나의 물건을 들고 선회한다."라고 말한 바 있다.[43] 또한 이러한 모습은 실제 종교제의 가운데 군무의 동작을 묘사하였고, '선회할 때 내는 소

(北京: 人民出版社, 2007), 323쪽 재인용.
41) 象四手提起抬盤, 會興起之意. 趙誠 編著, 『甲骨文簡明辭典:卜辭分類讀本』, (北京: 中華書局, 1988), 122쪽.
42) 起也. 从舁同. 同, 同力也. 許愼 撰, 段玉裁 注, 『說文解字注』, (臺北: 藝文印書館, 1974), 106쪽.
43) 彭鋒, 『詩可以興: 古代宗教, 倫理, 哲學與藝術的美學闡釋』, (安徽:安徽敎育出版社, 2003), 65쪽.

리'는 그들의 유쾌한 정서가 발생된 것으로 나중에 시가(詩歌, 시와 노래)의 시초가 된다고 하였다.[44] 그의 해석에 따르면 '흥'은 종교제의 가운데 군무 즉 무용과 시가를 가리킨다. 제의에서 사람들이 물건을 들고 원을 그리는 반복적인 동작(군무)에 몰입하면서, 분위기는 고조된다. 동작이 빨라지면서 사람들은 흥분의 상태를 경험하게 되고, 그 경험을 내지르는 소리(시가)로 발산한다.[45] 이처럼 그는 '흥'의 의미를 원시 종교제의에서 나타난 예술형태로 보고 있다.

실제로 원시 종교제의에서 나타난 시와 노래 그리고 무용은 예술의 기원으로, 초기에는 혼합예술의 양상을 띠었다. 일례로 『시경(詩經)』의 「송(頌)」에서 '송'은 본래 춤추는 모습을 뜻하며, '송시'는 노래와 무용의 혼합으로 해석하는 견해가 있다.[46] 이와 같은 점을 『여씨춘추(呂氏春秋)』「고악(古樂)」에서도 볼 수 있다.

> 옛날 갈천씨(葛天氏)의 음악은 세 사람이 소의 꼬리를 잡고 발을 구르면서 여덟 곡의 노래를 불렀는데, 재민(載民)·현조(玄鳥)·수초목(遂草木)·분오곡(奮五穀)·경천상(敬天常)·달제공(達帝功)·의지덕(依地德)·총만물지극(總萬物之極)이라는 곡이다.[47]

갈천씨의 음악은 세 명이 발을 구르는 무용동작을 하면서 노래를 부르는 형태

---

44) 앞의 책, 66쪽 참조.
45) 이난수, 「심미정서로서의 '흥(興)' 연구」, 18~20쪽 참조.
46) 朱光潛, 『시론』, 정상홍 옮김, (서울: 동문선, 1991), 22쪽.
47) 『呂氏春秋』「仲夏紀」「古樂」: 昔葛天氏之樂, 三人操牛尾投足以歌八闋, 一曰載民, 二曰玄鳥, 三曰遂草木, 四曰奮五穀, 五曰敬天常, 六曰達帝功, 七曰依地德, 八曰總萬物之極. 呂不韋, 『呂氏春秋』『四庫全書精華』, (北京: 國際文化出版公司, 1995), 294쪽.

이다. 인용문에서 "소의 꼬리를 잡고 발을 구르면서[操牛尾投足]"는 가무가 진행될 때, 세 명이 소꼬리를 손에 쥐고서 발을 구르는 것으로 무용의 한 동작을 뜻한다.[48] 이처럼 음악의 구성과 연주되는 상황은 노래와 무용이 혼합된 형태를 띠고 있으며, 곡의 제목에서 드러나는 제의적인 측면은 갈천씨의 음악이 종교 제의에서 비롯됨을 입증해준다.

이렇게 볼 때, '흥'자의 의미는 종교제의 가운데 혼합예술이 행해지는 상황을 전제로 인간의 육체와 정서가 이전의 상태에서 "들어 올린다"는 상태로 변화함을 뜻한다. 여기서 혼합예술은 구체적으로 군무와 시가이며, 이러한 예술이 발생하는 단계에서 일어나는 고양된(천스샹에 따르면, 유쾌한) 정서를 '흥'이라 한다. 지금부터는 예술이 발생하는 과정을 자세히 살펴봄으로써 '흥'에 대하여 구체적으로 논의해보고자 한다.

> 시(詩)는 (인간의) 마음이 지향하는 것[志]을 드러냄이다. 마음속에 있으면 지(志)라 하고, 말로 발현되면 시가 된다. 인간의 감정이 마음속에서 움직이면 말로 나타난다. 말로는 부족하여 감탄하게 되고, 감탄하는 것만으로는 부족하기 때문에 그것을 길게 노래[歌]하고, 길게 노래해서도 부족하면 자신도 모르게 손으로는 춤을 추고[舞] 발로 뛰는 것[蹈]이다.[49]

---

48) 袁行霈, 『중국문학개론』, 김해명 옮김, (서울: 연세대학교 출판부, 2010), 248쪽.
49) 『詩經』, 「毛詩序」: 詩者志之所之也, 在心爲志, 發言爲詩. 情動於中而形於言, 言之不足, 故嗟歎之, 嗟歎之不足, 故永歌之, 永歌之不足, 不知手之舞之足之蹈之也. 鄭玄 箋, 孔穎達 疏, 『毛詩正義』, (北京: 北京大學出版社, 2000), 7쪽.

> 일반적으로 음(音)이 일어나는 것은 인간의 마음에서 말미암아 발생한 것이며, 인간의 마음을 움직이는 것은 사물이 그렇게 만든 것이다. 인간의 마음이 사물에 감응하여 움직이면 소리[聲]로 형용되고 소리가 서로 응하면 변화가 생긴다. 변화가 곡조를 이루면 음이라 한다. 음을 배열하여 악기로 연주하고 간·척·우·모를 쥐고 춤추는 것을 악(樂)이라고 한다.[50]

위의 인용문들을 보면, 예술의 발생 단계를 알 수 있다. 우선 예술이 발생하는 것은 인간의 마음으로부터 시작된다. 첫 번째 인용문에서 인간의 마음은 '지(志)'로 형상화된다. 이 단어는 인간이 대상을 지각하는 과정에서 생성된 일종의 지향성으로, 대상에 대한 감정을 말한다. 이렇게 생성된 감정이 밖으로 표출되는 것을 시라고 한다. 인용문은 세 가지 예술 가운데 시로부터 예술이 발생됨을 설명하고 있다. 이와 같은 시로는 감정 표현이 부족하여, 짧게 감정을 토해내듯 감탄을 하고, 감탄으로도 부족하면 길게 소리를 내는데, 이것이 노래이다. 그리고 이것도 부족하다면 자신도 모르게 몸을 움직이며 감정을 표현하게 된다. 이처럼 시→노래→무용으로 발생되는 예술의 단계는 모두 감정에 의해 발현된 것이다. 또한 한 단계에서 다음 단계로 이동하는 감정은 이전보다 고양된 상태이며, 이 상태가 절정에 이르렀을 때 몸을 움직이는 적극적인 행위로 나타난다. 인용문에서 이러한 감정의 속성에 대해 '자신도 모르게[不知]'라는 표현을 사용한다. '자신도 모르게'는 주체의 무의식적인 작용으로 인해 갑자기 일어나는 상

---

50) 『禮記』「樂記」: 凡音之起, 由人心生也. 人心之動, 物使之然也. 感於物而動, 故形於聲. 聲相應, 故生變, 變成方, 謂之音. 比音而樂之, 及干戚羽旄, 謂之樂. 鄭玄 箋, 孔穎達 疏, 『禮記正義』, (北京: 北京大學出版社, 2000), 1251쪽.

황을 말한다. 즉 우연적, 순간적, 돌발적인 예측 불가능한 속성을 가지고 있다. 따라서 "자신도 모르게 손으로는 춤을 추고, 발로 뛰는 것[不知手之舞之足之蹈之也]"은 '흥'의 속성이 춤으로 발현된 것이다. 이렇듯 인용문은 예술의 발생 단계를 설명하면서 정서가 점점 고양되는 상태를 제시하였고, 이 점에서 '흥'의 속성을 엿볼 수 있었다. 두 번째 인용문은 악(樂)에 대한 내용으로 악을 노래와 무용의 결합으로 서술하였다. 악은 음으로부터 생기고, 음은 인간이 사물에 감응하여 일어난 정서적 변화로부터 발생한 것이다. 인간이 사물에 감응하는 과정에서 자연적인 소리[聲]가 발생하고 이와 같은 여러 가지 소리가 어울려서 섞인 것을 음(音)이라고 한다. 그리고 이 음에 노래와 무용이 결합된 것을 악(樂)이라고 하였다. 따라서 노래와 무용을 총칭한 개념이 악으로, 이러한 예술의 발생은 모두 인간의 정서적 변화에 의한 것이다.

두 인용문을 통해 인간이 대상을 지각하면서 경험하게 되는 정서적 변화가 예술의 근원이며, 그 상태가 발현되는 양상에 따라 구체적인 예술로 탄생됨을 살펴보았다. 이러한 점은 앞서 살펴본 '흥'의 의미와도 일치한다. 인간이 대상을 지각하는 과정에서 일어난 정서적 상태('흥')는 새로운 의미(시·노래·무용)를 생산하고, 나아가 또 다른 형태의 '흥'을 산출한다. 즉 예술이라는 미적 대상을 감상하는 감상자의 '흥'(이하 감상자의 '흥'을 '감흥'이라 함)[51]이 생성되는 것이

---

51) 이하 감상자의 '흥'은 '흥'의 어원과 구별하기 위하여 '감흥'이라는 단어를 사용한다. '흥'의 어원에서 살펴본 것처럼, 제의의 과정에서 생성된 정서적 변화는 연출된 상황을 전제로 한다. 즉 제의의 주재자는 사람들로 하여금 간단한 동작이나 소리(노래)를 계속적으로 반복하게 한다. 반복되는 행위에 사람들이 점점 몰입하면서, 그에 따른 운동 에너지가 충만해진다. 이는 신체 경험에서 발생된

다. 이와 같은 인간과 미적 대상과의 관계에서 일어나는 '감흥'을 『열자(列子)』에서 볼 수 있다.

> (한아가) 여관을 지날 때, 여관에 있던 사람들이 그를 욕보였소. 이에 한아는 소리를 길게 뽑으며 슬프게 노래하자, 십리 안에 있는 늙은이로부터 어린아이까지 모두 슬픔에 잠겨 눈물을 흘리면서 마주보며 삼일 동안 음식을 먹지 못하였소. 이에 사람들이 급히 그를 쫓아갔소. 그가 돌아와서 다시 소리를 길게 뽑으면서 노래를 하자, 십리 안에 있는 늙은이로부터 어린아이까지 기뻐서 날뛰며 손뼉을 치고 춤을 추는데 스스로를 억제할 수가 없었소. 조금 전까지의 슬픔을 잊어버렸다오.[52]

여기서 감상자들의 '감흥'은 슬픔과 즐거움의 정서로 나타난다. 한아의 슬픈 노래를 듣고 일어난 '감흥'은 슬픔에 잠겨 눈물이 마르지 않았고, 밝은 노래는 감상자들로 하여금 깊은 슬픔을 잊게 하였다. 3일 동안 지속된 슬픔의 정서는 감상자들이 음식을 먹지 못하는 정도에 이르렀고, 반대로 밝은 노래는 순식간

에너지가 정서적 경험으로 전이되는 순간이다. 이와 같은 예술적 행위에서 촉발되는 정서가 현실과 현실 너머의 경계를 소멸시킨다. '흥'은 양자 간의 경계 사이에 위치하여, 그 경계를 허물어버리는 에너지로 작용한다. 따라서 제의 속의 예술적 행위는 인간을 경계에 위치시키기 위해 연출된 것이며, 여기서 발생된 '흥'이 현실 너머의 세계로의 진입을 가능하게 한다. 이러한 관점에서 '흥'은 일면 의도된 정서라 할 수 있다. 필자는 지금부터 살펴 볼 감상자의 '감흥'이 '흥'의 이러한 점과 더불어 비의도적인 의미를 획득함을 고찰할 것이다. (참고로 Antonin, Artaud, Erika, Fischer-Lichte, Hans-Thies Lehmann 등의 포스트드라마 연극론에서의 수행성을 비교하여 볼 것.)

52) 『列子』「湯問」: 過逆旅, 逆旅人辱之, 韓娥因曼聲哀哭, 一里老幼悲愁, 垂涕相對, 三日不食, 遽而追之, 娥還, 復爲曼聲長歌, 一里老幼, 喜躍抃舞, 弗能自禁, 忘向之悲也, 列御寇 撰, 『列子』『(乾隆御覽本) 四庫全書薈要』, (長春: 吉林人民出版社, 1997), 50쪽. ; 列子, 『열자』, 김학주 옮김, (경기: 연암서가, 2011), 254~255쪽 참조.

의 슬픔에서 벗어나 춤을 추는 정도로까지 나타났다. 이러한 일련의 상황은 모두 한아의 노래에서 비롯된 것으로 남녀노소 누구나 이러한 '감흥'의 정도를 경험한 것으로 설명하고 있다. 인용문에서 알 수 있듯이 그녀는 자신에게 모욕을 준 사람들을 향해 슬픈 노래를 불렀다. 그러자 모든 마을 사람들이 슬픔에 빠졌고, 급히 사람들이 그녀를 달래자 비로소 밝은 노래를 불렀던 것이다. 이렇듯 그녀는 특정 감정이 깃들여진 노래를 통해 감상자들의 '감흥'을 불러 일으켰다. 그리고 그들의 '감흥'은 자신들의 의지와는 상관없이 무의식중에 일어나서, 그에 따른 행위를 생산하였다.

이와 같은 음악에 의한 감상자의 '감흥'은 인간만이 아니라 자연에게도 일어나는 것으로, 다음 인용문을 통해 살펴볼 수 있다.

> 사문이 대답했다 "터득했습니다. 시험 삼아 거문고를 연주하고자 합니다."
> 그리고는 봄철에 상음의 줄[商絃]을 뜯으며 남려(南呂)의 가을 가락을 연주하자, 시원한 바람이 홀연히 일면서 초목에 열매가 열렸다. 가을에 각음의 줄[角絃]을 뜯으며 협종(夾鐘)의 봄 가락을 연주하니, 따뜻한 바람이 서서히 감돌면서 초목에 꽃이 피어났다. 여름에 우음의 줄[羽絃]을 뜯으며 황종(黃鐘)의 겨울 가락을 연주하자, 서리와 눈이 뒤섞여 내리자 냇물과 연못이 순식간에 얼어붙었다. 겨울에 치음의 줄[徵絃]을 뜯으며 유빈(蕤賓)의 여름 가락을 연주하니, 햇볕이 뜨거워지면서 두껍게 얼었던 얼음이 금세 녹아 버렸다.[53]

---

53) 『列子』「湯問」: 師文曰, 得之矣. 請嘗試之. 於是當春而叩商絃, 以召南呂 涼風忽至, 草木成實. 及秋而叩角絃, 以激夾鐘, 溫風徐迴, 草木發榮. 當夏而叩羽絃, 以召黃鐘, 霜雪交下, 川池暴沍. 及冬而叩徵絃, 以激蕤賓, 陽光熾烈, 堅氷立散. 列御寇 撰, 앞의 책, 49쪽. ; 列子, 앞의 책, 251쪽 참조.

인용문은 정나라 사문의 거문고 연주에 대한 자연의 '감흥'을 이야기하고 있다. 사문이 봄에 가을을 상징하는 남려[54]의 가락을 연주하는데, 갑자기 시원한 바람이 불고 곡식이 여물고 열매를 맺는 변화가 일어난다. 음악에 대한 자연의 '감흥'은 음악이 의도한 계절로 변하였다. 사문의 연주로 인해 계절은 봄에서 가을, 가을에서 봄 그리고 여름에서 겨울로 갑자기 변화된 것이다. 이러한 자연의 '감흥'에서 알 수 있는 것은 음악은 인간뿐만 아니라 천지만물과도 소통한다는 점이다. 가령, 음악을 듣고 "새들이 춤추고 물고기도 뛴다."[55]라는 표현처럼 음악은 동물의 행동변화에도 영향을 준다는 것이다. 또한 감상을 통해 '감흥'이 일어나는 것은 연주자의 예술적 경지와도 관련된다. 사문의 뛰어난 연주에 '감흥'한 자연은 연주곡이 상징하는 계절로 나타났다. 앞에서 살펴본 한아의 훌륭한 노래는 감상자들을 '감흥'시켜, 그들을 웃고 울렸다. 이렇듯 예술적 경지에 도달한 연주는 감상자들의 '감흥'을 적극적인 동작이나 표현으로 이끌어낸다. 그렇다면 이러한 감상자들의 수행성을 이끌어낸 음악은 과연 어떤 것일까? 이에 대해서는 왕양명(王陽明, 1472~1528)의 '원성(元聲)'에 대한 생각을 참고해 보기로 하자. '원성'은 고대 악률에서 12율의 기준이 되는 황종음(黃鍾音)을 지칭한다.[56] 진덕홍이 음

---

54) "가을을 상징하는 남려"라는 표현은 다음의 내용에서 볼 수 있다. "남려(南呂)의 남은 '맡는대(任)'와 통하고, 음기가 (양기의) 이칙을 도와서 만물의 성숙을 맡는 것을 말한다. 만물이 유(酉)에서 유(留)하고 성숙하니 남려는 유(酉)의 기이고, 절후(節侯)는 추분이다." 成俔, 『(신역)악학궤범』, 이해구 역주, (서울: 國立國樂院, 2001), 50쪽.
55) 『列子』, 「湯問」: 瓠巴鼓琴, 而鳥舞漁躍. 같은 책, 49쪽.
56) 박정련, 「王陽明의 心學에서 音樂思想의 意義와 特質」, 『陽明學』, 제9집(2003), 한국양명학회, 121쪽 참조.

악의 '원성'을 정확하게 구할 수 없다고 토로하자, 왕양명은 '원성'의 근원에 대해 말해준다.

> (전덕홍이) 말했다. "저는 원성(元聲)을 구하고자 해도 구할 수가 없습니다. 아마도 옛날의 음악을 회복하기에는 어려울 것 같습니다." … (왕양명이) 말했다. "갈대를 태운 재와 기장의 낱알 속에서 원성을 구하고자 하는 것은 마치 물에 비친 달을 물속에서 건져내려는 것과 같으니 어떻게 구할 수 있겠는가? 원성은 오직 자신의 마음에서 구해야 한다." (전덕홍이) 물었다. "마음에서 어떻게 (원성을) 구할 수 있습니까?" (왕양명이) 대답했다. "… 예를 들어 네가 시를 노래하는데 그 마음이 화평하다면 듣는 사람에게도 자연스럽게 즐거운 감흥[興]이 일어날 것이다. 이것이 바로 원성의 시작이다." … (왕양명이) 말했다. "옛날 사람들은 중화(中和)의 체를 갖추고 음악을 만들었다. 나의 중화는 본래 천지의 기운과 서로 감응[應]한다. 천지의 기운을 살피고 봉황(鳳凰)의 소리와 서로 조화를 이룬 것은 나의 기운이 얼마나 평안한지의 여부를 나타낸 것이다."[57]

위의 인용은 모든 음의 기준인 '원성'에 관한 것이다. 왕양명은 옛날 사람들이 율관을 만들어 절기를 살피는 방법인 갈대를 태운 재를 악기의 율관에 넣어 기후를 점치거나, 기장 알을 관 속에 넣어 12율을 만드는 것으로는 '원성'을 재현

---

57) 『傳習錄』下「黃省曾錄」: 日, 洪要求元聲不可得, 恐於古樂亦難復. … 先生曰, 若要去葭灰黍粒中求元聲卻如水底撈月, 如何可得. 元聲只在你心上求. 日, 心如何求. 先生曰, … 比如在此歌詩, 你的心氣和平, 聽者自然悅懌興起, 只此便是元聲之始. … 先生曰, 古人具中和之體以作樂, 我的中和原與天地之氣相應, 候天地之氣, 協鳳凰之音, 不過去 驗我的氣果和否. 王守仁 撰, 『王陽明全集』上, (上海: 上海古籍出版社, 1992), 113쪽. ; 王陽明, 『傳習錄』2, 정인재·한정길 옮김, (화성: 청계, 2001), 781~782쪽 참조.

할 수 없다고 말한다. 그는 '원성'을 인위적으로 제작할 수 없으며, 오직 자신의 마음에서 구할 때 재현되는 음으로 보고 있다. 그래서 내 마음 속의 즐거움을 사람들이 경험할 때, '원성'이 시작된다고 말한 것이다. 다시 말해 음악의 '원성'은 오직 마음의 근원에서부터 자연스럽게 흘러나오는 감정[즐거움]이 대상[시라는 작품]과 융합되어 소리로 발현될 때, 비로소 구할 수 있다. 그리고 이러한 '원성'을 듣는 감상자들도 자신의 마음에서부터 자연스럽게 나오는 감정을 매개로 하여 서로 감응한다. 이와 같은 '원성'의 시작은 최종적으로 천지만물과의 감응으로 귀결된다. 따라서 진덕홍이 재현하고자 하는 옛음악은 내 마음속의 즐거움이 천지의 기운과 감응하여 자연과 조화를 이룬 것이다. 이처럼 왕양명은 음악의 근원을 인간의 마음에서 찾았다. 그의 심학(心學)이론의 핵심인 마음은 바로 '양지(良知)'를 의미한다. '양지'는 마음의 본체로서 인간뿐만 아니라 만물에게도 있다. 그렇기 때문에 자연과 인간은 서로 감응할 수 있으며, 상호관계로서만이 존재한다.[58] 즉 양지는 인간의 감각기관을 섬세하게 열리게 하여, 천지만물을 감지하고 파악할 수 있게 한다. 이 과정에서 생성된 감응이 바로 인간과 천지만물이 하나임을 자각하게 만든 것이다.[59] 이렇듯 인간이 천지만물을 자기의 몸과 같이 여긴다면, 인간의 예술성은 풍부한 감수성과 넘치는 상상력인

---

[58] 최재목, 「자연과 양명학: 자연(自然)'에 대한 왕양명의 시선(視線)」, 『陽明學』, 제4집(2000), 한국양명학회, 59쪽 참조.

[59] 『傳習錄』下 「黃省曾錄」: 人的良知, 就是草木瓦石的眞知. 若草木瓦石無人的良知, 不可以爲草木瓦石矣. 豈惟草木瓦石爲然天地無人的良知, 亦不可爲天地矣. 蓋天地萬物與人原是一體, 其發竅之最精處, 是人心一點靈明. 王守仁 撰, 같은 책, 107쪽.

'감흥'으로 발전할 것이다. 마치 새들의 지저귐에 따라 흥얼거리는 것처럼, 인간과 만물과의 일체가 '감흥'으로 발현될 수 있다.[60] 그리고 이러한 경지에 이르게 되면, 다음과 같은 정서를 경험한다.

> 양지(良知)는 조화의 정령(精靈)이다. 이 정령은 하늘을 낳고 땅을 낳으며 귀신을 이루고 임금을 만드니 모든 것이 이로부터 나온다. 진실로 사물과 상대적이지 않다. 사람이 만약 (양지를) 완전히 회복하여 조그만 흠도 없다면 자신도 모르게 손으로 춤을 추고 발로 뛸 것이니, 천지 사이에 어떤 즐거움이 그것을 대신 할 수 있을지 모르겠도다.[61]

이렇듯 인간이 천지만물과 일체가 되는 경지에 이르면 즐거움을 경험하게 된다. 즉 '양지'가 천지만물과 감응하여 천지만물과 간격 없이 완전히 하나로 될 때, 자신도 모르게 춤을 추고 발을 구르며 즐거워한다. 여기서 즐거움이라는 정서적 상태는 마음의 본체로 일반적으로 인간이 느끼는 즐거움과 같지는 않지만, 또한 그 감정을 벗어나지도 않았으며,[62] 동물·식물 등도 느끼는 감정이다. 그는 인간이 대상에 의해 일어나는 즐거움은 자연스럽게 '양지'로 발현되는 단서가 되겠지만, 이 감정에 집착하여 욕망으로 흐른다면 '양지'를 실

---

60) 최재목, 『내 마음이 등불이다: 왕양명의 삶과 사상』, (서울: 이학사, 2003), 313쪽 참조.
61) 『傳習錄』下「黃省曾錄」: 良知是造化的精靈, 這些精靈, 生天生地, 成鬼成帝, 皆從此出, 眞是與物無對, 人若復得他完完全全, 無少虧欠, 自不覺手舞足蹈, 不知天地間更有何樂可代. 王守仁 撰, 같은 책, 104쪽 ; 王陽明, 같은 책, 720쪽 참조.
62) 『傳習錄』中「又」: 樂是心之本體, 雖不同於七情之樂, 而亦不外於七情之樂. 雖則聖賢別有眞樂, 而亦常人之所同有. 王守仁 撰, 같은 책, 70쪽.

현할 수 없다고 한다.[63] 이러한 점에 근거하여 음악으로 생성된 인간의 감정은 '양지'를 실현할 수 있는 준거를 마련해 주는 동시에 인간이 천지만물과 하나 됨의 과정에서 도달할 수 있는 에너지다. 즉 의도적으로 인간이 천지만물과 하나가 되려는 것이 아니라, 자연스럽게 합일된 경지에 이르는 것이다. 그리고 이때의 즐거움이라는 정서적 상태는 자신도 모르게 춤을 추는 수행성으로 구체화된다. 여기서 더 나아가게 되면, 내 마음 속의 즐거움으로 인해 춤을 추는 모습을 본 사람들도 덩달아 즐거워 할 것이다. 결국 '감흥'은 예술을 통해 인간이 자연과 일체임을 경계로 삼는다.

지금까지 살펴본 '감흥'은 음악에 대한 감상자의 '감흥'으로부터 시작하여, 자연의 '감흥'으로까지 나아갔다. 이러한 '감흥'은 자연과 함께 살아 숨 쉬는 우주의 근원적인 즐거움으로 단순한 심리적 현상으로 다룰 수 있는 범주를 넘어선다. 다시 말해 즐거움은 일반적인 감정의 즐거움을 떠나지 않으면서도 그것을 초월한 것이다. 감성적 즐거움보다는 정신적인 즐거움을 강조한다. 그러므로 만물과 하나 되는 경계에 도달하여 내적으로 정신적 즐거움을 누릴 수 있다.[64] 또한 이러한 즐거움의 정서는 예측이 불가능하기에, 발현되는 양상으로 그 특성을 알 수 있다. 대표적으로 "자신도 모르게 손으로 춤을 추고 발을 구르는 동

---

63) 『傳習錄』下「黃省曾錄」: 喜怒哀懼愛惡欲, 謂之七情, 七者俱是人心合有的. 但要認得良知明白. 比如日光, 亦不可指著 力斫, 一隙通明, 皆是日光所在. 雖雲霧四塞. 太虛中色象可辨, 亦是日光不滅處. 不可以雲能蔽 日, 教天不要生雲. 七情順其自然之流行, 皆是良知之用, 不可分別善惡. 但不可有所著. 七情有著, 俱謂之欲, 俱為良知之蔽. 然纔有著時, 良知亦自會覺, 覺即蔽去, 復其體矣. 앞의 책, 111쪽.
64) 蒙培元, 『중국철학과 중국인의 사유방식』, 김용석 옮김, (서울: 철학과현실사, 2005), 306쪽 참조.

작[不知手之舞之足之蹈之也]'은 '감흥'이 감상자들의 행위에 미치는 영향과 변화까지를 포함하고 있다. 이러한 점은 K-pop 음악을 듣고 노래를 부르고 춤을 추는 모습과 다를 바 없다. 하지만 음악적 효과에 따른 의도된 '감흥'이기보다, 자연스럽게 일어난 '감흥'이라는 측면에서 차이가 있다.

5. 나오는 말

본 논문은 K-pop의 '감흥'에 대하여 감상자의 관점에서 논의한 것이다. K-pop은 2000년대 한국 대중음악의 대표적인 음악 트렌드로, 한국의 팝 음악 특히 아이돌 음악을 지칭한다. 화려한 비주얼을 갖춘 아이돌 그룹의 음악은 짧고 매력적인 후렴구의 반복, 솔직하고 간결한 가사, 다양한 음악 스타일의 혼용, 화려한 군무로 구성되었다. 이와 같은 음악적 요소와 미디어 기술의 적절한 활용과 조합이 감상자의 정서를 자극하여 그들로 하여금 자신도 모르게 노래를 흥얼거리며 춤을 따라하게 만드는 행위를 생산한다. 여기서 감상자의 반응은 음악을 수용하는 과정에서 발현된 일종의 수행성이다. 이와 같은 수행성의 심리적 요인을 미학적 관점에서 고찰한다면, 동양미학의 개념 가운데 '감흥'을 통해 분석할 수 있다. '감흥'은 인간이 미적 대상에서 무엇인가를 느끼고, 이 느낌을 받아들이는 과정에서 일어나는 정서적 변화로 수행성을 이끌어내는 동력이다. 한마디로 '감흥'은 정서 변화에 따른 행위의 생산으로, 이를테면 감상자가 음악을 듣고 '흥에 겨워' 춤을 추고 '흥얼거리'는 것이다. 이와 같은 '흥에 겨워'와 '흥얼거림'의 수행적 측면은 돌발적이고 무의식적인 속성을 가지고 있다. 또한 이러한 K-pop에 나타난 감상자들의 '감흥'은 음악적 효과에 의해 의도된 것이라 할 수 있다.

다음으로 살펴본 동양미학에 나타난 '감흥'은 음악에 대한 감상자의 '감흥'으로부터 시작하여, 자연의 '감흥'으로까지 나아갔다. 이러한 '감흥'은 자연과 함께 살아 숨 쉬는 우주의 근원적인 즐거움으로 단순한 심리적 현상으로 다룰 수 있는 범주를 넘어선다. 다시 말해 즐거움은 일반적인 감정의 즐거움을 떠나지 않으면서도 그것을 초월한 것이다. 감성적 즐거움보다는 정신적인 즐거움을 강조한다. 그러므로 만물과 하나 되는 경계에 도달하여 내적으로 정신적 즐거움을 누릴 수 있다. 따라서 자신의 마음 즉 '양지'로 음악을 듣는다면, 자연스럽게 바람소리에도 리듬을 타며 흥겨워하고, 살아있는 생명의 맥박과 호흡이 박자와 멜로디가 되어 자신도 모르게 흥얼거릴 것이다.

이렇게 볼 때, K-pop과 동양미학에서의 '감흥'은 자신도 모르게 춤을 추고, 노래를 흥얼거리는 수행성으로 발현된다. 그 속성은 돌발적이고 우연적이며, 순간적이고 무의식적으로 예측이 불가능하다. 그렇지만 '감흥'을 일으키는 환경에 따라, 의도된 '감흥'과 자연스러운 '감흥'으로 서로 다른 의미를 가지고 있다.

본고는 K-pop의 '감흥'과 수행성의 연계를 고찰하는 데 목표를 두었다. 따라서 동양미학에 나타난 '감흥'의 수행성은 그 단초만을 밝혀둠으로써 차후에 구체적인 논의를 하겠다.

* 본 논문은 『인문학연구』 제43집(조선대학교 인문학연구원, 2012. 2)에 발표한 글, 「K-POP의 '감흥(感興)'에 대한 연구」를 수정·보완한 것이다.

참고문헌

고려대 민족문화연구원 국어사전 편찬실, 『고려대 한국어 대사전』, (서울: 고려대학교 민족문화연구원, 2009).

김민주, 『2010 트렌드 키워드』, (서울: 미래의 창, 2009).

김형기 외, 『포스트드라마 연극의 미학』, (서울: 푸른사상, 2011).

국회도서관, 『한류, 아시아를 넘어 세계로』, (국회도서관, 2011).

방정배・한은경 외, 『한류와 문화커뮤니케이션』, (서울: 커뮤니케이션북스, 2007).

이동연 엮음, 『아이돌』, (서울: 이매진, 2011).

_____, 『아시아 문화연구를 상상하기』, (서울: 그린비, 2006).

최재목, 『내 마음이 등불이다: 왕양명의 삶과 사상』, (서울: 이학사, 2003).

蒙培元, 『중국철학과 중국인의 사유방식』, 김용석 옮김, (서울: 철학과현실사, 2005).

王陽明, 『傳習錄』2, 정인재・한정길 옮김, (화성: 청계, 2001).

袁行霈, 『중국문학개론』, 김해명 옮김, (서울: 연세대학교 출판부, 2010).

成俔, 『(신역)악학궤범』, 이해구 역주, (서울: 國立國樂院, 2001).

朱光潛, 『시론』, 정상홍 옮김, (서울: 동문선, 1991).

Anthony, Giddens, 『현대 사회학』, 김미숙・김용학 옮김, (서울: 을유문화사, 1992:2011).

Barnes, Susan B., 『사이버커뮤니케이션 이론』, 권상희 옮김, (서울: 성균관대학교 출판부, 2007).

Jane Ellen Harrison, 『고대 예술과 제의』, 오병남・김현희 옮김, (서울: 예전사, 1996).

Levitin, Daniel J, 『뇌의 왈츠』, 장호연 옮김, (서울: 마티, 2008).

Musner, Lutz 외, 『문화학과 퍼포먼스』, 정윤희 외 옮김, (서울: 유로, 2009).

Sachs, Curt, 『세계무용사』, 김매자 옮김, (서울: 풀빛, 1983).

Tatarkiewicz, Władysław, 『(타타르키비츠)美學史』1, 손효주 옮김, (서울: 미술문화, 2005).

劉懷榮, 『賦比興與中國詩學硏究』, (北京: 人民出版社, 2007).

呂不韋, 『呂氏春秋』『四庫全書精華』, (北京: 國際文化出版公司, 1995).

王守仁 撰, 『王陽明全集』上, (上海: 上海古籍出版社, 1992).

列御寇 撰, 『列子』, 『(乾隆御覽本)四庫全書薈要』, (長春: 吉林人民出版社, 1997).

趙誠 編著, 『甲骨文簡明辭典:卜辭分類讀本』, (北京: 中華書局, 1988).
鄭玄 箋, 孔穎達 疏, 『禮記正義』, (北京: 北京大學出版社, 2000).
鄭玄 箋, 孔穎達 疏, 『毛詩正義』, (北京: 北京大學出版社, 2000).
彭鋒, 『詩可以興: 古代宗敎, 倫理, 哲學與藝術的美學闡釋』, (安徽: 安徽敎育出版社, 2003).
許愼 撰, 段玉裁 注, 『說文解字注』, (臺北: 藝文印書館, 1974).

박정련, 「王陽明의 心學에서 音樂思想의 意義와 特質」, 『陽明學』, 제9집(2003), 한국양명학회.
신현준, 「K-pop의 문화정치(학)-월경하는 대중음악에 관한 하나의 사례연구」, 『언론과사회』, 제13권 3호(2005).
이난수, 「심미정시로서의 '흥(興)' 연구」, 성균관대학교 박사학위논문, (2011).
_____, 「唐代 이후 미학에서 나타난 형상 너머의 '感興' 문제」, 『哲學硏究』, 제121집(2012), 大韓哲學會論文集.
윤희상, 「群舞 구성법의 硏究」, 『논문집』, 제22집(1982), 춘천교육대학.
조형근·심희정, 「신한류 현상의 특징과 향후 과제」, 『이슈와 논점』, 제254호(2011).
정미나, 「K-pop. SNS 날개 달고 세계로」, 『방송작가』, 제64집(2011).
정찬중·최성영·배명진, 「후크송의 음향학적 분석에 관한 연구」, 『韓國通信學會論文誌』, 제35집 2호(2010), 한국통신학회.
최재목, 「유교에서 보는 '대중음악'의 문제」, 『韓國傳統音樂學』, 제6호(2005), 韓國傳統音樂學會.
_____, 「자연과 양명학: 자연(自然)에 대한 왕양명의 시선(視線)」, 『陽明學』, 제4집(2000), 한국양명학회.
한국콘텐츠진흥원, 「2009 해외콘텐츠시장조사(음악)」, 『Kocca 연구 보고서』, (서울: 한국콘텐츠진흥원), 2010.

『KBS스페셜』, 〈K-pop, 세계를 춤추게 하다〉, 2011.
『SBS스페셜』, 〈히트곡의 비밀코드〉, 2009.

〈신문: 검색기간 2011년 8월 25일~2012년 3월 20일〉

『공감코리아』,「케이팝에는 뭐랄까 '중독성'이 있어요.」, http://reporter.korea.kr/reporterWeb/getNewsReporter.do?newsDataId=148714390&sectionId=PE_SEC_1_EDS0303002&call_from=extlink. 2011년 7월 4일.

『노컷뉴스』,「샤이니 신곡 '링딩동'.무슨 뜻?」, http://www.nocutnews.co.kr/show.asp?idx=87441. 2009년 10월 14일.

『서울신문 NTN』,「Roly-poly(롤리폴리)와 Bo peep(보핍)의 차이」, http://ntn.seoul.co.kr/?c=news&m=view&idx=114528. 2011년 9월 5일.

『한겨레 신문』,「내가 미쳤어. '후크송'에 빠졌어.」, http://www.hani.co.kr/arti/specialsection/esc_section/340938.html. 2010년 2월 28일.

『프레시안』,「케이팝의 시대, 그 불편한 진실」, http://member.pressian.com/article/article.asp?Section=04&article_num=30120116115208

_____,「케이팝: 황색피부, 흑색가면」, http://www.pressian.com/article/article.asp?article_num=30120305093348&Section=04

『daum뮤직』,「티아라앨범소개」http://music.daum.net/album/main?album_id=586300&song_id=9040507.

윤리학적 시초로서의 매체철학과 수행성

양병무

1. 들어가는 말
2. 매체철학 일반
3. 매체신학
4. 매체윤리학
5. 나오는 말

1. 들어가는 말

철학은 항상 변화하는 다양한 환경과의 관계 속에서 인간으로서의 동일성을 유지하려는 인간의 자아존재를 추구한다. 이를 위해 철학은 먼저 인간을 변화시키는 대상의 존재를 직관하고 대상으로 정립하고 대상을 주체화하여 인간과 대상과의 관계를 맺고 대상에 대한 주체와 대상과의 관계를 사유하기 시작한다. 대상으로 정립됨으로 주체화된 자아존재와 대상으로 정립됨으로 객체화된 대상존재의 상호관계가 인간의 정신적, 육체적 행동양식을 결정한다. 이렇게 주체화되어진 자아존재와 객체화되어진 대상존재[1])에 대한 사유를 통하여 인간은 대상과 소통하기 시작했다.[2])

극도로 발전한 기술적 시뮬레이션에 의한 미디어의 세계에서 과연 대상존재와 자아존재의 구분을 가능하게 하는 기준이나 경계, 즉 미디어적 현실과 가상, 진실과 거짓 사이에 구분기준이 존재할까? 미디어의 철학적 존재론의 기초가

---

1) 객체화되어진 대상존재는 자아존재로부터 무차별적 독립성(Indifferenz)을 갖는다.
2) 대상존재와 자아존재의 소재공간은 논의의 대상으로 하지 않는다.

없이 윤리학적 시초가 가능할 수 없다. 신, 자연, 자유, 인간 등처럼 미디어를 철학적 대상존재로 전환하여 미디어에 대한 철학적 존재론을 정립하려는 시도는 의미가 있을까? 과연 나는 미디어에 대한 철학적 존재론을 통하여 미디어가 만들어 내는 꿈의 세계에서 깨어날 수 있을까?

물론 이렇게 대상화되어진 철학적 사유가 보편화되어진 언어로서 보편적 의사소통의 수단이 되기 위해서는 동일한 시공[3] 속에서 대상과의 관계를 맺은 이 보편적 언어의 절대성[4], 동일성[5], 신뢰성[6]이 근거 지어져야 한다. 이 다양하고 불특정한 다수를 향한 보편적 언어의 특성을 근거 짓고 충족할 수 있는 요소로서 신의 존재가 출현한다. 보편적 언어의 근거로서 신의 존재는 모든 인간에게 절대성, 동일성, 신뢰성을 갖고 신의 매개적 수행성(종교적 계시와 계명을 근거 짓기 위한 예식, 의례, 광란, 황홀경 등)을 통하여 모든 집단구성원의 중심에서 의사소통의 가능성을 열어 준다. 물론 신에 대한 언어와 이미지의 갈등은 있지만 신이라는 언어가 갖고 있는 본질을 근거로 모든 생성되고 있는 언어도 형성된다. 신의 언어를 통한 창조적 수행성이 피조물이며 피조물은 바로 수행성이다. 신의 창조행위와 창조대상은 하나이다. 그의 언어적 창조행위와 창조대상은 동일하다. 즉 신은 창조대상과 동일적 관계를 맺으며, 신의 언어적 창조는 직접적 대상이다. 창조하는 언어행위와 창조되는 대상은 진실의 관계를 형성한

---

3) 시공의 대상들의 변화와 사용자 정서의 변화에 따라 언어는 살아서 운동한다.
4) 언어가 상대화되어진다면 보편적 언어로서 의사소통의 기능은 불가능하다.
5) 언어는 대상과의 관계에서 음성학적, 의미론적, 기호론적 동일성 등을 간직해야 한다.
6) 모든 사용자의 언어의 보편성에 대한 신뢰 또는 믿음이 근저를 이룬다.

다. 즉 언어로서의 신이 대상의 직접적 소여성을 전제로 하는 진리이기 때문에 매개체가 되는 것이지, 매개체이기 때문에 진리가 되는 것이 아니다.[7] 신은 창조적이며 동시에 인간에게 계시하는 통일적 의사소통의 매체적 존재이다.[8] 보편적 언어의 의사소통은 통일적 유기체로 형성되며 신이 다양한 형태 즉 다신론에서 범신론적 언어로, 여기서 다시 유일신 지배적으로 이행(언어의 통일적 문법체계형성)한다. 즉 신은 창조와 인간을 매개하는 존재이다.

인간에게 첫 번째 대상으로서의 자연과의 관계가 환경이 되어 인간존재를 결정지을 때에는 자연이 철학적 대상이 되었고 이로 인해 동서양에 자연철학이 형성되었다. 인간이 자신을 소우주로 우주를 대우주로 직관하며, 자연의 이해를 가능하게 하는 언어를 정립하고 언어의 관계를 통하여 인간정신과 자연의 질서를 유지하는 신의 관계를 신화적 대상으로 삼고 우주존재에 대한 인간존재의 종속성을 규정한다.

이어서 신의 이해가 인간의 자기존재를 결정짓는 대상이 되고 신의 창조적 기능을 인간의 창조적 정신과 연결하며 신에게 속박된 상태에서 자유존재로 자신을 규정한다. 즉 인간은 인간의 환경이 되어 인간을 변화시키는 대상들을 감각적으로 체험하고 이에 대한 인식, 정립, 주체화 과정 등을 통하여 행동을 하게 된다. 체험이 아니라 사고에 의해 주체화된 것을 우리는 의식이라 한다. 이 의

---

[7] 언어는 대상과 직접적 관계를 맺고 이미지는 그림이라는 매체를 통하여 간접적 관계를 맺는다.
[8] 창조자로서의 신은 창조되어진 언어 속으로 계시된 신과 영원한 차이를 보이며 동일성은 창조적 수행성에만 존재한다. 창조하는 창조자와 창조되어진 창조자의 차이와 창조행위의 수행적 동일성을 의미한다.

식이 대상이라는 환경과 관계 속에서 인간을 시간 속에서 역사적으로 행동하게 하지만 의식은 급변하는 환경 속에서 더 이상 행동양식을 결정짓지 못하고 급변하는 환경이 행동양식에 더 많은 영향을 주는 요소로 등장한다.

이런 관계에서 출현하는 '인간의 행동은 환경에 의해서 결정된다'는 스킨너(Skinner)의 행동주의(Behaviorism)적 환경은 의식되어진 환경과 의식되어지지 않은 환경에 의해 반응하는 행동으로 구분할 수 있다. 이렇게 의식되어진 환경과 무의식적 환경이 공히 인간의 행동양식을 결정짓고 인간의 행동양식은 바로 인간의 자기존재를 결정짓는다.

인간이 어떤 의식을 갖고 있는가가 어떤 인간존재인가를 결정한다는 피히테(J. G. Fichte)의 주장은 인간의식의 행동성이 투명하게 들어나는 현대에 이르러 더 이상 이념적 의식이 인간존재를 결정짓는 것이 아니라 환경에 의한 행동양식이 인간존재를 규정한다는 환경주의적 행동주의의 행동성으로 재정립되어야 할 것이다. 이렇게 환경에 의한 행동성이 인간존재를 결정짓는다는 현대에 이르러 환경으로부터 괴리되고 있는 현대인을 의식적으로 무의식적으로 변화시키는 요소는 무엇인가?

미디어는 인간을 실재적 환경으로부터 격리하고 있다. 과연 인간의 행동은 스킨너의 주장처럼 환경에 의해 만들어지는 것일까? 아니면 미디어의 가상적 환경에 의해 행동이 만들어지지 않을까? 미디어의 가상적 환경을 통하여 새로운 행동을 창조할 수 있지 않을까? 미디어의 다양한 형태로서의 예술들이 예술적 퍼포먼스를 통하여 치료를 시도하는 근거가 여기에 있다. 예술적 수행성이 새로운 행동을 창조한다면 스킨너의 환경에 의한 행동주의적 행동이 아니다. 이러한 예술적 창조 행위, 즉 예술적 수행성 자체를 통하여 새로운 수행성을 창조하는 가능성이 열리게 된다.

철학은 지금까지 이러한 대상을 발견하고 대상으로 정립하여 인간이 자기존재를 변화시키는 대상과의 올바른 관계를 형성하고 종래 자기존재를 결정하는 역할을 해왔다. 이렇게 철학적 대상의 주체가 되지 않으면 인간존재를 변화시키는 대상에 대한 모든 관계 맺기는 불가능하며 주체화되지 않은 대상에 대한 판단은 더욱이나 불가능하다.

이렇게 의식적으로 주체화되지 않고 무의식적으로[9], 무의지적으로[10], 무의미적으로[11] 현대인을 변화시키고 인간을 동일성에서 벗어나게 하는, 소위 기존 인간성을 상실하게 하는 대상이 현대에 많은 철학자들에 의해 철학적으로 관찰되고 있는 매체성과 수행성 일반의 문제이다. 과거의 신의 절대성에 대한 철학적 대상화와 관찰이 인간존재를 결정한 것처럼 이러한 매체성과 수행성에 대한 성찰은 인간의 부분적 변화를 초래하는 것으로 관찰되는 것이 아니라 사회 모든 현상을 통섭적으로 수용하여 인간을 무의식적으로 통섭존재로 변화시키는 종합적 기능을 하는 것으로 논의되고 있다. 이런 의미에서 신이 인간존재를 종

---

9) 인간의 행동양식을 지배하는 어떤 의식도 존재하지 않는 우리 시대 행동양식 지배의 특징으로서의 무의식이 의식되어진다.
10) 니체의 초인적 의지의 시대가 아니라 인간의 현존은 의지를 초월하는 무의지적 수행을 통하여 순간적 감각을 중심으로 즉흥적 행위에 익숙해질 수 있는 현대인의 의지만이 인간의 의지를 초월하는 급변을 극복할 수 있다.
11) 전통적 의미는 현대인의 존재를 구성하는 부분일 수는 있으나 현대인의 통섭적 행위문화 속에서는 지배적 의미로서의 위치를 상실하고 무의미만이 현대인의 의미를 창출할 수 있다.

합적으로 결정짓는 철학적 대상이었던 것처럼 매체는 철학의 한 단편적 대상이 아니라 인간존재를 종합적으로 결정짓는 대상으로 정립되고 있다.

지금까지 철학이 철학적 존재근거로 삼았던 신 속의 존재(das In-Gott-Sein)로서 인간의 현존재에서 하이데거의 세계 속의 존재(das-In der-Welt-Sein)로 인간의 현존재(Dasein)의 이행, 세계 속의 존재에서 사회 속의 존재(das-In-der-Gesellschaft-Sein)로 인간 현존재의 이행, 사회 속의 존재에서 새로운 영역인 매체 속의 존재(das-In-den-Medien-Sein)로서의 인간의 현존재의 이행[12]이 철학적 대상으로 정립되고 있다.

언어매체의 문제, 영상매체의 문제, 이미지매체의 문제, TV 중독, 게임 중독, 인터넷 중독, screen 중독 등 다양한 매체심리학적 관계를 살펴 볼 때 현대인은 매체와의 올바른 관계를 형성할 때에만 인간의 본질적 동일성을 유지할 수 있다고 할 정도로 매체는 인간의 자기동일성과 자아정립에 절대적 역량을 과시한다. 그러나 과연 대상존재로서의 매체가 존재론적으로 인간의 자기동일성과 자아존재에 대해 막대한 영향을 끼치고 있다는 사실에 대해 어떠한 성찰을 하고 있는지는 알려지지 않고 있다. 매체 일반이 단순히 매체심리학이나 인지심리학을 이용한 매체의 상업적, 정치적, 경제적 영향력을 위한 역량 강화에만 치중하고 있다는 비판과 불신을 받고 있다. 이러한 불신과 비판은 매체가 현대인에게 존재론적으로 자아존재와 대상존재로서의 철학적 성찰을 통과하지 않고 대

---

12) 대표적 예로 미디어가 장 보드리야르의 Simulation과 원본 없는 즉 현실의 부재를 감추고, 종래는 현실과 관계없는 simulacre인지 플라톤의 원본 있는 이데아(idea)인지의 문제는 구조적으로 남는다.

상존재로서 직접적으로 자아존재의 기능을 하기 때문이다. 즉 무비판적 수용과 맹목적 불신을 전제로 매체를 대하고 있기 때문이다.

2. 매체철학 일반

모든 시대는 그 시대에 속한 구성원이 철학적으로 그 시대의 구성원으로서의 자기이해와 자기존재를 결정짓는 주체적 거시요소(macroelement)[13]와 미시요소(microelement)[14]가 있다. 여기서 거시요소를 중심으로 역사적으로

1) 자연 속에서 관계를 맺고 관찰하면서 생겨난 의사소통의 수단으로서의 자연에 대한 외경심을 중심으로 발생한 신화적 언어와 이들 언어의 자연과의 주체정립적 상호관계 속에서 사고 중심으로 발생한 자연철학적 언어

2) 신화적 언어와 언어사용자의 내면화 과정에서 자아정립을 가능하게 하는

---

13) 이전에는 사회환경과 사회의식을 일반적으로 거시적 요소로 볼 수 있으나 이제는 거시적 요소로서 사회, 문화, global, 예술, 학문, 등 모든 영역의 융합현상으로 인해 현실적으로 존재하지만 아직 인지되지 않은 융합현상을 거시적 요소로 표현하므로 아직 존재론적으로 표현되지 않은 미래로 열려있는 미래에 의해 결정되어질 미래 인식 결정적(convergence) 표현으로 보므로 미래에 따르는 모든 의미를 의미론적으로 담을 수 있는 열려 있는 개념.

14) Francisco J. Varela, *Kognitionswissenschaft−Kognitionstechnik*, (Frankfurt, 1990), 43쪽. 미시요소는 환경적, 지역적 개인의식과 전통적 체험과 과거 중심적 이상에 제한된 인간의 자기이해와 자기존재결정이었으나 급변하는 현실과 미래 중심적 적응을 지향하는 개인의 사고, 감각, 수행성적 요소 등을 융합현상을 기초로 순간돌출(충동)적으로 출현(emergence)하는 가능성만을 막연하게 열려 있는 상태로 표현하므로 완성된 통일적 정의로서의 개인의 요소는 존재하지 않음을 강조하려 한다. "인간언어의 경우에는 모든 의미론적 구분들이 구문론적으로 표현될 수 없다는 것은 의심의 여지가 없다."

종교의 신과 사고 중심으로 논리적 질서를 지향하는 철학의 정신

  3) 신적 자아정립과 인간정신적 자아정립의 공존과 동일성

  4) 신적 언어의 인간적 언어화 과정에서 자연과학과 기술을 중심으로 기형적으로 생성된 언어 중심의 이념적 시대

등의 거시적 요소를 예로 든다. 이런 거시적 요소는 철학적 대상이 되어 토론적 수행성을 겪어 가며, 그 시대의 인간의 존재론적(형이상학적, 심지어는 신학적) 자아정립과 자기이해를 가능하게 한다. 이처럼 철학적 대상이 된 거시요소는 토론적 수행성에 직접, 또는 간접으로 참여한 인간의 종합적 토대를 정립한다. 단순한 언어적 논쟁이 아닌 토론적 수행성이 갖고 있는 생명력을 바탕으로 의사소통의 윤리적 규범을 정립함으로 모든 구성원이 의사소통에 참여할 수 있는 민주사회를 열어 간다. 철학은 존재의 환경이 변하면서 인간존재를 규정짓기 위한 대상을 고찰하고 연구한다.

  이러한 철학의 관점에서 우리 시대의 인간을 새롭게 존재론적으로 규정짓는 중요한 거시적 요소 중 하나는

  5) 미디어 전반의 영향과 수행성의 연구

를 들 수 있다. 우리 시대를 결정짓는 요소 중 하나인 미디어를 메르쉬는 다음과 같이 정의한다.

  "… 첫째 매체는 **조건 짓는 것일 뿐만 아니라 조건 지어진 것**이다. 즉 구성과 역사성은 서로 불가분하게 얽혀있다. 그 이유는 각 시대의 주도적인 매체는 우연적인 것으로 증명되기 때문이다." 즉 매체는 매개행위적 주체일 뿐만 아니라 매개행위적 대상이기도 하다. 매체의 매개행위는 이중적이다.

"둘째, **매체의 모든 변화는 매체의 내용에 영향**을 주기 때문에, 모든 매체를 통한 형성은 다시금 특정한 내용만을 허용하거나 부각시킨다는 사실에서 출발해야만 한다." 매체의 형태적 발전이나 기술적 진화 등은 매개내용의 변화를 초래한다. 매체의 매개내용이 이미 기술이나 형태를 통하여 특정하게 제한되어지며 "이것은 동시에 새로운 매체의 도입은 지각과 상호주관성과 문화의 구조 안에 앞으로 나타날 변화를 감추고 있다는 것을 뜻한다." 이는 바로 매체의 변화가 인간의 지각방식과 주체들의 상호연관성을 통하여 미래 인간의 변화를 수행적으로 창조할 수 있는 잠재력을 내포하고 있다는 것을 말한다. 따라서 매체는 시공의 동일성 속에서 "셋째 그때그때의 **매체의 틀이 또한 매체의 실천과 그것의 수용도 결정**짓는다. 매체는 온갖 본질적인 상황들을 이해하는 열쇠를 구성하며, … 사회적이고 문화적인 환경의 포괄적인 구성과 관계하게 된다." 이렇게 미래의 사회구성과 문화적 환경에 대해 수행적으로 절대적 영향을 주는 매체는 그 자체가 이미 절대적 구성요소이기 때문에 매체 자체로서 "넷째, 마침내 매체적인 것의 궁극적인 목적으로 대두되는 것은 **매체가 아무런 메시지도 지니지 않는 상태 그 자체, 즉 매체의 순수한 기능성**이다. 그러므로 맥루한에게서 매체개념은 '메시지 없는 매체'인 '빛'에서 정점에 이른다."[15]

이렇게 정의된 매체는 현대인의 문화적 수행성을 결정짓는 요소로써 기능하므로 철학적 대상으로서 신, 인간, 자연 등을 계승하는 철학적 존재론의 계승자가

---

15) Dieter, Mersch, *Medientheorie zur Einfuehrung. : 2006 Junius Verlag*, 문화학연구회, 연세대학교 출판부. 다음부터 메르쉬, 디터, 123쪽.

된다. 즉 철학에서 인간의 자기동일성 정립을 위한 새로운 토대로서 "… 매체개념은 모든 문화이론과 사회이론은 물론이고 예술과 학문에서도 부인할 수 없는 위력을 과시한다. 매체는 인식, 감각적 인지, 의사소통, 기억의 이해와 사회질서 수립에서 중요한 역할을 하고 있다. 그렇기 때문에 매체개념은 몇십 년도 안 되어 인식론의 핵심 개념으로 발전할 수 있었고, 모든 학문 분야에 침투하여 종래의 중심개념이었던 기호학, 해석학, 구조주의를 앞지르기 시작했다."[16]

이에 일치하여 매체라는 존재환경이 인간에게 주는 영향과 변화는 상세히 연구되고 있다. 즉 매체 속의 인간은 충분히 연구되고 있다. 그러나 인간 속의 매체는 소홀히 여겨지고 있다. 매체 속의 인간은 루만의 과잉매체와 과잉정보로 귀결되고 인간 속 매체의 부재로 인해 과잉매체의 반란에 대처하지 못한다.[17]

미디어는 내용에서 뿐만 아니라 그의 기술적 변화의 형태를 통하여 영향을 끼치는 문제를 쉽게 요약한 독일 방송의 사회진행자 하랄드 슈미트의 말을 인용하면 "미디어들이 때로는 잘못 보도를 할지는 몰라도 내가 TV에 출현하면 항상 최고의 사람으로 여기고. … 극장에 출연하면 언제나 나보다 나은 사람들이 주변에 있다. 이것이 나를 자극한다."[18]

---

16) 같은 책, 13쪽.
17) 종교의 과잉매체기능은 마녀사냥,
산업의 과잉매체기능은 노예사냥,
사회의 과잉매체기능은 약자사냥,
미디어의 과잉매체기능은 바보사냥이다.
18) Harald Schmidt, "Auch wenn irregeleitete Medien manchmal anderes behaupten: Im Fernsehen bin ich der Beste. […] im Theater aber, da bin ich von Leuten umgeben, die besser sind. Das reizt

맥루한의 말대로 미디어의 기술적 형태가 같은 사회자, 같은 내용일지라도 차별을 하게 한다. "맥루한에게 내용의 분석보다는 형식이나 기능의 분석이 더 중요한 것으로 여겨진다. 그 이유는 매체가 말 그대로 '조건 지우는 것들', 즉 문화와 사회에 구조를 부여하는 '디스포지티브'이기 때문이다. 매체이론이란 '우리의 지각을 늘 새로이 결정짓는 매체들의 형태와 형식을 연구하는 것'인데, '왜냐하면 매체가 지각방식들과 그리고 목표설정의 틀을 제공하는 모태적인 전제들을 결정짓기 때문이다.'"[19]

우리는 미디어를 형식적(물질적)[20] 측면과 내용적(인간적)[21] 측면으로 구분한다.

a) 형식적 측면은 물질을 중심으로 책, 영화, 인터넷, 연극, 비디오 등의 다양한 형태이며,[22]

b) 내용적인 측면은 비공식적 측면으로서 미디어와 관계를 맺고 있는 모든 개인과 집단, 즉 저자, 감독, 기자, 아나운서, 발간인, 편집인, 수용자 등이다.[23]

---

mich." 독일 yahoo.
19) 메르쉬, 디터, 122쪽.
20) 전달형태를 중심으로 구분.
21) 전달내용의 주체를 중심으로 구분.
22) Heidegger, *Technik und Kehre*, 5쪽. "우리가 현대에 기술을 가치중립적인 것이라고 보편적으로 생각하는데 그것처럼 기술의 본질을 왜곡하고 우리를 기술에 넘겨 극단적으로 기만하는 것은 없다".
23) Bernhard Irrgang: S.341 *Ethica*, "기술에 대한 신뢰는 윤리적 결정에 의한 것이 아니라, 일상적 사용을 통하여 만들어진다. 따라서 중성자기술이나 유전공학기술같은 전문적 기술들은 쉬운 문제가 아니다. 그들은 수용되기 위해 일상생활을 위한 그 무엇인가를 소비를 제공해야 한다." "기술에 대한 신뢰는 일상지식의, 즉 암묵적 지식의 문제이다. 인간은 그것을 사용하기 전에 어떤 증명이나 합법적 전략을 통해 결정할 수 없다."; "Wissenschaft und Verantwortung", 18 Jahrgang 4. 2010 Innsbruck: Resch "한 인간은 언제 더 이상 생각할 수 없는지 알고 그 사실을 활용하지만, 기

다른 한편 수용자들은 끊임없는 새로운 매체의 등장으로 미디어의 형식적 요소가 다양하게 바뀌면서 미디어 수용능력과 비판능력도 여러 모로 변화하고 있다. 미디어의 물질적 존재형태의 변화[24]에 따라 인간의 수용적 반응능력, 의식적 구성능력, 표현적 판단능력도 정신적으로 전혀 다른 새로운 정신적 기간으로 변화하고 있다.

a)를 중심으로 "… 미디어의 '내용'이나 내용의 작성 방법에 관계없이 미디어 그 자체가 작용한다는 점…"[25] 즉 미디어 형태를 중심으로 미디어 형태 자체의 독립적 기능을 관찰한 맥루한의 이론을 들 수 있다. 독립적 기능은 "미디어가 인간의 감각들의 확장이라는 점"[26]을 통하여 정립되며 미디어의 기능을 내용적 기능에서 제외한다.

이를 통하여 "맥루한은 매체가 체질적으로 지니는 맹목성, 즉 매체의 '인식불가능성'의 테제를 대변한다. 왜냐하면 '효과는 항상 숨어 있는 배경이며 결코 형상의 일부분이 아니기 때문이다. 우리에게 보이는 것은 형상이고, 효과를 이루는 것은 배경이다. 이것이 바로 '매체는 매시지이다. 매체는 숨어 있고 내용은 분명하게 드러나 있다'가 뜻하는 바다." 매체는 내용의 선택에서 이미 자신의 존재론적 규정과 기능은 단순한 물질적 측면으로 내용과 무관한 것으로 감추고

계는 모른다" ebd. 342.
[24] Bernhard Irrgang, *Technick als Macht*, 334쪽. 거의 정치적 테러리즘의 수준으로 기술적 형태의 변화는 작용한다.
[25] 『미디어의 이해』, 39쪽. 다음부터 맥루한.
[26] 맥루한, 55쪽.

내용만 드러나게 한다. 그러나 내용은 이미 매체내용으로 선택됨으로 내용의 본질적 의미에서 벗어나 있다. "이런 의미에서 문화적인 무의식으로 존재하는 매체와 매체의 체계들에 관해 말할 수 있다. 그리고 이문화적 무의식에 따라오는 상관개념은 지속적인 부정성과 성찰불가능성이다."[27]

매체는 이처럼 기술적 발전을 통하여 기존매체의 불가능성으로 판단되는 요소들이 극복되면서 항상 새로운 매체개념을 형성한다. 새로운 매체에 의해 선택되는 내용은 매체적 수행성의 변화를 초래한다. 원시 벽화의 그림매체는 회화의 발달에, 언어매체의 가능성은 인쇄술의 발전을 통하여, 사진매체의 가능성은 영상매체를 통하여 극복되어진다. 모든 기술적 매체의 변화와 발전은 그 단계에서 항상 불완전한 매체적 요소를 지적하고 새로운 기술은 기존 매체적 수행성의 불완전한 요소를 극복하려는 노력의 결과이다.

그러나 최근에 크래머(S. Krämer)는 의사소통 중심의 이론적 요소인 미디어의 거리성, 상이성, 삼자성, 물질성, 무차별성 등의 미디어 과정에서 1. "전달자(사환)는 타율적 즉 외적인 것에 의해 규정된다." 2. "전달자는 의사소통자 사이에 직접적 상호작용이 주어져 있지 않을 때에, 상호성의 의사소통이 없어도 될 경우에, 교환적 대화로서 실현되지 않는 곳에 필요로 되어진다." "사환(헤르메스) 관점(Botenperspektive)은 미디어를 미디어적 전환의 의미에서 마지막 근거를 짓는 선험적 미디어론과 미디어를 자율적으로 만드는 것과 주권을 가진 대리인이며 문화적 역동성의 고립적 원천으로 규정짓는 미디어론에 대해 비판적

---

27) 메르쉬, 디터, 126쪽.

으로 도전한다."[28]

1)에서 4)의 시대는 언어 중심으로 특히 4)의 시대는 구어체보다는 인쇄술과 인쇄물에 대한 맹신을 갖고 있었다. 고도의 인쇄기술을 활용하여 출판된 서적이나 인쇄물들은 이미 인쇄되기 시작하며 부의 상징으로서 의미를 갖기 시작한다. 그러나 우리 시대는 인쇄술이 언어적 신뢰성을 상실하고 있다. "…문자문화 상태는 지금 전기기술의 전면적인 위협을 받고 있다."[29] 전기기술의 위협인가 아니면 상호보완의 기술적 발달인가는 본 토론의 결론에 도달하여 각자가 판단을 내릴 수 있게 될 것이다. 이처럼 이미 하이데거의 기술을 가치중립적으로 보는 것처럼 위험한 것은 없다는 관찰은 기술은 인간의 행동적 의지, 의미, 의식의 연장이라는 관점과 감각적 차원에서 존재대상, 언어대상, 회화대상, 사진대상, 영상대상의 기술적 변화역사에 따라 인간의 감각도 무의식적, 무의미적, 무의지적으로 감각적 변화를 겪고 있다는 것이다.

이렇게 무의식적, 무의미적, 무의지적으로 변한 현대인에게는 "기술의 효과들은 견해나 개념의 차원에서 나타나는 것이 아니라 감각비율이나 지각 패턴을 서서히 그리고 아무런 저항도 받지 않으면서 변화시킨다."[30] 이는 다음과 같이 분석을 시도할 수 있다.

첫째는 인쇄된 대상, 즉 언어가 표현하고자 선택한 대상에 대한 현실과의 괴

---

28) S. Krämer, Medium, Bote, *Übertragung Kleine Metaphysik der Medialität*, (Frankfurt, 2008), 10쪽. 다음부터 크래머.
29) 맥루한, 50쪽.
30) 맥루한, 51쪽.

리감과 실망감이 역사 속에서 커졌기 때문이다.(독자의 토론적 수행성 상실, 언어적 능동성 상실), 즉 언어가 대상과의 직접성을 상실했다.

둘째는 인쇄 주체가 전달하려는 내용과 독자의 사실판단의 불일치성이다.

셋째는 사고적 언어 자체가 감각적 이미지를 통하여 대체되며 영향력을 상실하고 퇴색되기 때문이다. 이미지를 통한 간접성에 매료되었다.

넷째는 인쇄술 자체가 이미 모든 대중이 부담 없이 생산할 수 있는 대중화된 매체로서, 인쇄라는 기술이 갖고 있는 기술적 권위를 상실한 때문이다.

이처럼 대상과 직접적 관계를 형성하던 언어적 매체조차도 인쇄술에 대한 감각적 혐오감과 언어에 대한 개념적 반감을 초래한다. 언어적 매체를 통하여 권위를 상실한 매체는 그림과 사진인쇄술을 통하여 권위를 되찾으려 시도한다. 그러나 이러한 현상은 이미 1956년 귄터 안더스(Günther Anders)의 매체비판에 의하면 대중매체 속에서 시각적 사진을 통하여 세상을 시각적으로 매개하면서 언어의 매체성이 갖고 있는 의지적, 의미적, 의식적 존재확인 기능인 도덕형태를 사라지게 한다.[31] 이를 통하여 대상과 직접적 관계를 형성하는 언어적 존재확인 기능을 떠난 매체는 새로운 도덕과 인간존재 대신 자신의 얼굴을 들어낸다고 비판한다.[32] 종내 미디어는 독립적 실체가 된다. 이런 그림매체를 통한

---

31) Schelling에 의하면 지적 직관력의 상실이라 할 수 있다.
32) Guenther Anders, Wikipedia, "Die technisch veränderte Welt hat, so Anders, die bisherigen Moralformen liquidiert. Der Anspruch einer neuen Moralität und Humanität bewirkt den Fortbestand der Menschheit. Weder Moral noch Existenz der Gattung Mensch lassen sich Anders zufolge logisch begründen ; Humanität hat praktisch zu sein."

인간이 그림현상에 자신을 맡기고 현실과 그림 사이에 구분을 하려는 노력을 상실함으로 현실을 가상적으로 전달하는 미디어가 가상적 세계로 독립적 매체로 된다. 세상은 미디어적 연극이 되고, 인간은 미디어가 제공하는 상상의 수동적 관람자가 된다. 미디어는 그림을 직접적 현실로 착각하도록 시각화된 환상 속으로 인간을 유도한다. 그래서 우리는 "그 그림은 무엇에 관한 것이냐고 묻곤 했던 것이다."[33] 미디어는 이렇게 부정적 기능에 머무를 것인가? 아니면 가상세계를 통한 퍼포먼스적 기능을 통하여 미래적 창조의 수행성으로 기능할 수 있을 것인가가 우리 시대의 연구과제로 제시된다.

레씽에 따르면 그림의 순간성과 언어의 시간적 운동성으로 그림에서 운동성의 부재와 언어의 운동성에 대해 정리한다.[34] 그러나 인간은 정신세계 속에서 이미 그림의 이미지성과 언어의 시간적 운동성을 결합한 생동력 있는 두 요소의 결합을 꿈에서처럼 재현하고 있었으며 정신 속의 영상은 오늘의 영상매체와 애니메이션이 가능하게 했다. 즉 영상매체는 그림의 순간성과 언어의 시간적 운동성의 결합이다. 그림을 보면서 인간은 언어적 상상으로 정신 속에서 그림이 운동하는 영상을 만들고 이 영상은 기술의 발전으로 감각의 착각을 활용할 수 있게 된다. 물론 언어를 의도적으로 배제하고 영상의 운동을 통한 자극으로만 영상이 구성될 수 있지만 자극만을 시도하는 영상조차 결국은 언어부재의 언어와 이미지를 담은 정신적 수행성의 표현이 된다.

---

33) 맥루한, 43쪽.
34) 메르쉬, 디터, 38쪽.

영상은 단순히 정신적 수행성에서 머무르는 것이 아니라 감각적 작용을 통하여 무의식적으로 의식의 시간성을 완전 분해하여 무의식의 공시성, 공존성의 영역으로 분해된 요소를 심층의식화한다.[35] 완전 분해된 의식의 가루들은 시간성을 상실한다. 즉 영상은 무의식의 순간성과 혼돈으로 의식을 전이시켜 주는 기능을 한다. 물론 무의식적 순간성과 혼돈으로 전이된 기능은 그 다음의 창조적 기능의 수단과 기초가 되며 영화는 시간을 재창조적 구성의 문제로 바꾸는 능력까지 갖춘 것으로 파악된다. "영화라는 미디어가 가진 메시지는 선형적인 연관들로부터 구성들로의 이행이다."[36] 즉 의식 속의 과거, 현재, 미래가 선형적 시간의 연속적 구조 속에서 완전 분해되어 시간의 재창조적 구성의 수단으로 전이되는 것이다.

맥루한은 "연속성이 순간적인 것에 자리를 물려줄 경우 우리가 구조와 구성의 세계 속에 놓이게 되는 것은 당연한 일이 아닌가?"[37] 즉 시간적 구조분석과 순간을 중심으로 창조적 구성의 결합 속에 영상의 공시성과 공존성을 파악한다.

그러나 맥루한에게는 시간의 유기체적 공존성과 공시성에 대한 이해가 결여되어 있다. 과거 속에 내포되어 있는 미래와 현재, 현재에 담겨있는 미래와 과거, 미래에 모이는 과거와 현재이다. 즉 현재와 미래를 내포한 과거, 과거와 미래를 담고 있는 현재, 과거와 현재를 모은 미래의 독립성이 시간의 순간적 구성

---

35) hrsg, von Gertrud Koch Fischer, *Auge und Affekt－Wahrnehmung und Interaktion*, (Frankfurt a. Main, 1995), 251쪽.
36) 맥루한, 42쪽.
37) 같은 책, 43쪽.

의 전제조건이다. 즉 공시성(cotemporality)과 공존성(coexistence)을 이해한 시간의 세 가지 유기체적 양태(시간과 공간의 공존성)가 각각 독립적으로 존재한다면 시간의 연속성이 순간에게 자리를 물려 줄 수 있고, 비로소 구조와 구성이 직관적 사고대상이 될 수 있다. 과거, 현재, 미래가 그런 것으로서 독립적 유기체로 서로가 서로를 담고 존재하지 않는다면 순간 속의 시간적 통일체는 존재하지 않는다. 이는 과거의 언어적 구성, 현재의 이미지적 감각과 미래의 매체적 수행성의 세 가지 형태가 유기체적으로 상호독립적으로 전제되어야만 가능하다.

맥루한은 그러나 세 가지 독립적 시간의 양태를 전제하지 않으면서 하나의 빛에 의한 통일체를 감각 속에서 예견한다. "…전체적인 유형, 즉 하나의 통일체로서의 형식과 기능에 대한 일정한 감각을 갖고 있었던 것이다."[38] 시간적 양태의 감각적 유기체는 감각 자체에서 지각될 수도 있으나 이는 감각적 착각의 가능성을 배제하지 못한다. 언어의 개념적 과거성, 이미지의 직관적 현재성, 퍼포먼스의 이상적 미래성이 정신 속에서 서로를 포함하며 이러한 순간성은 결국은 정신이 자신의 유기체적 조직의 변화로서 자신의 내부에서 감각되어지지 않는 과거, 현재, 미래를 정신적 직관을 통하여 구성한다. 언어는 직관이 보지 못하는 곳을 보며, 이미지는 개념이 정립되지 않은 곳을 생각하며, 언어와 이미지의 순간성에 의한 수행성은 직관하며 사고하고 사고하며 직관한다.

오히려 디터 메르쉬는 "새로운 광학적 성과들은 … 지각의 확장을 의미하는

---

[38] 맥루한, 43쪽.

것은 결코 아니며 … 광학적인 새로운 성과들은 다른 것을 드러낸다."[39] 즉 시각적 대상은 모든 감각과 동일하게 항상 감각적으로 흔들리며 새로운 것, 즉 시각 대상과 다를 수 있는 것을 창조하는 판타지를 불러 오는 수행성이기도 하다. 예술가들의 눈을 통한 2차원적 화면에서 3차원적 화면으로 가시 능력의 변화와 연구는 한 예로 들 수 있다. "말하자면 광학적인 성과들은 보는 것의 형태들을 지속적으로 변화시키고, 그럼으로써 가시성과 비가시성의 전체구조를 바꿔 놓는다."[40] 새로운 광학적 성과는 결코 지각의 확장이 아니라 지각의 변화나 퇴화일 수도 있다.

"비가시성이 … 예술과 기술에 의해 단지 서로 다르게 이용되고 변형되는, 역사의 영향을 받지 않는 원초적인 감수성을 상정하는 것은 결코 유지될 수 없다. 오히려 직관과 촉각성은 사고나 지식과 마찬가지로 변화한다. 역사성은 매체의 의식을 강요한다. 말하자면 지각의 형태들에 개입하여 지각의 형태들을 잠시 중단시키고, … 마돈나 … 그림과 영화를 나란히 놓고 같은 차원에서 비교할 수 있는 그 어떤 수용의 연속체도 존재하지 않는다."[41] 이처럼 마돈나의 실물 앞에서, 그녀의 사진 앞에서, 영화 앞에서 감각 형식의 변화는 감각의 비교적 연속성을 불가능하게 하지만 영화는 시간성과 공간성을 통일하는 빛의 광학성으로 우리의 직관 형식상의 변화를 초래하는 그림과 영화의 관계를 정확하게 비교한다. 현실의 여자친구에 대한 미적 감각과 사진을 통한 미적 감각의 형성, 또는

---

39) 메르쉬, 디터, 75쪽.
40) 같은 책, 75쪽.
41) 같은 책, 75쪽.

동영상을 통한 여자친구에 대한 미적 감각의 예를 들 수 있다. 여자친구의 실물에 대한 미적 감각이 사진에 대한 미적 감각보다 약해지고, 사진에 대한 미적 감각이 영상화되어진 여자친구의 미적 감각에 비해 약하다. 영화매체세대의 현실에서 영상으로의 도피를 가장 적나라하게 지적할 수 있는 예이다. 경치도 실물 경치보다 사진으로 본 경치, 사진보다는 동영상으로 본 경치가 더 아름답게 느껴진다는 스크린 세대의 문제이다. 모든 현실이 상상으로, 모든 자연 대상이 영상으로 수용되며 상상이나 영상의 비중이 현실이나 자연대상보다 커진다. 이렇게 커진 매체의 비중은 인간을 허구의 세계로 유도하는 것에 머무르지 않고 미래에 접하게 될 현실이나 자연대상의 올바른 이해를 위한 수행적 미래를 열어 가는 퍼포먼스가 되어야 할 것이다.

"벤야민은 그와 동시에 영화를 이러한 변형의 '가장 강력한 대리인'으로 본다. 영화의 영상은 고정될 수 없으므로 관조에는 적합하지 않으며, 오히려 영상에 매달리려는 것은 불가능하게 하는 순수한 연산성과 일시성이 영화의 특성이라는 것이다."[42] 연산성과 일시성은 레씽의 언어의 시간성과 그림의 일시성의 결합이 영상 개념화되는 것으로 벤야민은 수행성의 존재로 전개되는 영화의 미래를 예측했다 할 수 있다.

언어로 전개되는 것보다는 그림이나 사진에 감각적 영향이 커지고, 사진보다는 영상의 감각적 자극이 커진다. 신문의 언어적 보도에서 사진이 차지하는 비중이 커지고, 결국은 사진 중심의 신문이 독자가 아니라 그림 감상자를 확보하

---

42) 같은 책, 75쪽.

듯이 사진 감상자는 다시 나치 선전국의 방송적 언어의 영향권[43]으로 여기서 다시 영상매체 중심의 관객이라는 대중 속으로 감각적으로 상실된다. 매체의 변화로 인간의 자기존재의식과 형태도 변한다. 그러나 이 세 가지는 유기체적으로 존재해야 한다.

만약에 데카르트가 감각적으로 변하고 있는 우리 시대의 사진이나 영상매체를 접했더라면 과연 그렇게 확고하게 "나는 생각한다. 고로 존재한다(cogito ergo sum)"라는 자아의식 중심의 존재를 주장할 수가 있었을까? "나는 생각한다. 고로 존재한다"에 대한 동시대의 반명제가 이미 등장한다. 우리 시대의 존재확인은 오히려 감각의 자극과 반응에 의해 이루어지고 있지 않을까?

이미지 중심의 시대에는 시각 중심의 인간상이 만들어지고 만프레드 프랑크(M. Frank)의 '자아느낌'에서 노발리스를 중심으로 '나는 느낀다. 고로 존재한다.'라는 명제를 통하여 의식존재를 병존적으로 수용하는 감각존재로서 존재한다고 파악했을 것이다.[44]

한 걸음 더 나아가 빛과 전자매체 속에 존재하는 현대인은 빛의 속도로 일어나는 생각과, 생각하는 감각을 통한 판단으로, 수행성적 사고와 수행성적 느낌을 가진 현대인은 '나는 행동한다. 고로 존재한다.'라는 수행성적 인간이 되어 자아행동 중심의 존재로 즉 의식존재나 감각존재가 아니라 의식존재와 감각존재를 유가체적으로 수용하는 수행성적 존재로 자신을 파악했을 것이다.

---

43) Joseph Wulf, *Presse und Funk im dritten Reich*, (Guetersloh, 1964)..
44) Manfred Frank, *Selbstgefuehl*, (Suhrkamp Frankfurt a. Main, 2002).

이처럼 미디어는 내용적 측면 이전에 이미 기술적 형태의 변화에 따라 끊임없이 인간의 자기정립의 존재양식을 결정짓는다. 언어 중심의 시대에는 의식적 존재로, 회화와 사진을 중심으로 감각적 존재로, 영상의 시대에는 수행성적 존재로 결정을 짓고 있다. 빛의 시대는 언어와 색채의 시대를 배격하지 않는다. 이는 미디어가 이미 미디어 자신의 물질적, 기술적 존재방식의 변화로 인간의 존재방식을 역사적으로 변화시키고 있음을 인식하게 한다. 미디어는 언어(대상과 직접성을 추구하는 실체), 이미지(대상을 간접적으로 연결하는 색채와 형태), 영상(실체와 형태를 결합하는 수행성과 빛)의 유기체적 퍼포먼스를 형성해야 할 것이다.

미디어적 생각 속에 미디어적 느낌과 미디어적 수행성이 공존하고, 미디어적 느낌 속에 미디어적 생각과 미디어적 수행성이 공존하고, 미디어적 수행성 속에도 미디어적 생각과 미디어적 느낌이 공존해야 한다. 눈, 귀, 입 등의 다양한 기관이 각각 자신의 기능으로 작용하여야 유기체가 되듯이 생각, 느낌, 수행성은 나의 존재가 지속적으로 전제하고 있어야 하는 나의 동일성을 표현하려는 독립적 정신기관들로 기능해야 한다.

미디어는 이처럼 그의 기술의 변화형태에 따라 인간의 정신적 수용의 유기체적 형태의 변화를 고려하여 미래를 열어 가는 수행성적 매체로서 전환해야 한다. 미디어는 생각, 감각, 수행성(언어, 이미지, 직접성) 등의 수용자적 기관을 독립적 기관으로 전제하고 매체의 역할을 해야 한다. 미디어적 수행성은 미디어적 존재를 결정한다. 미디어적 존재는 수행적 순간성과 의식의 역사적 시간성을 전제한다. 의식의 시간성은 미디어의 본질을 구성하며, 수행적 순간성은 미디어의 생명성이다. 죽은 미디어는 생명에서 벗어나 정체적 이미지나 별도의 언어로 운동한다. 살아 있는 미디어는 언어로 그림을, 이미지로 언어를 대신할 수 있어야 한다. 매체적 수행성의 생명은 생각하며 느끼고 느끼며 생각할 수 있도록 구성되어야 한다. 즉 매체는 존재는 존재하는 것으로, 없는 것은 없는 것으로 판단할 수 있게 기능해야 한다.

미디어 철학은 이처럼 질문을 제기하고 미디어적 이성과 감성을 중심으로 한 수행적 미디어 질서와 정보체계가 형성되어 인간을 행복하게 하기 위한 조건으로 숭화되어야 한다. 그러나 반면에 미디어화가 증가, 발전할수록 그 자체가 목적이 되어 인간을 극도의 미디어 맹종과 종속적 질서, 사고논리와 감각논리 속에 노예처럼 예속시켜 버리게 되었고, 미디어 기술과 종류의 다양화를 통하여 인간존재방식의 변화와 정복은 인간을 자신의 존재와 괴리현상으로 몰고 왔으며 인간적 역사 환경은 파괴되고 인간은 이제 인류 전체를 혼란으로 종식시킬 수 있는 상태가 야기될 수도 있다. 무근거한 보도는 매체의 힘을 처벌해야지 보도내용의 정정으로 회복되거나 원상으로 돌려지지 않는다. 이런 현실의 미디어 비판은 슈미트(Harald Schmidt)의 "우리는 매일 즉결 심판으로 형 집행을 한다. 그러나 올바른 사람을 형 집행해야 한다."[45]

포스트모던적 감각의 해방은 생각의 죽음을 의미하는 것이 아니라 생각의 새로운 서식처를 제공하는 것이다. 감각의 부활은 생각과 지성의 죽음을 의미하

---

45) Der Spiegel, 08.05.2000. "Wir brauchen jeden Tag standrechtliche Exekutionen, aber es muss die Richtigen treffen." —Harald Schmidt, Nach der Ironie das Pathos, Interview über die Wandlung der deutschen Spaßgesellschaft in

는 것이 아니라 감각과 지성의 유기체적 공동체를 의미한다. 현대의 감각의 오해는 자신을 마치 언어를 상실한 감각적 인간으로 인식하는데 이는 생각은 감각할 수 없는 것을 감각하게 하고, 감각은 생각할 수 없는 것을 생각하게 하는 상호 유기체적 공존성과 공시성을 전제하는 수행성의 시대를 감지하지 못하고 있기 때문이다.

3. 매체신학

모든 시대는 그 시대의 의사소통을 위한 매체가 존재한다. 의사소통을 위하여 언어가 매체였던 시절에 나타난 언어의 보편적 특성으로서 신의 출현을 논하였다. 신이 인간의 의사소통을 위한 기능을 주도하는 매체가 되는 시대에는 아직 세속화되지 않은 신이 매체적 절대자로서 존재한다. 매체로서 신의 역할은 모든 인간에게 정신적 존재자로 나타나며 언어 중심으로 계시적 존재의 기능을 한다. 우리가 언어로서의 신에 대해 매체적 기능으로 상상하던 속성은 전지, 전현, 전능, 절대, 무조건적 신뢰, 언어의 미래적 약속 등이다. 우리 시대의 세속화되어진 신으로서 미디어의 기능은

1) 전지한 능력을 소유한 존재로 부각(미디어는 모든 것을 알고, 폭로하기도 하고, 은폐하기도 하고),

2) 전현적 존재로 모든 곳에 존재할 수 있는 능력자(심지어는 침실까지 못 가는 곳이 없다)

3) 전능한 신적 존재에 가까운 형태로 등장(미디어는 신처럼 하루아침에 인간

을 스타로 만들기도 하고 한 인간을 파괴하기도 한다)

4) 미디어는 절대적 기능을 차지한 존재로 간주되고 있다(미디어 보도내용과 기술에 대한 무비판적 절대성을 갖기도 한다)

5) 미디어는 맹신의 대상이 되기도 한다(Harald Schmidt의 예)

6) 신 중심의 종말론적 또는 구원론적 미래의 상상, 과거의 재현, 현실의 보도 등을 기술의 힘을 빌려 표현한다.[46]

매체는 이미 자신의 존재형식에서 신적으로 변하고 절대적 존재로 군림하면서 더 이상 사고하지 않고 신의 영감을 절대적으로 받아들이듯이 미디어 보도를 '현실과 동일시하게' 대중을 단순수용자들로 전락시키고 있다.[47]

신의 신성에 대한 존재론적 술어들과 미디어의 비교를 통하여 보면 현대인들은 미디어를 자기정립의 인간적 자아존재와 무비판적으로 결합하고 있다. 이것은 미디어와 기술에 대한 맹신으로부터 형성된다. 이런 맹신적 믿음의 근거는 나의 무지로부터인가? 아니면 미디어에 대한 주체존재가 형성이 안 되어 있어 대상존재로서의 미디어와 비교를 통한 동일성 추구의 가능성이 없는 것일까? 칸트의 용어로 무한을 상상하는 인간이 미래의 과학기술의 무한한 발전을 통한 구원에 대한 잘못된 희망으로부터 오는 미래적 맹신인가?

미디어는 중간 위치를 점하는 것으로 크기, 과정, 수단 등을 의미한다. 그러나 매체의 내용이 신학적 구원을 약속하는 것이 아니라 매체 자체가 기능의 기

---

46) Elisabeth Neswald Koeln, *Medien-Theologie: Das Werk Viel'm Flussers Weimar*, (Koeln, Weimar, Wien, 1998), 42, 43쪽.

47) S. Jerry Mander, *Schafft das Fernsehen ab!*, (Rowohlt Hamburg, 1979), 25쪽.

술적 발달로 신적 존재론의 위치를 점하는 것이다. 신의 매체적 기능에서 진리이기 때문에 신이 매개하는 것이지, 신이 매개하기 때문에 진리인 것이 아니다. 즉 매체가 진리이기 때문에 매개하는 것이지, 매체가 매개하기 때문에 진리가 아니다. 매체가 실제이기 때문에 매개하는 것이지, 매체가 매개하기 때문에 실제가 되는 것이 아니다. 이러한 신학적 매체기능을 정립해야 진실과 매체는 별개의 것이라는 매체신학적 전제를 중심으로 매체를 수용할 수 있다.

헤르더는 매체기능의 언어에 대한 비판훈련을 하기 전에 이미 매체 자체를 절대적으로 수용한 상태에서는 언어나 직관적 자아형성과 판단기준을 가능하게 하는 수행성적 능력이 없는 것으로 파악한다. 진실과 허구, 실제와 가상의 균열, "… 언어와 세계의 차이, 모든 단어를 속임수로 끌어 내리는 언어와 세계의 돌이킬 수 없는 균열이 아니라, 몸과 영혼에 똑같이 스며드는 가상의 유동체를 상정함으로써 언어와 세계의 융합을 가능하게 만드는 것이다. 그 유동체는 언어와 세계의 일치를 보장해 준다." 이러한 가상의 유동체를 통한 일치 속에서 매체의 기능을 보장해주는 수행성적 능력은 언어와 세계의 일치를 가능하게 하는 지적 직관이라는 개념으로 수행성적 훈련을 통하여 가능하다. 이러한 지적 직관은 "감각"으로, 신적인 기원을 갖는다. 감각은 신과 인간을 매개하며, 그 점에서 신화에서 나오는 헤르메스와 같다. 감각은 '사자' '배달부' 언어를 찾아내는 자로서 길을 탐색하고, 신이 전하는 불가해한 소식을 무지하고 이해 못하는 사람들에게 해석해준다." 신의 대표적 속성으로서의 언어적 매개를 처음으로 세우는 신의 이념적 존재 역시 예외가 아니다. 이 신으로서 매개자는 말이라고 불린다. 이러한 신적 언어는 인간적 언어의 기초로서 개념의 동일성, 절대성, 신뢰성을 전제로 언어화된다. 언어화된 신은 매체적 내용으로 더 이상 신이 아니라 인간에게 계시된 내용이며, 또 계시적으로 파악된 신의 언어는 인간들에게는 마치 "영혼의 빛"과 같은 기능을 하여 언어에게는 "감각의 소리와 빛은 몸과 옷에 불과하다." 예술은 철학의 몸이라고 하는 쉘링의 예술철학적 정의도 이 맥락에서 파악된다.

"… 그러니까 이성에게 언어는 문에 작용하는 빛의 매체와 비견될 수 있는 그런 매체로서 구분과 이미지와 성격과 특징들을 전한다. 보다 고결한 의미의 빛은 오직 언어, 신의 입에서 나온 말, 정신의 숨결밖에 없다. … 그러므로 영혼은 진정하고 본래적인 신의 언어인 사고의 매체를 통해 실제로 힘을 행사한다."[48] 이 신이 이렇게 언어적 매체를 창조하고 신의 언어적 매체를 통하여 인간상호간의 의사소통을 가능하게 계시하는 기독교적 사상의 배경을 참조하면 인간상호의사소통을 가능하게 하는 매체적 기능이 바로 신이었으며 헤르더의 신의 매체로서의 언어 사상은 이미 매체의 신격화의 가능성을 예견하고 있다. 즉 신이 매체의 형태로 세속화되어 나타나지만 "매체는 추상적으로 신의 영역으로 남아있지 않다."[49]

4. 매체윤리학

매체를 무비판적으로 대상존재로서만 수용하지 말고 철학적 관찰을 중심으

---

48) 메르쉬, 디터, 41쪽.
49) 같은 책, 41쪽.

로 주체존재로서 정립해야 한다는 결론을 도출했다. 주체존재로서의 매체는

  1) 언어, 이미지, 수행성

  2) 과거, 현재, 미래

  3) 기술, 내용, 소통

  4) 실체, 형태, 운동

등의 유기체적 결합을 중심으로 대상존재로서의 매체와 비교하고 이를 검증할 수 있도록 토대를 제공한다. 언어는 미디어와의 관계 속에서 전통적 의지, 의식, 의미 등을 윤리적 가치관을 중심으로 실체적 비교와 검증할 수 있도록 한다. 이미지는 미디어와의 관계 속에서 우리의 현실적 미에 대한 감각의 형태와 변화를 직관하게 한다. 수행성은 미디어를 통하여 미래의 인간존재를 창조하는 기능을 담당한다. 언어 속에 이미지와 수행성이 내포되고, 이미지 속에 언어와 수행성이 정립되고, 수행성 속에 언어와 이미지가 살아 있어야 미디어가 인간의 동일성을 윤리적으로 정립할 수 있다.

  미디어와 시간과의 관계 속에서 과거는 현재와 미래를, 현재는 과거와 미래를, 미래는 과거와 현재를 내포하고 있으므로 시간 속의 미디어가 세 가지 시간의 양태를 유기체적으로 순간성 속에서 수행적으로 미디어의 본질을 수행할 수 있다.

  물질적 기술의 변화 또는 진화는 자연스럽게 내용의 변화를 유발하며 미디어는 기술 속에 내용과 소통, 내용 속에 기술과 소통을, 소통 속에 기술과 내용을 유기체적으로 고려해야 미디어의 매개 기능을 한다.

  그러나 맥루한은 "모든 미디어에 대한 우리의 전통적 대응, 즉 '중요한 것은 미디어가 어떻게 사용되는가이다'라는 식의 대응은 기술에 대한 백치의 감각

마비 상태이다. 왜냐하면 미디어의 '내용'이라는 것은 강도가 정신을 지키는 개의 주의를 딴 데로 돌리기 위해 사용하는 맛있는 고깃덩어리와 같은 것이기 때문이다."[50] 기술의 강조로 내용에 대해 간과할 가능성을 열어 놓고 있다.

실체는 대상과 직접적 관계를 맺으므로 내용을 중심으로 하는 언어를 통하여 추구된다. 물질적 형태를 결정짓는 기술만을 강조한다면 이것은 인간의 윤리적 실체를 상실할 가능성을 배제할 수 없다. 이미지를 통하여 대상을 간접적으로 표현하는 형태는 기술 중심으로 하는 미디어 체계에서는 언어의 통섭적 사고를 불가능하게 한다. 실체, 형태의 결합은 미디어의 운동을 통하여 수행성을 전개하도록 한다.

카인이 아벨을 돌로 쳐 죽인 살인과 핵을 사용한 살인의 인간적 자기이해는 똑같은 살인으로 이해되어지지 않는다. 한 사람이 다른 한 사람에게 거짓정보를 제공하고 사지로 몰아 넣는 행위는 조직적으로 매체를 이용하여 불특정 다수에게 거짓정보를 제공하고 사지로 몰아 넣는 것과 다르다. 이러한 기술적 변화의 영향을 매체대상존재와 주체존재로 정립해야 한다. 이를 중심으로 현대인은 자아존재를 정립하고, 미디어 기술의 변화로 인한 인간의 자기이해의 변화와 자아존재 정립이 윤리학의 토대이어야 한다.

매체윤리학적 매체비판이 보도내용이나 오보내용에 대한 비판으로 제한된다고 생각한다면 매체비판은 어떤 의미가 있을까? 매체기술의 변화와 진화에 따라 인간의 감각구조와 사고구조도 지적 직관이라는 통섭적 수행성으로 연구되

---

50) 맥루한, 50쪽.

고 있는 인지학적 시도도 윤리학적 기초가 되어야 할 것이다.

매개체를 형성하는 빛의 속도로의 생각은 감각이고, 이 감각은 실체적 생각을 담고 있는 감각인 고로, 바로 판단이며 생각, 감각, 판단이 공시성과 공존성을 갖고 동시에 행동으로 옮겨진다. 현대인이 이런 존재의식구조를 갖고 있기 때문에

  1) 의식존재의 인간적 윤리의식

  2) 감각존재의 인간적 윤리느낌

  3) 판단존재의 인간적 윤리판단

등을 수행성을 중심으로 훈련하여야 올바른 매체윤리가 정립될 것이다. 의식적 윤리는 지금까지 정립된 과거 윤리전통에 의해 지배되었고, 감각적 윤리는 미학이나 예술철학을 통한 아름다움에 대한 추구와 미의 무의식적 형태를 통하여 이루어졌고, 판단적 윤리는 미래 희망적 이상을 향한 수행성에 의해 형성되어야 한다. 우리는 이러한 윤리적 훈련을 수행성적으로 훈련함으로서 새로운 매체윤리를 구성할 수 있을 것이다. 기존의 윤리개념은 언어를 중심으로 과거와 전통에만 의존한다. 현대의 윤리는 이미지를 중심으로 감각적 본능과 충동에만 의존하는 윤리이다. 이러한 언어 중심의 의식윤리나 이미지 중심의 감각윤리가 아니라 아직 다가오지 않은 미래에 대한 책임을 수행성을 통하여 직간접으로 지는 수행윤리를 정립하지 않으면 안된다. 수행성적 윤리훈련을 위한 가장 좋은 방법은 수행성을 생명으로 하는 연극적 훈련을 인지심리학적 방법론에 의해 의식적으로 도입하여 무의식적으로 활용하는 것이다.

이를 위한 매체 연구에서의 인간학적 영역의 구분[51]은

1) 의식윤리 중심의 감각윤리와 수행윤리

2) 감각윤리 중심의 의식윤리와 수행윤리[52]

3) 수행윤리 중심의 의식윤리와 감각윤리

등으로 의식, 감각, 수행성의 유기체적 교육을 수행성 중심으로 구조화하여 영역을 나누어야 하는 어려움이 있다.

그러나 수용자들은 매체의 변화에 따른 자기존재의 변화를 파악하지 못하고 있으며 매체의 송속적 인간으로 변화되고 매체의 조작에 따라 무의식적 동일성을 추구하고 행동한다. "… 광고가 흘러넘치는 환경 속에서 몸부림치면서도 〈개인적으로 나는 광고에 전혀 관심이 없다〉고 자랑스럽게 말하는 교양인의 목소리와 같다."[53]

매체는 매체의 물리적, 기술적 형태로서 파급효과가 달라진다. 미디어화된

---

[51] 매체의 감각적 문제점을 지적할 수 있는 사람들은 예술가이며 대중들은 예술가가 되지 않으면 안 된다. "벤야민은 대중이야말로 예술작품을 대하는 현재의 모든 전통적 태도가 새로운 모습으로 다시 태어나는 일종의 모태(matrix)라고 적고 있다."(메르쉬, 76쪽) 맥루한도 이런 미디어의 기술적 과도기능을 통제할 수 있는 사람은 예술가로 "진지한 예술가는 차분하게 기술에 직면할 수 있는 유일한 사람이다. 왜냐하면 감각 지각상의 변화를 알 수 있는 전문가이기 때문이다." (맥루한, 21쪽)

[52] "보드리야르가 궁극적으로 기호학적 구조를 토대로 하는 **형태**에 의해 매체를 규정한다면 루만은 바로 '매체'와 '형태'를 구분하며 그로서 **감각인지론**(Aisthesis)에서 유래하는, 물질과 형태의 옛구분을 다시 취한다. 이로서 언어와 문자 혹은 기호의 패러다임이 지배하는 흐름 속에 묻혀져 있다가 매체성으로 시선을 옮겨 가게 하는 어떤 것이 회귀하는데, 즉 그것은 매체의 미학적 (aesthetisch) 의미이다." (메르쉬, 디터, 147쪽)

[53] 맥루한, 51쪽.

것 자체가 이미 사람들의 존재의식의 변화를 주도한다. 내용도 중요한 역할을 하지만 매체 자체의 형태가 사람들의 마음속에 어떻게 자리 잡고 있고 사람들을 어떻게 변화 시켰는가에 따라 미디어는 기능한다. 게다가 "미디어의 효과가 강렬해지는 것은 또 다른 미디어가 '내용'으로 주어진다는 점 바로 그것 때문이다."[54]

〈도가니〉를 보면 맥루한의 "영화라는 형식의 효과는 그것의 프로그램 내용과는 무관하다."[55] 영화라는 형식의 효과가 『도가니』 소설내용의 효과와 무관하게 영화의 물질적 형식의 효과가 강렬함을 보여 주는 대표적 예이다. 영화는 수행적 효과를 통하여 감각적 효과와 의식적 효과를 수반하는 강렬한 매체의 기능을 보여준다. 현대인은 더욱이 영화라는 빛의 수행적 기능을 강화하는 매체의 영향으로 수행성적 반응을 보인 것이 관찰된다. "프로그램과 '내용' 분석은 이런 미디어의 마력이나 잠재적 공격성을 이해하는 데 아무런 단서도 제공하지 않는다."[56] 한국방송들의 미디어 비평은 이런 의미에서 기술적 효과비평의 측면을 고려하지 않고 내용적 비평을 중심으로 진행된다. "… 기술의 미디어가 원료나 천연 자원, 정확히 말해 석탄이나 면화, 석유라는 점이다."[57] 미디어는 유물론적 기술의 관점에서 형성되지만 역사 속에서 인간이 자기이해를 위한 주체의 존재를 형성하는 역할을 통하여 기능한다. 미디어는 현대인간이 가는 길과 방법

---

54) 같은 책, 50쪽.
55) 같은 책, 50쪽.
56) 같은 책, 52~53쪽.
57) 같은 책, 54쪽.

을 결정한다. 길과 방법은 현대인의 자아존재이다. 이러한 미디어적 존재는 "인간의 자기표현방식이다." 즉 진정한 매체는 인간의 존재양식이며 이는 자기표현 수단이다. 존재라는 언어가 "이미 표현되어 있다(eks-sistenz)"라는 인간의 자아존재와 자기표현의 관계를 의미한다. 이렇게 "인간의 자기표현방식에 대한 질문은 직접 우리를 인간의 미디어적 체제로 안내한다. … 인간은 미디어 반대편에 서 있는 것이 아니라 자체가 그가 지속적으로 사용하고, 응용하고, 변형하는 언어로, 그가 수용하고 생산해내는 그림으로 미디어에 직조되어 있다."[58] 이렇게 미디어로 직조된 우리에게 "미디어 윤리는 우선 자신의 고유한 책임능력을 강화하는 데 봉사한다."[59]

이런 의미에서 미디어 윤리의 영역은 다음과 같이 정의될 수 있다.

1) 미디어 윤리는 미디어적 표현일반과 인간적 태도사이의 관계를 조사하는 하나의 원칙이다.

2) 미디어 윤리는 윤리적 계명의 수행규정들을 미디어적 관점에서 비추어 보는 한 원칙이다.

3) 미디어 윤리는 미디어에 의해 나타난 행동양식을 책임성의 관계에서 조사하는 시도이다.[60]

---

58) Klaus Wiegerling. *Medienethik*, (Stuttgart Weimar, 1998), 233쪽. 다음부터 비거링.
59) 같은 책, 1쪽.
60) 같은 책, 2쪽.

5. 나오는 말

매체철학은 철학의 영역을 신에서 자연으로, 자연에서 매체로 옮기는 역사적 작업이다. 역사적으로 언어적 관점에서 신성을 중심으로 매체개념 발생의 분석을 통하여 윤리적 관점의 기초로 삼으려는 시도를 했다. 매체를 철학의 중심개념으로 관찰하므로 정신적 유기체의 중심 기관인 자아존재개념을 중심으로 조사했다. 이 자아존재의 주체 개념은 단순히 자아의식적 주체가 아니라 자아느낌적 주체, 자아수행적 주체를 공히 독립적 주체로 매체기관으로 정립하고 세 개의 주체가 각각 통섭주체로서 전체적이어야 하며 부분으로 간주되어서는 안 된다. 세 개의 전체적 주체가 통섭적 현대인간상을 수렴하는 수행성은 통일적 체계가 아니라 유기체적 생명현상을 중심으로 조화적 현대인간상을 주도해야 할 것이다. 그러나 매체는 아직 현대인을 시장 경제적 질서에 의해 통일적 자율성에 근거를 두고 매개기능을 하고 있다. 매체는 수행성을 중심으로 유기체적 경제 질서에 의해 통섭적 수렴성에 근거를 두고 매개기능을 해야 할 것이다.

이에 따라 매체철학은 스스로 매체미학, 매체윤리, 매체과학으로 구분하고 역류의 원칙[61]을 존중하여 수행미학, 수행윤리, 수행과학(인지학)을 반극으로 정

---

[61] 매체역류의 원칙은 소비자가 제안, 구성하는 내용적 관점의 프로그램뿐만 아니라 철학적 관찰(존재론적, 형이상학적)을 통하여 과학기술적으로 매체의 형식적 관점에서 소비 주체의 변화를 시청률에만 집중할 것이 아니라 양적, 질적으로 자아의식을 정립하는 역할을 해야 한다. 다른 한편 지각되고 존재론적으로 변화를 주도하는 감각의 자아느낌의 형상화를 의무화해야 한다(aisthetik). 여기서 미디어는 이미 선구자의 역할을 한 연극학자들을 중심으로 발생한 관객 중심의 수행성(김형기, 『포스트드라마 연극의 미학』, (푸른사상, 2011) 참조)이 마침내 현대인의 특징으로 자리 매

립해야 한다. 통섭적 인간상과 통섭적 문화현상의 가능성을 능동성으로 전환해주는 수행성을 중심으로 매체소비자를 시장 경제적 매체소비자에서 수행적 매체주체로 전환하는 작업을 과제로 삼아야 할 것이다.

김을 한 자아수행의 미디어적 주체형성에 역점을 두어야 한다.(독일어적 표현: Selbstbewusstsein, Selbstgefuehl, Selbstperformanz) 물론 자아수행은 자아의식과 자아느낌의 존재를 전제로 수행성에게 생명력을 부여한다.

참고문헌

맥루한, 마샬, 『미디어의 이해(Understanding media: the extensions of man)』, 박정규 옮김, (커뮤니케이션북스, 2007).

메르쉬, 디터, 『매체이론』, 문화학연구회 옮김, (연세대학교 출판부, 2009).

Hrsg, von Gertrud Koch Fischer, *Auge und Affekt — Wahrnehmung und Interaktion*, (Frankfurt a. Main, 1995).

Frank, Manfred, *Selbstgefuehl*, (Suhrkamp Frankfurt a. Main, 2002).

Heidegger, Martin, *Technik und Kehre*, (Pfullingen, 1962).

Irrgang, Bernhard, "Wissenschaft und Verantwortung", *Ethica*, 18 Jahrgang 4-2010 Innsbruck Resch

_____, *Technick als Macht*, (Hamburg, 2007).

Krämer, Sybille, Medium, Bote, *Übertragung Kleine Metaphysik der Medialität*, (Frankfurt 2008).

Mande, Jerry, *Schafft das Fernsehen ab!*, (Rowohlt Hamburg, 1979).

Neswald, Elisabeth, *Medien — Theologie, Das Werk Viel'm Flussers*, (Koeln, Weimar, Wien, 1998).

Varela, Francisco, J. *Kognitionswissenschaft — Kognitionstechnik*, (Frankfurt, 1990).

Wiegerling, Klaus, *Medienethik*, (Stuttgart Weimar, 1998).

Wulf, Joseph, *Presse und Funk im dritten Reich*, (Guetersloh, 1964).

Der Spiegel, 08.05.2000. — Harald Schmidt, Nach der Ironie das Pathos, Interview über die Wandlung der deutschen Spaßgesellschaft

역학(易學)의 매체와 알레고리의 소통방식
- 취상귀류(取象歸類)의 원리를 중심으로

김연재

1. 들어가는 말
2. 『주역』의 세계관과 취상귀류(取象歸類)의 원리
3. 상수역학(象數易學)의 전통과 그 특징
4. 태극도(太極圖)와 시공간성(時空間性)의 표상방식
5. 선천도(先天圖)와 선험성(先驗性)의 표상방식
6. 하락도(河洛圖)와 수리성(數理性)의 표상방식
7. 나오는 말

1. 들어가는 말

동양과 서양을 막론하고 세계의 경험과 그에 대한 공통의 인식을 형성하고 제시하는 데에 매체는 중요한 소통방식 가운데 하나였으며 그 활용성이 중요한 관심거리였다. 그것은 세계에 관한 이해의 내용, 즉 모종의 의미의 정보를 전달하는 수단이다. 이는 특정의 사회에서 통용되는 특정의 의사소통에 관한 형식으로서, 그 사회의 세계관과 그 정체성(identity)을 이해할 수 있는 좋은 지표가 된다. 현대의 매체이론에 따르면, 언어, 그림 등의 매체를 통하지 않고 순수한 관념의 세계를 경험하는 것, 즉 매개체가 없는 경험이라는 것은 존재하지 않는다. 이렇듯 매체는 인식의 주체인 인간과 일정한 관계를 형성한다. 여기에서 관계는 항상 양쪽의 존재가 함께 유동적으로 구성하거나 만들어가는 쌍방향적인 과정 즉 체화(embodiment)[1]의 역동적 과정을 특징으로 한다. 이는 주어진 상황

---

1) 체화라는 용어는 맥루한(McLuhan)을 대표로 하는 매체이론에서 등장하는 말이다. 그것은 두 가지 측면을 지닌다. 기술이 인간에게 스며드는 '스며든 기술(embodied technology)'과 인간이 기술이 지닌 가능성의 범위에 의해 제약되거나 확장되는 '확장된 몸(extended body)'을 지닌다. 김상호, 「맥루한 매체이론에서 인간의 위치」, 『언론과학연구』, 8.2(2008), 86~87쪽.

의 변동에 따라 주체와 객체 혹은 주체와 대상의 관계가 바뀌는 과정이다. 주체가 대상을 인식하는 과정에서 대상과 이를 인식하는 주체는 서로 어느 한쪽도 다른 한쪽을 일방적으로 강요하거나 부과하지 않으며, 더욱이 어느 한쪽의 목적이나 의도에 의해 다른 한쪽이 전적으로 통제되거나 활용되지 않는다. 특히 매체의 형식은 언어나 문자보다 포용성, 표현성 및 재현성의 측면에서 더 효율적이다. 그것은 언어매체의 관념적 혹은 추상적 한계를 넘어서 인간의 사고방식을 보다 강화시키는 기제로 작용한다. 더 나아가 그것은 사고방식의 배후에 있는 사회적 인식의 통시적 통합 구조를 정착하거나 확산시키는 역할을 할 수 있다.[2]

　매체철학의 중요한 논제들 중의 하나는 도상학(Iconology)[3]이다. 그것은 종교, 예술, 민속 등의 분야에서 전문적으로 연구되어져 왔다. 그것은 도상에 담겨진 내용과 위상, 의미의 연관 및 그 해석의 가치를 총체적으로 파악하는 것이다. 이 연구의 관건은 형상화된 이미지의 내용을 어떻게 이해할 것인가 하는 문제에 있다. 도상학 연구는 기본적으로 도상과 그 내용의 정보전달 전반에 관한 해석학적 과제를 인식하는 데에서 출발한다. 즉 문헌 혹은 경전의 내용을 이해하기 위해 그것과 표현된 이미지와의 연관을 규명하는 것에 기본한다. 그러므로 도상학은 도상 자체의 분석뿐만 아니라 발생의 역사적 배경, 문화적 성격 및

---

2) 임홍빈, 「비판적 매체철학의 관점에서 본 공적 합리성」, 『철학연구』, 20(2005), 168~170쪽.
3) 이는 서양예술의 방법론 중의 하나로서, 파노프스키(E. Panofsky)의 상징해석의 문제나 제들마이어(H. Sedlmayr)의 이론 등처럼 구조의 문제를 발생론이나 위상론과 연계하여 예술론을 전개한다.

사회구조적 이해를 바탕으로 하여 공시적(共時的)이고도 통시적(通時的)인 종합적 해석을 추구하는 것이다.

도상학의 매체적 전달방식을 고려할 때, 언어서술의 역사에서 알레고리 (allegory)[4]나 상징(symbol)은 전달의 수법으로서 중요한 의미가 있다. 이들의 특징은 미리 보편적 내용을 고려하여 특수한 사례를 제시하는 방식이다. 이 방식에는 보편성과 특수성의 관계를 어떻게 설정할 것인가 하는 문제 의식이 있으며 더 나아가 주체의 의도가 중요하게 작용하고 있다. 왜냐하면 형상화의 대상 혹은 내용인 이념에는 주체가 그것을 형상 속에서 그려내려는 의도가 있어야 하기 때문이다. 특히 알레고리는 특수한 것을 통해서 보편적인 것을 진술하려는, 주체의 의도로써 교훈이나 계도를 암암리에 제시하는 것을 전제로 하는 소통의 매체이다.[5]

동아시아의 사상과 문화에서 도상학의 연구는 유구한 역사적 전통을 지닌다. 특히 『주역』의 도식에 관련된 역도학(易圖學)은 도상학의 대표적인 분야이

---

[4] 알레고리는 적용 대상의 범위에 따라 좁은 의미와 넓은 의미로 나눌 수 있다. 좁은 의미에서 알레고리는 수사적 기법과 관련이 깊다. 즉 추상적인 이념이나 원칙을 인물, 형상, 이야기, 드라마, 회화 등의 형식으로 재현하고 그러한 재현방식을 사용한 언어나 시각의 텍스트들을 말한다. 반면에 넓은 의미에서 알레고리에는 원래의 의도와는 다르게 재현하는 행위와 그렇게 재현된 텍스트들, 그 속에 함축된 의미를 밝히는 해석의 문제도 포함한다. 알레고리는 특히 서구의 중세기에 성서의 메시지를 전달하는 종교관이나 서구사회의 역사관을 계도하기 위한 수사적 장치로서 의미 전달의 표현방식이 강했다고 할 수 있다. 존 맥퀸, 『알레고리』, 송락헌 역, (서울: 서울대학교 출판부, 1980).

[5] 상징 개념과 달리 알레고리 개념은 종결불가능성, 미결정성, 시간성 등의 특징을 지닌다. 주일선의 「상징은 의미동일성의 재현인가?-드 만의 알레고리 개념과의 비교를 통하여 살펴본 괴테의 상징개념」, 『카프카연구』, 16(2006), 208~214쪽 참조.

다. 그것은 하나의 독특한 도상학의 분야로서 인간관 혹은 도덕윤리관을 표상하는 알레고리나 상징으로서의 도상에 관한 학문이다. 역사적으로 볼 때 송대에 이미 이른바 도서학파(圖書學派)가 형성되었다. 이들은 상(象)과 수(數)의 매체를 통해 각종의 도상들 이를테면 태극도(太極圖), 선천도(先天圖), 하락도(河洛圖) 등을 구상해내었고 그 속에 자신의 우주관을 투영했으며 이를 자신의 인생관의 규준으로 삼았다. 이들 도상은 당시에 역학의 응용분야들 중의 하나로 자리 잡았으며 당시의 세계관과 그 형이상학적 사유방식을 이해할 수 있는 중요한 단초를 제공했다. 그러므로 이들에 관한 도상학적 연구는 동아시아의 사상과 문화를 이해하고 소통하는 방식들 중의 하나라고 할 수 있다. 그럼에도 불구하고 그것은 다른 분야들의 연구에 비해 상당히 미진한 편이다.

역도학(易圖學)이 발전했던 송내는 동아시아의 전통적 문화와 사상이 꽃피었던 시기이다. 이 시기에 성립했던 송학(宋學)[6]은 송대의 학문과 사상뿐만 아니라 그 이후의 유교사회의 학문적 세계도 대표한다. 송학은 또한 도학(道學)이라고도 부른다. 송학의 세계관이 자아실현의 인간학적 지평을 열었다면, 그 실천강령인 도학은 바로 자아실현의 본질과 그 과정이 무엇인지를 잘 함축하고 있다. 그 윤리학적 논지는 내성외왕(內聖外王) 혹은 황극경세(皇極經世)라는 말로 대변된다. 내성(內聖) 혹은 황극(皇極)은 도(道)의 본체와 같은 궁극적 목표이고, 외왕(外王) 혹은 경세(經世)는 이를 구현하는 방편이다. 여기에 이른바 체(體)와 용(用)의

---

6) 송학, 도학, 이학(理學) 등의 용어들은 송대 이후 유교사회의 학문적 체계와 경향을 담고 있다. 이 용어들의 개념 및 정의에 관해 董玉整 主編, 『中國理學大辭典』, (暨南: 暨南大學, 1996), 294 · 298 · 595 참조.

정합적 논리가 성립한다. 즉 이 양자를 어떻게 서로 원만하게 조화시키는가 하는 점이 당시의 세계관을 표명하는 관건이었다. 이는 대상에 대한 자아의 인식과 주체적 수용의 문제로 환원된다. 즉 인간이 객관세계를 어떻게 이해하고 이를 자신의 의식 속에 어떻게 받아들일 수 있는가 하는 점이다. 이러한 세계관의 기틀을 마련하고 설명하기 위해 학자들은 도(道)와 기(器), 형이상학과 형이하학, 리(理)와 기(氣) 등의 범주를 설정하고 이에 대한 논변을 전개함으로써 이론적 사유의 지평을 활짝 열었다. 당시의 학문체계에서 '천인합일(天人合一)'의 명제는 인간의 자아실현을 위한 보편적 강령이었다. 그것은 천체 혹은 자연계의 운행과 그 질서의 원리 속에서 인간의 존재론적 의미와 의의를 찾고, 더 나아가 이에 관한 윤리적 필연성과 타당성을 확보하려는 이념인 것이다. 여기에는 인간이 생명의 존재와 가치를 올바로 인식하고 이를 어떻게 삶의 원칙으로 수용할 수 있는가 하는 현실적 문제의식이 담겨있다.

당시의 세계관에 관한 사유의 영역을 소통시키고 그 지평을 넓히는 데에 일종의 매체의 형식이 등장하게 된다. 이것이 도상학(圖像學)이다. 도상학은 그림과 그에 대한 도설(圖說)을 통한 담론의 방식이다. 여기에는 세계에 대한 인간의 공통적 경험이 매체의 형식을 통해서 전달되고 이해될 수 있다는 적극적 신념이 자리잡고 있다. 이는 매개체가 없는 경험은 존재하지 않는다는 현대의 매체이론에서도 이해될 수 있다. 즉 도상학에서 특히 상과 수의 물리적 특성은 도상에 함축되거나 표현된 관념이나 의미를 파악하기에 앞서 그것이 추론되거나 경험되는 내용을 규정짓는 일종의 담지체로서의 역할을 한다. 이러한 매체이론에 따르면, 역학의 도상학, 즉 이른바 역도학은 바로 매체의 물리적 특성을 잘 반영한 분야라고 말할 수 있다.

　매체이론의 관계망의 맥락에서 본고는 동아시아의 사상과 문화와 그 원류를 어떻게 이해할 것인가 하는 문제의식에서 출발한다. 논의의 핵심은 천인합일과 같은 성리학적 세계관의 도상화(圖像化) 혹은 도식화(圖式化)에 관한 일종의 매체철학의 문제이다. 그 대상은 취상귀류(取象歸類)의 방식에 입각한 도상학(圖像學), 그중에서 역도학과 그것을 해석하는 데에 담겨진 알레고리의 기제이다. 이는 이른바 '도학'의 이론적 원리나 실천적 원칙이 어떻게 그림이나 형상으로써 이해되고 구현되는가 하는 시각에 착안한 것이다.

　역도학은 『주역』과 관련한 역학계통의 도상 혹은 도식에 관한 학문체계를 가리킨다. 전통적으로 그것은 음양(陰陽), 오행(五行) 및 그 양자의 관계에 기반한 태극도, 선천도, 하락도 등을 통해 우주의 본원, 생성 및 변화의 과정을 설명하고, 궁극적으로는 인간의 존재와 삶의 가치를 고양시키는 해석적 작업의 일환이었다. 태극도는 태극의 본원과 그로부터 만사만물의 생성문제를, 선천도는 괘상(卦象)과 방위의 관계를 통해 인간의 선험적 준칙을, 그리고 하락도는 하도(河圖)와 낙서(洛書)의 그림을 통해 인간을 포함한 세계의 도식을 상징적으로 그려낸 것이다. 이러한 '취상귀류'의 방식에 입각한 도식들은 현대적 표현기법의 넓은 의미에서 일종의 '알레고리'의 범주에서 이해될 수 있다. '알레고리'는 대상의 본질과 내용을 효과적으로 그리고 계도적으로 전달하기 위한 방법으로서, 모종의 '공통의 해석(understanding)' 방식으로 활용된다. 이러한 방식이 바로 역도학의 기제에 속한다. 이는 태극도, 선천도, 하락도와 같은 특수한 형상을 통해서 천인합일의 보편적 이념을 그려내기 때문이다. 그러므로 역도학은 표상을 매개로 하여 철학의 사변성을 재현(representation)하거나 표현(expression)하는 방식이라고 할 수 있다.

매체철학의 입장[7]에서 보면, 세계에 대한 인간경험은 취상귀류의 방법을 거쳐서 매체 속에 구성되고, 이러한 매체가 인간의 상상력을 발동시킴으로써 인간이 자아실현의 목표를 지향하도록 계도한다. 여기에는 도상의 형식과 전하고자 하는 내용이 어떠한 관계가 있는가 하는 문제가 있다. 역도학을 이해하는 데에도 상상력에 의한 취상귀류의 방법이 중요하다. 의사전달의 기술적 수단에는 태극, 음양 및 오행의 원리가 있고, 의도된 의미의 내용에는 천인합일의 보편적 이념이 있으며, 이 이념을 구현하는 효과에는 인격의 완성을 통한 자아실현이 있다. 그러므로 역도학은 상징이나 기호의 체계, 의미의 알레고리적 내용 및 그 실천의 강령을 담고 있다. 특히 그것은 천인합일의 이념을 태극, 음양 및 오행의 원리로 구상화하고 태극, 음양 및 오행의 원리를 상과 수의 양적인 물리적 속성으로 환원하는 것이다. 여기에는 '정보의 도상화'와 '도상의 정보화'라는 양측면이 존재한다. 전자는 매체의 재현형식이고 후자는 매체의 표현형식이다.

이처럼 역도학을 매체철학의 맥락에서 고려하자면, 그것은 성리학적 사유체계의 담지체로서 그 체계에 대한 해석의 방법론을 제공한다. 구체적으로 말해, 도상의 구성에는 실재(reality)의 선험성과 경험성 및 그 양자의 관계를 어떻게

---

[7] 섀넌과 위버(Shannon & Weaver)는 의사소통의 문제를 기술적 문제, 의미론적 문제 및 효과론적 문제로 나누고, 현대의 정보이론이나 맥루한의 매체이론에서는 기술적 문제를 가장 우선시한다. 김상호, 「맥루한 매체이론에서 인간의 위치」, 『언론과학연구』, 8.2(2008), 94~95쪽.

합리적으로 설정할 것인가 하는 효과적인 기법이 중요하며, 또한 도상의 이해에는 그 속에 담긴 역사적 자료를 이해하고 그 요체를 직관적으로 파악하여 전체내용을 심리적으로 수용할 수 있는 것이다. 이러한 점에서 본고의 목표, 즉 역도학의 해석은 고전적 가치를 현대적 시각으로 이해하는 소통의 매체적 접근 방식을 모색하려 취지를 지니는 것이다.

2. 『주역』의 세계관과 취상귀류(取象歸類)의 원리

『주역』[8]의 세계관은 기본적으로 우주 혹은 자연계를 전체적으로 조망하여 얻은 인간 경험의 총체적 산물이다. 그 속에서 우주 혹은 자연계의 원리나 방식은 중요한 의미를 갖는데, 그 중심에는 '역(易)' 개념이 있다. 『역전』에서 이 개념은 궁극적으로 자연생태계의 정보를 담아놓는 인식적 틀, 즉 '하늘과 땅의 도(道, 天地之道)'로 설정된다. 여기에는 하늘과 땅의 구조 및 그 존재론적 원리에 관한 일종의 알레고리의 논법이 활용되고 있다. 「계사전」에서는 다음과 같이 말한다.

---

8) 역사적으로 볼 때, 『주역』 계열의 학문은 내용상 크게 세 부분으로 나뉜다. 그 원문인 『역경』, 이를 풀이한 『역전』, 그리고 한대(漢代)부터 경문과 전문을 주석해온 역대의 역학(易學)이다. 『역경』이 길흉의 현실적 문제를 예측하려는 점술의 감성적 부분이라면, 『역전』은 『역경』을 재해석해낸 철리(哲理)의 이성적 부분이다. 역학은 『주역』 계열에 관한 총체적인 학문을 뜻하는 말로서, 다양한 영역과 분야에서 많은 전문가들이 『주역』의 전문과 경문을 해석하는 과정에서 성립된 역사적 산물이다. 그것은 동아시아의 세계관과 방법론에 중요한 축을 형성함으로써 오늘날까지 인문과학과 자연과학의 각 영역들 속으로 깊숙이 파고들 수 있었다. 朱伯崑 編, 『易學基礎敎程』, (北京:九州出版社, 2001), 1~4쪽.

역은 하늘과 땅에 그대로 따르는 것이므로 하늘과 땅의 道를 두루 포괄할 수 있다.[9]

이 구절은 『주역』책이나 그 속에 담긴 역 개념에 하늘과 땅의 구조 및 그 속에 존재하는 만사만물이 모두 그대로 투영되고 있다는 내용이다. 특히 만사만물의 존재론적인 방식을 포괄적으로 규정한 말이 '하늘과 땅의 도(道)'이다. 이것을 알레고리적 해석에서 이해하자면, "하늘과 땅의 변화를 두루 포괄하지만 지나치지 않고, 만물을 두루 이루지만 빠뜨리지 않으며, 낮과 밤의 도를 통하여 안다. 그러므로 그 신묘함은 일정한 방소가 없고, 그 변역은 일정한 형체가 없다."[10] 여기에는 음, 양 및 양자의 관계가 시공간의 구조 즉 동서남북상하를 두루 흐르므로 그 변화를 예측할 수 없다. 그러므로 역 개념에는 일정한 형식이나 전형적인 형태가 없다. 따라서 역 개념은 천체의 운행질서를 내용으로 하는 우주의 생명정신의 구현이며 만사만물의 존재와 그 변화의 양상에서 터득한 생명의식의 산물인 것이다. 이러한 내용을「계사전」에서는 함축적으로 천도관(天道觀)으로 표명한다. 즉

한 번 음이 되면 한 번 양이 되는 것을 일러 道라고 하고 그것을 잇는 것을 善이라 하며 그것을 이루는 것을 性이라 한다.[11]

---

9) 『周易』,「繫辭上傳」, "易與天地準, 故能彌綸天地之道."
10) 『周易』,「繫辭上傳」, "範圍天地之化而不過, 曲成萬物而不流, 通乎晝夜之道而知, 故神無方而易無體."
11) 『周易』,「繫辭上傳」, "一陰一陽之謂道, 繼之者善也, 成之者性也."

천체의 운행은 음과 양의 상관적 원칙에 입각하고 있으며, 이러한 원칙에 기반하여 우주에는 합당한 이치 즉 하늘의 도[天道]가 성립하는 것이다. 음과 양의 속성은 조화와 관계라는 측면에서 선의 가치를 담보할 수 있고 이것이 구체적 존재의 본성으로 구현될 수 있다. 이처럼 모든 존재의 운동과 변화는 "한 번 음이 되면 한 번 양이 되는" 양상으로 환원된다. 음과 양은 움직임과 고요함의 양상으로 나타나며 서로 대립하면서도 서로 보완하는 생명력의 균형과 조화의 방식을 지닌다.[12] 음도 하나이고 양도 하나라는 통일적 방식은 바로 천체의 운행질서, 즉 하늘의 도의 원리이며 모든 존재의 생명력이 어떻게 발휘되는가 하는 점을 함축하고 있다. 이는 내용상 모든 존재의 생명력을 우주의 생명정신이라는 보편적 가치로 격상시킨 것이다. 이는 『역전』에서 『역경』에 담긴 우주 혹은 대자연의 존재론적인 규모를 총체적인 전일적(全一的) 구조로 이해한 결과이다. 그러므로 『주역』은 우주 혹은 세계에 대한 일종의 '인간사유의 축적'으로서, 여기에는 만사만물의 생성, 변화 및 소멸과 같은 연속적 과정이 모두 다 포용되어 있는 것이다.

또한 '하늘과 땅'의 구조는 만사만물이 생성하고 발육하는 시공간의 전일적 과정으로 설명된다. 「계사전」에서는 다음과 같이 말한다.

> 하늘과 땅에 기운이 쌓이고 합하여 만물이 순수해지며, 남성과 여성이 정기를 얽어 만물이 생성된다.[13]

---

12) 김연재, 「복잡계이론에서 본 주역과 그 메타적 세계관—동아시아적 사유원형의 모색을 중심으로」, 『東方學志』, 152(2010), 93~94쪽.
13) 『周易』, 「繫辭下傳」, "天地絪縕, 萬物化醇, 男女構精, 萬物化生."

하늘과 땅에는 만물이 본질적으로 구성되면서 여성과 남성이 한데 어우러지는 상호작용이 있고 이러한 상호작용이 생명체의 요체를 구성한다. 하늘과 땅의 구조는 바로 생명체가 끊임없이 자생적으로 형성되는 질적이고도 양적인 존재론적 과정을 함축적으로 대변한다. 이 과정을 가리켜서 "하늘에서는 형상을 이루고 땅에서는 형체를 이루니 변화가 드러난다"[14]고 말한다. 여기에서 변화의 핵심은 바로 모든 생명체가 생성되고 발육하는 터전인 일련의 시공간적 과정이다. 「서괘전」에서는 다음과 같이 말한다.

> 하늘과 땅이 있은 다음에 만물이 생성된다. 하늘과 땅 사이에 가득 찬 것은 오직 만물뿐이다.[15]

'하늘과 땅'은 만사만물이 생성하고 변화하는 우주의 시공간에 관한 내용을 담고 있다. "하늘과 땅이 있은 다음에 만물이 생성된다"는 말은 모든 만사만물의 생성과정이 바로 시간성의 흐름이라는 것임을 함축하고 있다. 반면에 "하늘과 땅 사이에 가득 찬 것은 오직 만물뿐이다"라는 말은 만사만물의 변화과정이 바로 공간의 위치라는 것임을 함축하고 있다.[16] 이를 우주(宇宙)라는 용어로 해석하자면, 전자가 주(宙)의 본질이고 후자가 우(宇)의 본질이다. 그러므로 우주는 하늘과 땅의 전일적 구조를 시공간적으로 표현한 것이다. 그것에는

---

14) 『周易』, 「繫辭上傳」, "在天成象, 在地成形, 變化見矣."
15) 『周易』, 「序卦傳」, "有天地, 然後萬物生焉. 盈天地之間者, 唯萬物."
16) 김연재, 「全一論的 思惟에서 본 『易傳』의 世界觀과 人間學的 地形圖 - 윤리학적 본령과 그 동아시아적 가치를 중심으로」, 『인문연구』, 53(2007), 8쪽.

만사만물의 구성요소들이 상호작용하면서 다층적인 질서를 형성하는 그물망과 같은 연속적 과정이 담겨 있다. 그러므로 하늘과 땅의 도는 우주 혹은 대자연의 진정한 모습을 하늘과 땅의 구조로 설명한 것이며, 알레고리적 논법으로 보자면 하늘과 땅의 특수성을 통해 우주의 보편성을 서술한 것이라고 말할 수 있다.

이러한 알레고리의 논법은 변통관(變通觀)에서 보다 명확하게 제시되는데, 이는 '역' 관념의 성격과 그 특징을 밝힐 수 있는 실질적 내용이 된다. 변통관은 우주 혹은 대자연의 크나큰 순환과정을 단적으로 반영한 관점이다. 변통이라는 말에는 변화(變化)와 소통(疏通)의 이중적 의미가 담겨 있다. 변화는 특정의 상황 혹은 단계로 전환되는 것을 가리키며, 소통은 대립이나 상충과 같이 막힘이 없이 서로 왕래할 수 있음을 가리킨다. 「계사전」에서는 변통 개념을 다음과 같이 정의한다.

> 한 번 닫으면 한 번 여는 것을 일러 변(變)이라고 하며, 가면 오는 것이 다함이 없는 것을 일러 통(通)이라고 한다.[17]

변통 개념은 양적인 측면과 질적인 측면을 담고 있다. "한 번 닫으면 한 번 여는 것"과 같은 양상은 모든 자연계 혹은 인간사회의 현상들의 진정한 모습이다. 이 양상이 점차적으로 전개되는 과정에서 양적인 측면에서 정점에 다다르면 어

---

17) 『周易』, 「繫辭上傳」, "一闔一闢謂之變, 往來不窮謂之通."

느 정도의 규제 혹은 통제를 통해 질적인 측면으로 거듭 나아가야 한다.[18] 「계사전」에서는 이 본령을 적연감통관(寂然感通觀)으로써 설명하고 있다.

역은 사려가 없으며 인위가 없고 적막하여 움직임이 없지만 감응하여 마침내 천하의 연고와 통한다.[19]

이는 우주의 내재적 생명력과 그로부터 자생적으로 창발되는 변화의 양상 즉 감응의 방식을 함축한다. 바로 이러한 존재론적 방식이 변통관의 기조가 된다. 「계사전」에서는 이를 총괄적으로 다음과 같이 정리하고 있다.

역은 다하면 변하고 변하면 통하며 통하면 지속한다. 그러므로 하늘로부터 도와서 길하고 이롭지 않음이 없다.[20]

변역의 본질은 인간 삶의 방향성과 연관된다. 즉 사람이 특정의 상황에 처하여 선택의 기로에 섰을 때, 무엇보다 가장 필요하고도 중요한 것은 이를 극복하기 위한 상황대처의 능력인데, 그것은 변화하려는 의지와 의지를 실행하려는 노력인 것이다. 변화하려는 의지가 상황의 전개에 따른 외부와의 소통을 가능하게 하고 따라서 자신의 입지를 확고히 존속케 할 수 있다. 여기에서 변화와 소통은 인간이 현실에서 취할 수 있는 가장 확실한 대처방안이 된다. 이를

---

18) 呂紹綱, 『周易闡微』, (長春: 吉林大學, 1990), 96~97쪽.
19) 『周易』, 「繫辭上傳」, "易, 無思也, 無爲也, 寂然不動, 感而遂通天下之故."
20) 『周易』, 「繫辭下傳」, "易, 窮則變, 變則通, 通則久, 是以自天祐之, 吉無不利."

인간사회에 적용해보면, 어떤 상황에서 양적인 변화가 극단에 이를 경우에 반드시 문제가 발생하기 마련이다. 이러한 상황을 극복하기 위해서는 반드시 질적인 변화가 수반되어야 한다. 그러므로 양적 변화와 질적 변화가 함께 진행되는 지속적 과정이 변통의 순환적 과정이다. 이러한 의미에서 「계사전」에서는 "바꾸어 재단하는 것을 일러 변이라고 하고 미루어 행하는 것을 일러 통이라고 한다"[21)]고 말한다.

변통 개념은 인간사회에 적용되면서 포괄적인 상황인식과 그에 대한 대처방안의 원칙이 되었다. 그것은 특정의 상황 혹은 단계로 계속 적응해가는 포용적인 방식이다. 여기에는 시의적절하게 선택하는 기회의 포착이 중요한데, 이는 기미(幾微) 혹은 조짐이라는 말로 설명될 수 있다. 기미는 중요한 의사결정과 같은 변화의 길림길에서 소통의 가능성을 인지하고 최선의 상황전개를 통해 최대의 이득 혹은 혜택을 확보하려는 취지를 지니며 그 결과는 길함이나 흉함과 같은 현실적 이해관계로 나타난다. 그러므로 「계사전」에서는 "무릇 역은 성인이 심오함을 궁구하여 기미를 연구하는 근거이다. 심오할 뿐이므로 천하의 의지와 통할 수 있다. 오직 신묘할 뿐이므로 하자없이 빠르며 행하지 않고도 이른다"[22)]고 말한다. 이러한 상황인식과 선택이 인간의 적극적인 사고와 행위를 유발하며 인간사회의 지속가능성에 대한 신념, 즉 생활의 안정과 안녕에 대한 믿음을 확고히 갖도록 계도하는 것이다. 이것이 『주역』에서 제시된 알레고리적 해석의

---

21) 『周易』, 「繫辭上傳」, "化而裁之謂之變, 推而行之謂之通."
22) 『周易』, 「繫辭上傳」, "夫易, 聖人之所以極深而研幾也. 唯深也, 故能通天下之志, 唯幾也, 故能成天下之務, 唯神也, 故不疾而速, 不行而至."

본령이다.

뿐만 아니라 '역(易)' 개념의 표상방식은 일종의 연역적 방식, 즉 태극음양관(太極陰陽觀)에 기초한다.「계사전」에서는 다음과 같이 서술하고 있다.

> 역에는 태극이 있고 이것이 양의(음양)를 낳고 양의가 사상을 낳으며 사상이 팔괘를 낳고 팔괘가 길흉을 정하며 크나큰 업적을 낳는다.[23]

우주 속에서 진행되는 생성과 변화의 원리는 태극의 본원을 기점으로 하여 만사만물의 생성 및 존재의 양태, 즉 양의(음양), 사상(태음, 태양, 소음, 소양), 팔괘, 길흉 및 인간의 일과 같은 일련의 순차적인 연속적 과정으로 서술된다.[24] 이것은 본래 점서의 과정 즉 시초(蓍草)의 배열에 따른 상수적(象數的) 원칙을 나타낸다. 이는 하늘과 땅의 구조적 법칙, 즉 만사만물의 본원과 생성 및 그 변화의 원리를 일련의 표상방식으로 서술한 것이다. 그러므로『역전』에서 모든 생명성의 원천 및 그 연속성을 일련의 도식으로 파악한다. 태극과 음양의 관계를 단서로 하여 팔괘라는 현상의 구성요소가 설정되었고, 최종적으로는 만사만물의 일련의 현상들 즉 64괘로 연역되었다. 그러므로 64괘는 특수한 표상을 통해 사회 전반에 걸친 보편적인 현상을 이해하려는 알레고리적 해석에 좋은 선례가 된다고 할 수 있다.

---

[23]『周易』,「繫辭上傳」, "易有太極, 是生兩儀, 兩儀生四象, 四象生八卦, 八卦定吉凶, 吉凶生大業."
[24] 이를 형상의 특수성으로 그려내면, 양과 음은 각각 "—"과 "--"을 가리키고, 태음(太陰)은 ==을, 소양(少陽)은 ==을, 소음(少陰)은 ==을, 태양(太陽)은 =을 가리킨다. 또한 8괘는 건(乾, ☰), 곤(坤, ☷), 진(震, ☳), 간(艮, ☶), 감(坎, ☵), 리(離, ☲), 태(兌, ☱), 손(巽, ☴)을 가리킨다.

『주역』에서 64괘는 우주에 있는 만사만물의 실제적 현상들을 상징화한 '취상귀류' 방법의 상물인 것이다. 그것은 8가지 기본적 물상들에 기초한 건(乾), 태(兌), 리(離), 진(震), 손(巽), 감(坎), 간(艮), 곤(坤)의 팔괘에서 연역된 것이다. 팔괘는 인간이 경험한 물상의 기본 형상으로서, 만사만물의 형상적 특징을 설명하는 기본적 범주이다. 그것은 음양의 성질에 따른 일정한 법칙을 담고 있다. 특히 『역전』에서는 음양의 법칙을 수(數)나 상(象)과 같은 중립적 속성들로써 추상화하고, 이를 통해 우주나 세계의 객관적 질서나 원칙을 연역해 낸다. 수와 상은 세계의 내면적 구성의 원리를 이해하는 양적 척도이다. 「계사전」에서는 다음과 같이 말한다.

> 끼어들고 늘어서서 변하여 그 수(數)를 서로 엮어놓는다. 그 변함을 통하여 마침내 하늘과 땅의 문양을 이룬다. 그 수(數)를 다하여 마침내 천하의 상(象)을 정한다. 천하의 지극한 변함이 아니면 누가 이에 참여할 수 있겠는가?[25]

삼라만상의 복잡다단한 변화는 시초(蓍草)의 수의 속성으로 설명되는데, 그 변화의 양상이 바로 하늘과 땅의 면모이며 모든 존재의 다양한 현상 즉 64괘의 괘상이 된다. 이를 수의 양적인 척도로 보자면, 팔괘는 음과 양 혹은 홀수와 짝수의 관계로 이루어진다. 「설괘전」에서는 "셋을 하늘로 하고 둘을 땅으로 하여 수에 의지하였으며, 음과 양이 변화하는 것을 관찰하여 괘를 세웠다"[26]고 말한다. 홀수와 짝수의 경우, 우주의 본원의 생수(生數)는 1·2·3·4·5인데, 그중에서

---

25) 『周易』, 「繫辭上傳」, "參伍以變, 錯綜其數. 通其變, 遂成天地之文. 極其數, 遂定天下之象. 非天下之至變, 其孰能與於此?"
26) 『周易』, 「說卦傳」, "參天兩地而倚數, 觀變於陰陽而立卦."

하늘의 수(天數)가 1·3·5 세 가지이고, 땅의 수(地數)가 2·4 두 가지이다. 홀수와 짝수 혹은 하늘과 땅의 수 및 그에 따른 형상의 상관적 변화는 전체의 분화와 분화의 전체와 같은 유기적 상관성에 입각하여 우주의 생명력과 창조력이 어떻게 발휘되며 그 전개의 평형성과 안정성이 어떻게 유지되는지를 잘 보여준다. 이것이 "그 변함을 통하여 마침내 하늘과 땅의 문양을 이룬다"는 뜻이다. 그러므로 「계사전」에서는 다음과 같이 말한다.

> 성인(聖人)은 천하의 잡란한 것을 보고서 그 형용함을 비유하며 그 사물의 마땅함을 본뜬다. 그러므로 그것을 일러 상(象)이라 한다.[27]

'사물의 마땅함'은 인간 특히 성인이 현실세계의 변화의 다양성을 인식한 현상의 본질이다. 상(象)은 바로 이 본질을 표상적으로 구현한 산물이다. 이러한 의미에서 "그 수(數)를 다하여 마침내 천하의 상(象)을 정한다"고 말한 것이다. 이 상 중에서 대표적인 것이 바로 팔괘의 괘상이다. 「설괘전」에 따르자면, 팔괘의 기본적 구성은 음과 양 및 그 관계성, 특히 남성과 여성의 발생적 관계로 나타낼 수 있다.

> 건은 하늘이니 아버지라고 부른다. 곤은 땅이니 어머니라고 부른다. 진은 처음 구해서 남자를 얻으니 장남이라 한다. 손은 처음 구해서 여자를 얻으니 장녀라고 한다. 감은 다시 구해서 남자를 얻으니 중남이라고 한다. 리는 다시 구해서 여자를 얻으니 중녀라고 한다. 간은 세 번째 구해서 남자를 얻으니 소남이라고 한다. 태는 세 번째

---

27) 『周易』, 「繫辭上傳」, "聖人有以見天下之賾, 而擬諸其形容, 象其物宜, 是故謂之象."

구해서 여자를 얻으니 소녀라고 한다.[28]

이 단락에서 괘들의 음과 양의 성격으로 나누어 팔괘를 구성하고 있다. 양의 괘는 乾(☰, 天), 震(☳, 雷), 坎(☵, 水), 艮(☶, 山)이고, 음의 괘 즉 坤(☷, 地), 巽(☴, 風), 離(☲, 火), 兌(☱, 澤)이다. 이들 사이에 음과 양의 상관성에 따라 모든 경우의 수를 조합한 것이 64괘가 된다. 『주역』에서는 하늘과 땅으로 대표되는 자연생태계를 모든 생명성의 원천 및 방식으로 해석하고, 이를 음양, 사상, 팔괘 및 64괘로 표상한다. 『역전』에서는 특히 팔괘라는 일종의 해석적 기제를 통해 인간이 세계를 인식하고 그 속에서 일어나 상황을 체험하는 계기를 마련했다. "그래서 팔괘를 처음 지었고, 그럼으로써 하늘과 땅의 신령스럽고 밝은 덕을 통하였으며 온갖 사물들의 실정을 분류했다."[29] 팔괘가 인간이 모든 만사만물의 구성요소를 인식한 산물이라면, 그것은 인간인식의 구조에서 대상세계와 내면세계 사이의 상관적 관계 즉 쌍방향적인 출입구의 역할을 할 수 있다.

팔괘 역시 건괘와 곤괘의 관계를 근간으로 하여 연역적으로 64괘로 확장된다. 즉 건괘와 곤괘를 제외한 나머지 62가지의 괘들은 건괘와 곤괘의 조합으로 이루어진 상관적 구조로써 만사만물의 실정을 형상적으로 나타낸다. 그 속에 함축된 사유방식에는 귀납적 사고와 연역적 사고의 관계가 있다. 즉 서로 관련

---

[28] 『周易』, 「說卦傳」, "乾, 天也, 故稱乎父. 坤, 地也, 故稱乎母. 震一索而得男, 故謂之長男. 巽一索而得女, 故謂之長女. 坎再索而得男, 故謂之中男. 離再索而得女, 故謂之中女. 艮三索而得男, 故謂之少男. 兌三索而得女, 故謂之少女."

[29] 『周易』, 「繫辭下傳」, "于是始作八卦, 以通神明之德, 以類萬物之情."

된 사물들을 각각 분류하여 하나하나 그에 상응하는 범주들에 배속된다. 이것이 "방향마다 부류에 따라 모이고 사물마다 무리를 지어 나뉘니 길함과 흉함이 생겨난다"[30]는 뜻이다. 이러한 범주에 따라 팔괘와 64괘의 형상들을 확장해 나아간다. 즉 "팔괘는 작게 이뤄지지만 이끌어 거듭 펴며 부류끼리 접촉해서 커가면 천하의 일을 다할 것이다."[31] 그러므로 팔괘와 그 확장된 64괘는 세계구조에 대한 인식의 산물로서 경험적이면서도 연역적인 결정체이다. 이러한 결정체 속에 함유된 개념성과 경험성의 동적 관계가 바로 '취상귀류'의 방법이라고 할 수 있다. '취상귀류'의 방법은 우주에 있는 만사만물의 현상을 일정한 관계, 즉 음양의 방식에 따라 분류하는 방식을 가리킨다. 이는 경험적 귀납의 측면을 지니면서도 개념적 연역의 측면도 지닌 것이다.

『역전』에서는 '취상귀류'의 방법에 입각하여 세계의 구조를 이해하고 이에 대한 알레고리적 해석을 통해 인간 자신의 삶의 의미나 의의를 이해하고 계도한다. 그 본령이 바로 인도(人道)의 강령, 즉 '도의(道義)의 문(門)'이다. 「계사전」에서는 다음과 같이 말한다.

> 무릇 역은 성인이 덕을 숭상하여 사업을 넓힌 바이다. 지식이 숭상되고 예의가 비천하니 숭상함은 하늘을 따르고 비천함은 땅을 본받는다. 하늘과 땅이 위치를 세우고 역이 그 속에서 진행된다. 본성을 이루는 것이 계속 존속하니 도의(道義)의 문(門)이 된다.[32]

---

30) 『周易』, 「繫辭上傳」, "方以類聚, 物以群分, 吉凶生矣."
31) 『周易』, 「繫辭上傳」, "八卦而小成. 引而伸之, 觸類而長之, 天下之能事畢矣."
32) 『周易』, 「繫辭上傳」, "夫易, 聖人所以崇德而廣業也. 知崇禮卑, 崇效天, 卑法地. 天地設位, 而易行

하늘이 높고 땅이 낮은 것과 같이 음과 양 더 나아가 건괘와 곤괘의 속성에서 드러나는 생명정신은 인간에게 자신의 본성의 결정체로 구현된다. 이것이 인륜의 도리를 세우는 내용, 즉 성인이 '덕을 숭상하여 사업을 넓힌' 인도(人道)의 본바탕이 된다. 이러한 의미에서 "본성을 이루는 것이 계속 존속하니 도의의 문이 된다"고 말한다. '도의의 문'은 생명정신의 구현으로서 바로 인도로 나아가야 할 관문이다. 인도란 우주의 생명가치를 인식하고 이를 체현하여 나온 인격적 행위의 가치를 담고 있는 것이다. 이는 궁리진성관(窮理盡性觀)과 내용이 잘 맞아떨어진다. 「설괘전」에서는 "도덕에 조화롭게 따르고 의로움에 잘 맞게 하며 이치를 궁리하고 본성을 다하니 천명에 이른다"[33]고 말한다. 이 내용을 '도의의 문'으로 해석해보자면 일련의 자아실현의 과정이다. 즉 인간은 '진덕수업(進德修業)'이라는 내면적 수양의 단계를 거쳐서 '숭덕광업(崇德廣業)'이라는 내면과 외면이 합일 혹은 일체가 되는 경지에 이르러야 마침내는 '성덕대업(盛德大業)'의 궁극적 천명(天命)을 완성할 수 있다.[34] 이러한 내용에 관해 「단전」에서는 "천문을 관찰하여 때의 변화를 살피고 인문의 관찰하여 교화하여 천하를 이룬다"[35]고 함축적으로 말한다. 따라서 『역전』에서는 인격체의 자아실현을 계도하는 취지의 알레고리적 성격을 잘 나타내고 있는 것이다.

乎其中矣. 成性存存, 道義之門."
33) 『周易』, 「說卦傳」, "和順於道德而理於義, 窮理盡性以至於命."
34) 김연재, 「全一論의 思惟에서 본 『易傳』의 세계관과 人間學的 地形圖 – 윤리학적 본령과 그 동아시아적 가치를 중심으로」, 『인문연구』, 53(2007), 25~27쪽.
35) 『周易』, 「彖傳」, 賁卦, "天文也, 文明以止, 人文也. 觀乎天文, 以察時變, 觀乎人文, 以化成天下."

『주역』에서 제시한 알레고리의 본질은 기본적으로 인간이 현실적 삶의 체험에서 인간이 하나의 생명체로서 갖게 되는 존재론적 문제의식에 초점을 맞추고 있다. 여기에는 인간이 우주 혹은 대자연의 생태계 속에서 어떠한 모습으로 태어나고 그 의미는 무엇인지, 그리고 어떻게 자신의 삶을 영위해 나가야 하는가 하는 체현의식이 저변에 깔려있다. 특히 여기에는 우주의 모든 변화에 대한 존재론적 체계와 그에 인간의 인식이 투영되어 있다. 즉 자연계의 평형과 비평형, 연속과 불연속 등과 같은 순환과정 속에 하늘과 땅, 사계절의 변화, 자연과 인간의 관계 등과 같은 생태계의 현상들에 관한 변화의 원칙 혹은 보편적 법칙을 함축적으로 담고 있다. 지금까지 살펴본 '역' 개념과 그에 수반되는 서술방식인 변통관(變通觀), 천도관(天道觀), 태극음양관(太極陰陽觀), 적연감통관(寂然感通觀), 궁리진성관(窮理盡性觀) 등은 후대에 『주역』의 주요논점들로서, 역학의 매체를 활용하는 단초가 되는 것이다.

3. 상수역학(象數易學)의 전통과 그 특징

철학사 혹은 역학사에서 송대의 역학은 중요한 의의를 지닌다. 그중에서 상수학의 전통은 도상학의 형성과 발전에 상당한 공헌을 했다. 역학의 발전사에서 송대의 상수학은 한대의 상수학의 연장선상에 있지만 상당히 다른 학문적 성격을 지닌다. 그 양자는 모두 『주역』의 주요논점 즉 변통관(變通觀), 천도관(天道觀), 태극음양관(太極陰陽觀), 적연감통관(寂然感通觀), 궁리진성관(窮理盡性觀) 등을 전거로 하여 상(象)과 수(數)의 원리를 도출하고 이를 바탕으로 우주론의 도식을 구축했다.

북송시대부터 한대 상수학의 특징인 음양오행설(陰陽五行說) 가운데 신비주의적 경향으로부터 어느 정도 벗어나면서 『역전』에서 제시된, 흑점과 백점으로 형상화된 하도(河圖)와 낙서(洛書)[36], 태극, 팔괘와 64괘 등에 관해 각종의 견해들과 해석들이 본격적으로 쏟아지고 이들 내용을 담은 도상들이 많이 등장했다. 그 중에서 대표적 세 가지 도상들이 태극도, 선천도, 하락도이다. 이 도상들은 8괘와 64괘의 기원과 내용을 천체운행의 질서(1년 12개월, 4계절, 24절기 등)와 관련시키고 그 논리를 특히 「계사전」에 있는 '대연의 수(大衍之數)' 50과 '천지의 수(天地之數)' 55의 연역적 방식에서 도출한 것이다. 이러한 학문적 경향을 특징적으로 도서학(圖書學) 혹은 역도학(易圖學)이라고 부른다.[37]

이른바 역도학은 역학(易學)의 분야에서 상수학(象數學)의 계열에 속한 학술적 사조를 총괄적으로 부르는 말이다. 그것은 『주역』의 이치, 특히 상(象)과 수(數)

---

36) 송대에 도서학파는 하도와 낙서를 존중하고 이를 논거로 하여 『주역』의 우주론적 원리를 해석했다. 「계사전」에서는 다음과 같이 말한다. "이런 까닭에 하늘은 신령스러운 물건을 낳고 성인은 이것을 모범으로 삼았다. 하늘과 땅이 변화하니 성인은 이것을 본받았다. 하늘이 상을 드리워서 길흉을 나타내었고 성인이 이것을 그려내었다. 황하에서는 그림(河圖)이 나오고 낙수에서는 거북이 등에 새긴 그림(洛書)이 나왔으며 성인은 이것을 본받았다. (『周易』, 「繫辭上傳」, "是故天生神物, 聖人則之. 天地變化, 聖人效之. 天垂象, 見吉凶, 聖人象之. 河出圖, 洛出書, 聖人則之.")
37) 주희의 『주역본의』와 『역학계몽』에서는 역도학에 관한 많은 내용들을 담고 있다. 『주역본의』의 제1권에는 하도와 낙서, 선천과 후천 등의 9폭의 그림들이 부착되어 있을 뿐만 아니라 소옹의 선천학을 정리해 놓고 있다. 『역학계몽』는 상수학의 논점을 서술하고 그중에서 하락학의 내용을 설명하고 있다. 역도학의 해석은 성리학적 세계관을 이해하는 중요한 축으로 자리잡고 있음을 알 수 있다.

를 근거로 하여 도상이나 도식으로써 우주관(宇宙觀)을 재현한 것이다.[38] 이 사조는 기본적으로 한대(漢代)의 상수학(象數學), 그중에서 특히 괘기설(卦氣說)에서 시작된다. 괘기설은 『주역』의 괘상(卦象), 특히 64괘의 구성과 관계를 전거로 하여 천문기상학 즉 기후와 절기의 변화 및 그 과정을 해석한 산물이다. 특히 상수학자들은 '대연의 수(大衍之數)' 50과 '천지의 수(天地之數)' 55의 기원과 논법에 관해 많은 논의를 벌였다. 예를 들어, 경방(京房), 마융(馬融) 등의 학자들과 『역위(易緯)』 등의 책에서는 사시(四時), 오행(五行), 12월, 24절기 등을 괘의 순서와 방위와 연관시킴으로써 괘기설의 이론적 토대를 마련했다. 이러한 계열은 송대에 이르러 도서학파(圖書學派)의 큰 줄기가 되었고, 마침내 학자들에게는 자신의 세계관을 도상이나 도식으로 표현하는 것이 일반화되었다. 역사적으로 이에 관해 학문적 기원과 해석의 진위여부에 대한 수많은 논변들이 있어왔다는 사실과는 별도로, 이것은 결과적으로 천체 혹은 자연계의 운행질서에 관한 원리를 이해하려는 인간인식의 산물이다. 특히 도서학파는 '취상귀류'의 방식과 같은 공통의 해석기제로써 철학의 사변성을 구체화했다는 점에 철학사적 공헌을 했다고 할 수 있다.

또한 송대의 상수학은 상(象)과 수(數)의 범주 및 그 관계에 관해 어느 것을 더 주안점을 두는가에 따라 두 학파, 즉 상학파와 수학파로 나뉜다.[39] 세계관과 그

---

38) 徐芹庭, 『易圖源流 - 中國易經圖書學史』(2008), 204~257쪽.
39) 상학파의 대표적 인물로는 주진(朱震), 주돈이(周敦頤), 래지덕(來知德), 방공소(方孔炤), 방이지(方以智) 등이 거론될 수 있고, 수학파의 대표적 인물로는 유목(劉牧), 소옹(邵雍), 장행성(張行成), 채침(蔡沈) 등이 거론될 수 있다.

구조를 논하는 데에, 전자는 주로 상(象)과 기(氣)의 관계에 중점을 두는 반면에, 후자는 주로 수(數)와 리(理)의 관계에 중점을 둔다. 또한 전자는 상(象)의 범주에 중점을 두고 홀수와 짝수의 수가 괘효상에서 유래하듯이 상이 수의 근원이라고 보았다. 반면에 후자는 수의 범주에 중점을 두고 괘효상이 하도와 낙서의 수에서 유래하듯이 수가 상의 근원이라고 보았다. 특히 수학파는 리와 수의 관계를 설명하는 데에 리를 우주의 근본원리 혹은 만사만물의 이치로 여김으로써 수가 바로 리를 규정하는 방식이라고 주장한다. 즉 수는 규칙성의 형식논리로서, 만사만물의 생성과 변화를 규정하는 양적(量的) 순서와 척도로 표시된다.

북송시대에 상수학의 한 부류로서의 도서학(圖書學)은 특히 선천도, 하락도 및 태극도의 세 가지 계통을 거쳐 발전된다. 한편으로는 진단(陳摶)의 선천도를 단초로 하여 소옹의 이론으로 발전했고, 하락도를 중심으로 하여 유목(劉牧)의 이론으로 발전되었으며 태극도를 중심으로 하여 주돈이의 이론으로 발전되었다. 이러한 계보가 한대의 상수학과는 다른 송대 상수학의 특징이 된다.

송대의 학자들은 『주역』에 관한 도상들을 그려내고 해석하면서 자연스레 상과 수와 같은 형식논리에 주목하게 되었다. 그들은 우주에 있는 모든 존재의 양상을 음과 양의 수 혹은 홀수와 짝수의 수로 환원하여 세계의 구도에 관한 이론적 사유의 단면을 함축적으로 담아내었다. 따라서 그들은 점차로 상수의 관념론적인 내용을 중시하게 됨으로써 한대의 상수학에 있던 음양재이설(陰陽災異說), 천인감응설(天人感應說) 등의 신비주의적 부분들을 배제하고 자신의 세계관을 피력하는 방편 중의 하나로 활용했던 것이다. 그들의 논점은 인간의 존재론적 문제의식에서 출발하여 자아실현의 선험적 준칙과 그 강령을 마련하려는 것이다.

역도학(易圖學)은 인식주체와 객체대상 사이의 연관성이 존재한다. 여기에는 '알레고리' 범주의 효율성, 그중에서도 표상적 재현의 현재성(presentness)이라는 해석의 기제가 중요한 작동을 하고 있다. 이는 본질적으로 객관적 대상에 대한 자아의 인식과 주체적 수용의 문제와 관련된다. 즉 인간이 객관세계를 어떻게 파악하고 이를 자신의 의식 속에 어떻게 받아들일 수 있는가 하는 점이다. 따라서 『주역』의 상수관(象數觀)과 관련한 시대별 혹은 학파별 논변들이 크나큰 학문적 흐름을 형성함으로써 이른바 역도학의 체계가 성립되었던 것이다.

4. 태극도(太極圖)와 시공간성(時空間性)의 표상방식

태극도는 『역전』의 「계사전」편에 제시된 "역에 태극이 있다(易有太極)"는 내용을 도상(圖象)으로써 설명한 것이다. 이는 역학과 철학의 두 범주에서 해석될 수 있다. 역학의 범주에서 태극을 볼 때 이 내용은 시초(蓍草)를 셈하여 괘를 그려내는 일련의 과정을 설명하는 것이다. 반면에 철학의 범주에서 태극을 볼 때 이 내용이 우주가 형성되는 일련의 과정을 설명하는 것이다. 이 두 가지 해석에 관해 철학사와 역학사에서는 다양한 해석을 해왔다. 특히 후자의 해석은 전통적으로 우주생성관의 이론적 토대가 되었다.

태극도를 그린 대표적인 인물이 바로 송대 철학의 시조라고 불리는 주돈이(周敦頤)이다.[40] 주돈이의 「태극도설」은 전체적으로 우주론의 도식체계와 인간의

---

40) 주돈이의 태극도는 그림1을 참조할 것.

특성과 수양의 경지를 설정하고 있다. 특히 태극(太極)과 인극(人極)으로 구별되면서도 합치되는 '천인합일'의 경지와 그 시공간적 구성은 표상적 서술, 즉 알레고리적 해석의 사례를 잘 제시하고 있다. 「태극도설」의 원문은 다음과 같다.

> 무극(無極)이면서 태극(太極)이다. 태극이 움직여 양을 낳고 움직임이 끝에 이르면 고요하며 고요하여 음을 낳는다. 고요함이 끝에 이르면 다시 움직인다. 한 번 움직이면 한 번 고요하여 서로 그 뿌리가 된다. 그것은 음으로 나뉘고 양으로 나뉘어 양의가 세워진다. 양은 변하고 음은 합하여 수(水), 화(火), 목(木), 금(金), 토(土)를 낳는다. 다섯 가지 기(氣)가 순조로이 분포되고 네 계절이 운행한다. 오행(五行)은 하나의 음양이다. 음양은 하나의 태극이다. 태극은 본래 무극이다. 오행이 생성됨에 각각 그 본성을 하나씩 갖는다. 무극의 진수, 음양과 오행의 정수가 오묘하게 합하여 응어리진다. 건(乾)의 도(道)는 남성을 이루고 곤(坤)의 도(道)는 여성을 이룬다. 두 가지 기가 서로 감응하여 만물이 변화하며 생겨나니 만물은 낳고 낳아 변화가 끝이 없다. 오로지 인간만이 그 빼어남을 얻어 가장 영활하다. 형체가 이미 생성되어서는 신묘함이 인지로 발휘된다. 다섯 가지 본성이 감응하여 움직여서 선(善)과 악(惡)이 나뉘고 만 가지 일이 나온다. 성인(聖人)은 중정(中正)과 인의(仁義)로써 정하되(자주, 성인의 도(道)는 인의와 중정일 뿐이다) 고요함을 위주로 하여(자주, 무욕(無欲)이므로 고요하다) 인극(人極)을 세운다. 그러므로 성인은 그의 덕이 하늘과 땅과 합치하고 그의 밝음이 해와 달과 합치하고 그의 순서가 네 계절과 합치하고 그의 길흉이 귀신과 합치한다. 군자는 수양을 하여 길하고 소인은 어그러져 흉하다. 그러므로 "천도(天道)를 세워 음과 양이라고 말하고 지도(地道)를 세워 유와 강이라고 말하고 인도(人道)를 세워 인(仁)과 의(義)라고 말한다." 또한 "시작을 궁구하고 끝을 돌이킴으로써 삶과 죽음의 도리를 안다"고 했으니, 크도다. 『주역』이여. 이렇게도 지극하도다![41]

---

41) 周敦頤, 『太極圖說』, "無極而太極. 太極動而生陽, 動極而靜, 靜而生陰, 靜極復動. 一動一靜, 互爲

먼저, 우주론의 도식체계를 보면 다음과 같다.

제1단계는 무극에 관한 부분이다. "무극이면서 태극이다."[42] 그것은 태극의 속성을 무극으로 규정함으로써 우주 혹은 세계의 태초에는 음과 양도 없고 또한 움직임과 고요함도 없는 것, 즉 어떠한 물질성의 것도 존재하지 않는다는 것이다. 이는 우주의 본원 혹은 세계의 원천을 해석한 내용이다.

제2단계는 태극에 관한 부분이다. "태극이 움직여 양을 낳고 움직임이 끝에 이르면 고요하며 고요하여 음을 낳는다. 고요함이 끝에 이르면 다시 움직인다. 한 번 움직이고 한 번 고요하여 서로 그 뿌리가 된다. 그것은 음으로 나뉘고 양으로 나뉘어 양의가 세워진다."[43] 이는 우주의 본원으로서의 태극이 음과 양의 두 가지 기로 분화되어 하늘과 땅의 구조를 형성한다는 내용이다. 특히 태극 안에서의 변화 즉 움직임(動)과 고요함(靜)의 상관성은 모든 현상들의 존재론적 성질 즉 음과 양 및 양자의 관계로 표출된다는 것이다. 여기에서는 우주의 시간적 진행과정을 보여주고 있다.

其根, 分陰分陽, 兩儀立焉. 陽變陰合, 而生水火木金土. 五氣順布, 四時行焉. 五行, 一陰陽也, 陰陽, 一太極也. 太極, 本無極也. 五行之生也, 各一其性. 無極之眞, 二五之精, 妙合而凝. 乾道成男, 坤道成女. 二氣交感, 化生萬物, 萬物生生, 而變化無窮焉. 惟人也, 得其秀而最靈. 形旣生矣, 神發知矣, 五性感動, 而善惡分, 萬事出矣. 聖人定之以中正仁義(自注:聖人之道,仁義中正而已矣), 而主靜(自注:無欲而靜), 立人極焉. 故聖人與天地合其德, 日月合其明, 四時合其序, 鬼神合其吉凶. 君子修之吉, 小人悖之凶. 故曰立天之道曰陰與陽, 立地之道曰柔與剛, 立人之道曰仁與義. 又曰原始反終, 故知生死之說. 大哉易也, 斯其至矣!"

42) 周敦頤, 『太極圖說』, "無極而太極".
43) 周敦頤, 『太極圖說』, "太極動而生陽, 動極而靜, 靜而生陰, 靜極復動. 一動一靜, 互爲其根, 分陰分陽, 兩儀立焉."

제3단계는 오행에 관한 부분이다. "양은 변하고 음은 합하여 수(水), 화(火), 목(木), 금(金), 토(土)를 낳는다. 다섯 가지 기(氣)가 순조로이 분포되고 네 계절이 운행한다. 오행(五行)은 하나의 음양이다."[44] 음과 양의 두 가지 기로부터 오행의 기가 나오고, 음양과 오행의 정수가 한데 응어리지어 모여서 만물의 물질적 토대 혹은 실체적 내용을 이루며, 동시에 무극의 본성을 부여받아 만물의 공동의 본성을 구성한다는 내용이다. 여기에서는 수(水), 화(火), 목(木), 금(金), 토(土)와 같은 오행의 양상을 통해 우주의 공간적 전개과정을 보여주고 있다.

그 다음의 문장은 "오행은 하나의 음과 양이다. 음과 양은 하나의 태극이다. 태극은 본래 무극이다"[45]라는 말이다. 이는 우주의 시공간적 생성과정 전체에 관한 논리적 설명이다. 구체적으로 말해, "오행은 하나의 음과 양이다"[46]라는 구절은 오행의 기(氣)가 모두 음양의 두 가지 기에서 나오는 것임을 말한다. "음과 양은 하나의 태극이다"라는 구절은 음양의 두 가지 기가 모두 태극에서 나오는 것임을 말한다. "태극은 본래 무극이다"라는 구절은 태극은 무극에 근본하는 것, 즉 무극을 그 본원으로 삼고 있음을 말한다. 그 아래의 문장은 "오행의 생성됨에 각각 그 본성을 하나씩 갖는다"[47]는 구절은 다섯 가지 기가 생성된 후에 또한 각각 그 특성을 지니고 있음을 말한다. 여기에서는 우주의 생명력과 그 변화를 연역적으로 밝혀놓은 것이다.

---

44) 周敦頤, 『太極圖說』, "陽變陰合, 而生水火木金土. 五氣順布, 四時行焉. 五行, 一陰陽也."
45) 周敦頤, 『太極圖說』, "五行, 一陰陽也. 陰陽, 一太極也. 太極, 本無極也."
46) 周敦頤, 『太極圖說』, "五行, 一陰陽也."
47) 周敦頤, 『太極圖說』, "五行之生也, 各一其性."

제4단계는 만물의 형성에 관한 부분이다. "무극의 진수, 음양과 오행의 정수가 오묘하게 합하여 응어리진다. 건(乾)의 도(道)는 남성을 이루고 곤(坤)의 도(道)는 여성을 이룬다. 두 가지 기가 서로 감응하여 만물이 변화하며 생겨나니 만물은 낳고 낳아 변화가 끝이 없다."[48] 남성과 여성이라는 두 가지의 것이 서로 교감하여 만물을 낳는 것이다. 여기에서는 삼라만상의 생성과 변화의 양상을 구체화시킨 것이다.

더 나아가 주돈이는 인간의 특성과 수양의 경지를 계도적으로 제시한다.

인간은 만물 중에서 가장 영활한 존재이다. 왜냐하면 음양과 오행의 빼어난 기(氣)를 부여받기 때문이다. 이것이 "오로지 인간만이 그 빼어남을 얻어 가장 영활하다"[49]는 말이다. 인간은 음의 기를 부여받아 형체가 되고 양의 기를 부여받아 정신과 지각을 낳는다. 그 부여받은 오행의 기가 인간 오상(五常)의 본성을 이룬다. 오상의 본성은 외부세계와 서로 감응하면 선과 악의 구분이 이루어지므로 만 가지 일이 바로 드러난다. 이러한 의미에서 "형체가 이미 생성되고 신묘함이 인지로 발휘된다. 다섯 가지 본성이 감응하여 움직여서 선(善)과 악(惡)이 나뉘고 만 가지 일들이 나온다"[50]고 말한다.

완전한 인격체를 가진 성인(聖人)은 인간의 행위가 선을 따르고 악을 제거하도록 하기 위해 '인의중정(仁義中正)'의 원칙을 확립하며, 고요함을 위주로 하는

---

48) 周敦頤, 『太極圖說』, "無極之眞, 二五之精, 妙合而凝. 乾道成男, 坤道成女. 二氣交感, 化生萬物, 萬物生生, 而變化無窮焉."
49) 周敦頤, 『太極圖說』, "惟人也, 得其秀而最靈."
50) 周敦頤, 『太極圖說』, "形旣生矣, 神發知矣, 五性感動, 而善惡分, 萬事出矣."

것을 인도(人道)의 최고의 준칙으로 삼는다. 즉 "성인(聖人)은 중정(中正)과 인의(仁義)로써 정하되(자주, 성인의 道는 仁義와 中正일 뿐이다) 고요함을 위주로 함으로써(자주, 無欲이므로 고요하다), 인극(人極)을 세운다."[51] 이는 인간의 본질도 마찬가지로 음양과 오행의 정수와 무극의 진수가 오묘하게 합하여 이루어짐을 말한다. 성인이 확립한 '인의와 중정'은 음양과 오행의 정수로부터 나온다. 즉 음과 양에 있어서 인(仁)은 양에 속하고 의(義)는 음에 속한다. 오행으로 보자면, 인(仁)은 목(木)에 속하고 의(義)는 금(金)에 속하고 중(中)은 화(火)에 속하고 정(正)은 수(水)에 속한다. 그리고 이러한 것들 모두가 태극에서 나온다. 그러나 이러한 원칙을 실현하는 것은 고요함을 위주로 하는 것, 즉 '무욕(無欲)'이 대전제가 된다. 그러므로 "무욕이므로 고요하다"는 말에는 '무극의 진수'를 체현하는 경지가 담겨 있다.

그 다음의 문장에서는 「문언전」에서 건괘(乾卦)를 해석한 부분, 즉 "대인이란 그의 덕이 하늘과 땅과 합하며, 그의 밝음이 해와 달과 합하며, 그의 순서가 네 계절과 합하며, 그의 길흉이 귀신과 합한다"[52]는 구절을 인용한다. 성인(聖人)이 세운 인극(人極)의 도덕적 표준이 천도(天道)의 정당성을 얻은 것임을 설명한 것이다. 이는 「설괘전」에서 말한 "천도(天道)를 세우니 음과 양이라고 말하고, 지도

---

51) 周敦頤, 『太極圖說』, "聖人定之以中正仁義(自注 : 聖人之道, 仁義中正而已矣), 而主靜(自注: 無欲而靜), 立人極焉."
52) 『周易』, 「文言傳」, 乾卦, "夫大人者, 與天地合其德, 與日月合其明, 與四時合其序, 與鬼神合其吉凶."

(地道)를 세우니 강과 유라고 말하며, 인도(人道)를 세우니 인과 의라고 말한다"[53]는 구절과 상통한다.

가장 마지막에는 「계사전」에 있는 문장인 "시작을 궁구하고 끝을 돌이키니, 이에 삶과 죽음의 이치를 안다"[54]는 말을 인용한다. 이는 만일 인간이 우주가 만물을 생성하는 법칙을 터득할 수 있다면 인간 생명의 유래와 그 귀결을 이해할 수 있고, 이것이 바로 삶과 죽음의 문제도 해결하는 것임을 말한 것이다. 그래서 『주역』은 대단히 위대한 것이고, 이것이 마지막 말, 즉 "크도다. 『주역』이여. 이렇게도 지극하도다!"[55]는 뜻이다. 알레고리직 해석에 따르면, 주돈이의 「태극도설」, 그 최종적 목적은 만사만물의 시공간적 전개과정과 그 과정 속에서 인간의 정당성을 설명하려는 것이었음을 알 수 있다.

이와 같이 우주의 본원으로부터 시작하여 인간에 이르기까지의 변천과정은 존재론적 문제를 논한 것이다. 무극에서 태극을 낳고 태극에서 음양과 오행을 낳으며, 음양과 오행은 인간과 사물을 생성하고 오행의 본성은 인간과 사물의 본성을 구성한다. 주체와 객체 사이의 상호감응이 세상의 변화무쌍한 현실로 촉발되고 따라서 선과 악과 같은 인간의 일상사가 생겨나는 것이다. 성인은 인의와 중정을 인간성의 표준으로 삼는다. 그리고 그는 욕망을 배제하여 심령으로 하여금 안정되고 고요하게 하는 것이 인의와 중정의 경지에 도달하는 과정이다.

---

53) 『周易』, 「說卦傳」, "立天之道, 曰陰與陽. 立地之道, 曰柔與剛. 立人之道, 曰仁與義."
54) 『周易』, 「繫辭上傳」, "原始反終, 故知死生之說."
55) 周敦頤, 『太極圖說』, "大哉易也, 斯其至矣!"

이 도식의 핵심 관념은 '취상귀류'의 방법에 따라 우주 혹은 세계를 일련의 시공간의 생성과정으로 표상하고 있다는 점이다. 즉 모든 개체는 발생과 성장, 그리고 발전과 소멸의 과정을 거쳐야 하는 것이므로 그 생성의 과정과 아울러 기타 개체와의 관계로부터, 또한 그들의 상호전환으로부터 그 내재적 본질 및 변화의 규칙에 대한 인식을 그대로 투영하고 있다. 이러한 세계관은 이 도식 가운데 태극과 양의, 사상 및 팔괘의 연역방식을 활용하여 각종의 자연현상과 사회현상의 특징에 주목하고 이를 알레고리적으로 해석해 낸 결과인 것이다.

유가철학에서 지향하는 '천인합일'의 보편적 이념에는 인간의 존재와 가치에 대한 원천과 그 정당성이 담겨 있다. 즉 천도(天道)의 원칙에 입각하여 인도(人道)의 나아갈 길을 제시하는 취지를 지닌다. 주돈이의 태극도는 태극(太極)의 본원으로부터 인극(人極)의 강령을 설정한다. 천도와 인도의 관계는 태극과 인극의 관계로 대변되는데, 이를 도상학적 맥락으로 이해하면 천도와 인도의 지향적 관계는 태극과 인극의 시공간적 관계로 표상된다. 특히 우주론의 표상적 도식은 인간본성과 그 가치론적 정당성을 제시하기 위한 기제가 되었다. 여기에는 성인이 제정한 도덕의 준칙 즉 인의예지, 군신부자 등이 우주의 가치론적 강령에 기초하며 인간이라면 이를 마땅히 잘 준수해야 함을 계도하려는 것이다. 따라서 태극도는 '취상귀류'의 방식에 입각하여 이루어진, 우주의 본원과 생성에 관한 시공성(時空性)의 매체로서, 당시의 세계를 보는 눈 즉 세계관에 생명력을 불어넣어주는 방식의 알레고리적 해석을 담고 있다고 할 수 있다.

5. 선천도(先天圖)와 선험성(先驗性)의 표상방식

　도상의 물리적 특성이 도상에 함축되거나 표현된 관념이나 의미를 이해하기에 앞서 그것이 추론되거나 경험되는 내용을 규정짓는다면, 더 나아가 역학의 매체에서 매체를 통하지 않는 순수한 경험, 즉 매개체가 없는 경험이 존재하지 않는다면, 이러한 매체적 성격을 잘 투영한 도상은 바로 선천도라고 말할 수 있다.
　소옹(邵雍)의 역학은 『주역』의 도(道), 즉 음양의 이치에 입각한 것이다. 그것은 복희(伏羲)의 역을 근본으로 하는 선천학을 특징으로 한다. 선천역학이란 천지가 변화하는 도(道)를 모사하여 천지보다 앞서 자연스레 존재하는 이른바 선천의 이치 혹은 자연의 이치를 제시하고자 한 것이다. 선천은 본체 혹은 본질의 도 혹은 태극의 이치로서, 이른바 복희의 괘와 문왕의 괘가 그려지기 전, 즉 문자나 부호가 존재하기 전의 단계를 의미한다. 그것은 역대의 성현들의 마음이 항상 염두에 두는 사유의 원천에 해당된다. 이러한 의미에서 선천역학을 '마음의 역(心易)'이라고도 한다. 소옹은 이것을 천지에 있는 만사만물이 운행되는 최고의 준칙으로 삼는다.
　소옹은 철학사나 역학사에서 수(數) 개념과 그 연역방식을 제시하여 우주론 혹은 세계관의 도식에 중요한 이론적 토대를 제공했다. 특히 그는 리(理)와 수의 합일적 관계를 통해 『주역』의 이치를 해석했다. 그는 양의, 사상, 팔괘 등과 같이 괘효상이 확장되는 방식에서 수의 연역방식을 도출함으로써 수가 상을 낳는다(數生象)는 결론에 도달한다. 소옹의 선천학은 복희의 역과 문왕의 역의 관계를 설정하고 특히 복희의 역에 초점을 맞추고 있다. 그것에 따르면, 복희의 역과 그 이전의 시대는 문자나 부호가 없는 역사의 시대인데, 복희의 역에 이르러서야 선천의 역도(易道)를 최초로 모사할 수 있었다는 것이다. 이것이 선천역학의 유래이다. 이는 인도가 천도와 일체를 이룬 단계이다. 이 단계 이후에 문왕의 역이 발전되었는데, 이것이 후천역학이 된다. 선천의 이치는 선천역학과 후천역학을 관통하게 마련이다. 여기에서 인간은 주체적 능동성을 발휘하여 천도를 체인할 수 있는 것이다. 즉 후천의 공부를 통해 선천의 도를 인식할 수 있다. 이러한 선천의 도를 체인한 경지가 바로 『역전』의 천도관(天道觀)에 반영되어 있다는 것이다. 그러므로 소옹은 이러한 준칙의 경지를 성인관(聖人觀)에 입각하여 피력한다. 「문언전」에서는 건괘(乾卦)를 해석하여 다음과 같이 말한다.

> 하늘에 앞서도 하늘이 위반하지 않고 하늘에 뒤에 있어도 하늘의 때를 받든다. 하늘도 위반하지 않는데 하물며 인간에서랴? 하물며 귀신에서랴?[56]

> 대인이란 그의 덕이 하늘과 땅과 합치하며, 그의 밝음이 해와 달과 합치하며, 그의 순서가 사계절과 합치하며, 그의 길흉이 귀신과 합치한다. 하늘보다 앞서도 하늘에 위배되지 않으며 하늘보다 뒤에 있어도 하늘의 때를 받든다.[57]

여기에서 대인 혹은 성인(聖人)은 단순히 생명을 가진 만사만물 중의 하나에

---

56) 『周易』, 「文言傳」, 乾卦, "先天而天弗違, 後天而奉天時. 天且弗違, 而況於人乎? 況於鬼神乎?"
57) 『周易』, 「文言傳」, 乾卦, "夫大人者, 與天地合其德, 與日月合其明, 與四時合其序, 與鬼神合其吉凶. 先天而天弗違, 後天而奉天時."

속할 뿐만 아니라, 더욱 중요하게는 우주의 변화의 방식과 전반적으로 합일하는 존재로까지 이해되고 있다.

이 구절에 대해 소옹은 다음과 같이 해설한다.

> 하늘에 앞서도 하늘이 위반하지 않고 하늘에 뒤에 있어도 하늘의 때를 받든다. 위반하지 않는다는 말은 때의 어긋남이 없고, 때를 받든다는 말은 때의 지침이 있다는 것이다.[58]

그의 선천역학이 천도(天道)에 초점을 맞추고 있다면 그의 후천역학은 인도(人道)에 초점을 맞추고 있다. 그러므로 인간이 인도를 통해 천도를 체인한다는 내용은 바로 공부의 과정을 거쳐서 본체를 체인하는 유가의 수양경지와 일맥상통하고 있다.

특히 소옹은 역학의 기본적 도식을 설정하는 데에 선천 개념과 후천 개념을 구사하고 이를 자신의 역학체계에 활용한다. 그는 건괘(乾卦), 곤괘(坤卦), 감괘(坎卦), 리괘(離卦)를 4개의 정괘(正卦)에 있다고 보고 이를 복희(伏羲)가 그려낸 괘라고 주장한다. 복희의 괘는 문자로 서술되지 않는 관념적 괘로서 천지와 만물을 그대로 투영하고 있다는 의미에서 선천적으로 존재하며 그 속에는 음과 양의 끝없는 변화와 만물의 이치가 모두 갖추어져 있다는 것이다. 더 나아가 그는 이것이 『주역』의 기본원리가 된다는 점은 말할 것도 없고 심지어 『주역』보다 앞서 존재한다고 주장한다. 따라서 그는 이에 관한 그림을 선천도[59]라고 규정하고 이

---

58) 邵雍, 『伊川擊壤集』 卷16, 「先天吟」, "先天天弗違, 後天奉天時. 弗違無時舛 奉時有時疲."
59) 주희의 견해에 따르면, 소옹의 선천도는 모두 두 종류, 네 가지가 있다. 즉 「복희팔괘차서도(伏羲

그림에 관한 학문을 '선천학(先天學)'이라고 불렀다. 다른 한편, 그는 한대(漢代) 역학에서 감괘(坎卦), 리괘(離卦), 진괘(震卦), 태괘(兌卦)를 4개의 정괘(正卦)로 삼는 도식을 문왕의 역으로 설정하고 이는 복희의 역을 확장시킨 것으로 보고 '후천학(後天學)'이라고 불렀다. 그는 특히 전자를 더 중시하여 자신의 이론적 사유의 근간으로 삼았다.[60]

역학의 전통에서 보자면, 음과 양이 변화하는 양상은 천도(天道)의 운행, 특히 사계절의 변화를 구현하는 데에 활용된다. 더 나아가 이는 우주에 있는 만사만물의 변화를 음과 양의 변화로 귀결시킨다. 이러한 맥락에서 소옹도 상과 수로써 천지와 만물 속에 담겨있는 음과 양의 변화의 양상을 연역해낸다.

소옹은 상이 사물의 외재적 형태의 모사이고 수는 사물의 내재적 바탕의 모사라고 생각했다. 특히 수가 리와 상과의 관계에서 매개적 역할을 한다고 본다. 「관물외편」에서는 다음과 같이 말한다.

　『주역』의 수는 하늘과 땅의 시작과 끝을 다하는 것이다. 어떤 사람이 묻기를, "하늘과 땅도 시작과 끝이 있습니까?" 말하기를, "줄어들고 커지는 것이 있다면 어찌 시

八卦次序圖)」와 「복희육십사괘차서도(伏羲六十四卦次序圖)」, 「복희팔괘방위도(伏羲八卦方位圖)」와 「복희육십사괘방위도(伏羲六十四卦方位圖)」이다. 그림 2~5를 참조할 것.

60) 글자상으로 보면, 선천도가 먼저 생기고 후천도는 나중에 생긴 것 같다. 소옹이 보건대, 선천도는 복희가 그린 것이고 후천도는 문왕이 그린 것이다. 연대기의 순서로 보면 복희가 당연히 문왕보다 앞선 세대의 인물이다. 그러나 실제로는 그림이 생긴 순서로 보면 후천도가 먼저 생겼고 선천도가 나중에 생겼다. 즉 후천팔괘방위는 전국시대에 형성된 반면에, 선천팔괘방위는 소옹이 새로이 만들어낸 것이다.

작과 끝이 없겠는가? 하늘과 땅이 비록 크지만 역시 형기이니 두 가지 것이다."[61]

그는 선천도에서 제시된 수의 방식이 우주에 있는 모든 존재의 원리를 함축하고 있다고 본 것이다. 이것이 도상학에 함축된 알레고리적 함의에 속한다. 그러므로 그는 다음과 같이 결론을 내린다.

> 천하의 수는 리에서 나온다. 리에 위배되면 술수로 들어간다. 세상 사람들은 수로써 술수로 들어가므로 리를 잃어버린다.[62]

그는 리, 상, 수의 개념 중에서 리가 상과 수, 특히 수를 통해서 드러나지만 천지에 있는 만물의 이치인 리(理)가 가장 중요하다고 본다. 그러므로 그는 진정한 학문의 세계와 세속적인 술수의 차이를 선천의 관념적 리에 대한 인식에 초점을 맞추고 있다.

소옹의 팔괘차서도(八卦次序圖)는 팔괘가 형성되는 것을 설명할 뿐만 아니라 세계가 형성되는 과정도 설명한다. 그는 "하나가 둘로 나뉜다(一分爲二)"는 법칙으로써 하늘과 땅 및 만물이 형성되는 문제를 규정했다. 특히 그는 태극을 '하나(一)'로 간주하고 그것을 상과 수의 근원으로 보았다. 그는 수의 연역을 통해 8괘와 64괘의 형성, 더 나아가 우주의 형이상학적 도식을 설명했다. 그는 「관물외

---

61) 邵雍, 『皇極經世書』卷13, 「觀物外篇上」, "易之數, 窮天地終始. 或曰, 天地亦有終始乎? 曰既有消長, 豈無終始? 天地雖大, 是亦形器, 乃二物也."
62) 邵雍, 『皇極經世書』卷13, 「觀物外篇上」, "天下之數出於理, 違乎理則入於術. 世人以數而入術, 故失於理也."

편」에서는 다음과 같이 말한다.

> 태극은 하나로서 움직이지 않는데, 둘을 낳으면 둘이 신묘함이다. 신묘함이 수를 낳고 수가 상을 낳으며 상이 기를 낳는다.[63)]

> 태극이 움직이지 않는 것이 본성인데 발동하면 신묘함이고 신묘하면 수이고 수이면 상이고 상이면 기이다. 기의 변함이 처음에 신묘함으로 귀결된다.[64)]

태극의 이치는 신묘하므로 음과 양이 변화하여 예측하기 어려운 것이다. 그러나 이것은 구체적으로 수의 변화에서 체현되고 수의 변화의 양상에는 상의 변화가 있으며 상은 결국에 구체적인 사물의 생성과 변화를 드러낼 수 있다.

이를 선천의 도식에서 보면 선천도의 중심은 태극이며 태극으로부터 전체의 도식을 확장시킨다. 그 중앙에 위치한 태극은 그 횡도의 측면에서 말하면 '한 번 움직이면 한 번 고요한 사이라는 것(一動一靜之間者)'을 가리키는데, 그것이 중앙에 위치하는 것, 즉 움직이지도 않고 고요하지도 않기 때문에 태극이 된다. 그러므로 그의 선천학적 원리는 불변의 1 즉 태극에서 시작하여 음양, 사상 및 팔괘로 변화하는 수학적 방식을 취한다. 그는 태극의 본래의 성격은 움직이지 않는 것으로서, 일단 움직이면 둘을 낳고 둘이 있으면 그 변화가 신묘하여 예측하

---

63) 邵雍,『皇極經世書』卷14,「觀物外篇下」, "太極一也,不動. 生二, 二則神也. 神生數, 數生象, 象生器."
64) 邵雍,『皇極經世書』卷14,「觀物外篇下」, "太極不動, 性也, 發則神, 神則數, 數則象, 象則器. 器之變複歸於神也."

기 어렵다고 생각했다. 그는 2, 4, 8 등의 수가 음과 양, 강과 유의 효상보다 앞서 존재한다고 생각함으로써 형기(形器)와 같은 현상들의 생성과 소멸을 결국에는 홀수와 짝수의 신묘한 변화로 연역해낸 것이다.

또한 소옹은 「관물외편」에서는 다음과 같이 말한다.

> 역에 내적인 상이 있는데 리(理)의 수(數)가 이것이다. 역에 외적인 상이 있는데, 하나의 사물을 지정하지만 변하지 않는 것이 이것이다. 스스로 그러하여 바뀔 수 없는 것이 내적인 상이자 내적인 수이다. 그 밖의 것은 모두 외적인 상과 외적인 수이다.[65]

상과 수의 관계에 따르면, 괘상은 내적인 상으로서 내재적인 리의 수를 나타내면서도 외적인 상으로서 외재적인 구체적 사물을 나타내기도 한다. 전자는 홀수와 짝수가 변화하는 법칙을 가리키고, 후자는 하늘, 땅, 바람, 우레 등의 사물들이 변화하는 자연현상이다. 사물이 실제로 변화하는 수는 외적인 수이다. '리(理)의 수'의 원칙에 따르면, 수가 변화하는 규칙성이 하나가 둘로 나뉜다는 법칙이 내적인 수가 된다. 그러므로 소옹은 수의 변화에 있는 자체의 고유한 법칙을 중시하고 이것은 인간이 주관적으로 임의로 안배할 수 있는 성격의 것이 아니라고 본다. 그는 수의 변화에 관한 이러한 논리성을 근거로 하여 하늘의 원(圓)과 땅의 방(方)의 수를 '자연의 도(自然之道)'라고 규정한 것이다. 여기에 '취상귀류'의 방법에 따른 선천도의 선험성이 존재하는 것이다.

---

[65] 邵雍, 『皇極經世』 卷13, 「觀物外篇上」, "易有內象, 理數是也. 有外象, 指定一物而不變者是也. 自然而然不得而更者, 內象內數也. 他皆外象外數也."

더 나아가 유목처럼 소옹도 중궁(中宮)의 수를 태극으로 해석한다. 즉 하도와 낙서에 있는 5의 수, 즉 태극이 그 전체의 도식으로 확장된다. 태극의 중앙의 위치가 움직이지도 않고 고요하지도 않는, '한 번 움직이면 한 번 고요한 사이에 있는 것(一動一靜之間者)'이므로 모든 존재의 본원을 표상한다. 그의 선천학(先天學)의 논법에 따르면, 수는 리에서 나왔고 수가 리의 본질을 다 설명해낼 수 있는 것이다. 수(數)가 사물이 생성하고 변화하는 리(理)의 법칙이라면, 리는 사물의 이치나 조리(條理)로서 수의 규정성을 지닌다. 그러므로 그에게 수는 사물의 변화의 고유의 법칙성으로서, 만사만물이 생성하고 변화하는 순서나 규칙에 관한 경험 이전의 논리적 내용을 담고 있는 것이다. 그것은 단순히 기하학적 혹은 형상적 수가 아니다. 그렇다고 그것은 정주학에서 말한 천리(天理), 혹은 본성의 리, 본연의 리도 아니다. 소옹의 이러한 관점은 수의 선험적 법칙을 역설하는 일종의 알레고리적 해석이라고 이해될 수 있다.

소옹은 수의 선험적 원칙에 입각하여 선천도가 마음의 법(心法)이라는 결론에 도달한다. 「관물외편」에서는 다음과 같이 말한다.

> 선천의 학문은 마음의 법이다. 그러므로 선천도는 모두 중앙에서 나오고, 만 가지 변화와 만 가지 일은 마음에서 나온다.[66]

그는 중앙에 위치한 태극이 사람의 마음을 가리킨다고 보고 자신의 선천학(先天學)을 '마음의 법'이라고 규정한다. '마음의 법'은 천도의 수학적 법칙, 즉 하나

---

66) 邵雍, 『皇極經世書』 卷13, 「觀物外篇上」, "先天之學, 心法也. 故圖皆自中起, 萬化萬事生於心也."

가 둘로 나뉘고 둘이 넷으로 나뉘는 등의 연산원칙에 입각한다. 이 법칙에 따라 형성된 도식에는 문자의 서술이 없을지라도 하늘과 땅 및 만물의 이치를 함축적으로 갖추고 있다. 즉 하늘은 둥글고 땅은 네모나며 네 계절은 운행되며 만물이 흥망성쇠를 하며 인간의 변화무쌍한 사건들 모두가 그 속의 변화의 원리에서 파악될 수 있다고 본다. 「관역음」에서 그는 다음과 같이 말한다.

> 하나의 사물이 나타나 하나의 몸을 갖지만 하나의 몸에도 하나의 건곤(乾坤)에 있다. 만물이 나에게 깃추어져 있음을 알 수 있고 삼재를 잘 파악해서 따로 근본을 세운다. 하늘은 줄곧 하나 안에 있다가 체와 용으로 나뉘고, 사람은 마음에서 규율과 법칙을 일으킨다. 하늘과 인간에 어찌 두 가지 뜻이 있겠는가? 도는 헛되이 운행치 않으니 단지 인간에게 달려있을 뿐이다.[67]

이는 인간의 마음에 하늘과 땅, 건과 곤의 이치가 구비되어 있고, 하늘과 인간은 본래 둘이 아니며, 천도(天道)가 변하는 법칙이 바로 인간의 마음이 사유하는 법칙임을 말한 것이다. 이 견해에 따르면, 『주역』의 법칙은 괘효사와 괘효획에 앞서 존재하는 것이다. 이것이 그가 말한 "반드시 획 이전의 역이 있고 그것을 제거한 후에는 더욱이 어떠한 시도 없음을 믿어야 한다"[68]는 내용이다. '획 이전의 역'이란 바로 선천도를 가리킨다. 그는 「관삼황음」에서 다음과 같이 말한다. "크나큰 건괘와 곤괘가 나로부터 베풀어지니, 건괘와 곤괘 외에 다시 무엇을 말

---

67) 邵雍, 『伊川擊壤集』, 「觀易吟」, "一物其來有一身, 一身還有一乾坤. 能知萬物備于我, 肯把三才別立根. 天向一中分體用, 人于心上起經綸. 天人焉有兩般義, 道不虛行只在人."
68) 『伊洛淵源錄』 卷9, "必信畫前元有易, 自從刪後更無詩."

하겠는가? 처음부터 크나큰 도를 나눈 것은 항상된 도가 아니다. 그래서야 선천이 있고 아직 후천은 없는 것이다."[69] 그러므로 그에게는 선천학은 마음의 본질인 반면에, 후천학은 그 본질의 구현 즉 일종의 자취이다. 따라서 그 도(道)는 음과 양이 변화하는 법칙으로서, 만사만물의 생성과 소멸의 과정을 성인의 마음에서 인식하는 방법이라고 할 수 있다. 이러한 점에서 소옹의 선천도는 세계인식의 선험적 측면을 담고 있다.

소옹의 선천도에서는 우주에 있는 모든 사물들은 상과 수의 관계로 설정하고, 수학적 법칙은 마음의 본래의 법으로서 선험적인 것이자 보편적인 규정성을 지닌다. 그는 수의 변화와 연산의 규칙성을 보편적 사유 자체와 그 활동의 토대로 삼고자 했다. 그의 선천학은 수(數)의 선험적 특수성을 형식적 매체로 삼아 우주의 생성과 변화 및 그 속의 시공간의 구조를 해석한 것이라고 말할 수 있다. 그의 수의 논리적 내용은 천지의 수(天地之數), 원방의 수(圓方之數), 인응천수(人應天數), 체사용삼의 수(體四用三之數) 등이 있다. 그는 수가 음과 양이 변화하는 구체적 방식이라고 생각한다. 수는 만사만물이 변화하고 발전하는 과정을 드러나는 양적인 척도이다. 자연의 순환현상이든지 인간사회의 흥망성쇠이든지 간에 모두 수의 원리에 따른 것으로 본다. 그의 상수역학은 수와 그에 대한 도식을 통해 천지와 만물의 형이상학적 본령이 무엇인지를 밝히려는 시도이다. 이는 송대철학의 특징인 이른바 본체와 그 활용의 관계 즉 '명체달용(明體達用)'의 방식

---

69) 邵雍, 『伊川擊壤集』, 「觀三皇吟」, "許大乾坤自我宣. 乾坤之外復何言. 初分大道非常道, 才有先天未後天."

을 토대로 하는 성명학(性命學)의 일환이라고 할 수 있다.

　더 나아가 소옹은 우주의 조화나 사회질서에 관한 선험적 원리를 괘기도의 순서 속에서 찾으려 했다. 여기에 알레고리적 계도를 담은 자신의 경세관(經世觀)을 반영했다. 예를 들어, 역사적으로 중요한 사건들 즉 요, 순, 우, 탕의 사건들에서 송대의 조광윤(趙匡胤)이 황제가 되기 전까지의 사건들을 하나하나 고찰하기도 했다. 그의 도상학적 해석에 따르면, 하늘과 땅 및 인간의 도는 가장 근본적이고도 보편적인 것으로서, 한 번 음하면 한 번 양하는 양상의 법칙을 지닌다는 것이다. 특히 그는 선천도, 방원도 등과 같은 일종의 괘기도에서 괘의 순서에 의거하여 괘상을 시간의 범위에서 분배시키고 이 속에서 천도(天道)와 인도(人道)의 관계를 모두 설명하고자 했다. 이는 '취상귀류'의 방법론에 입각한 것으로서, 괘상의 순서라는 특수한 선험성 속에서 천도와 인도의 보편성 즉 천인합일의 대명제를 확보하려는 알레고리적 해석의 일환이라고 할 수 있다.

6. 하락도(河洛圖)와 수리성(數理性)의 표상방식

　송대 도서학파(圖書學派)의 이론에서 중요한 내용 중의 하나는 하락도, 즉 하도와 낙서의 그림[70]에 관한 해석이다. 이에 관한 학문적 논변을 하락학(河洛學)이라고 불린다. 이른바 하락학은 하도와 낙서의 수를 각각 '하늘과 땅의 수(天地之數)'와 '대연의 수(大衍之數)'와 같은, 『역전』에 있는 수의 연역방식과 「홍범」의 구주(九

---

70) 그림 6~7을 참조할 것.

疇의 원리와 연관시키고 이를 토대로 하여 우주생성과 변화의 방식을 도식화한 학풍을 가리킨다.

하락도에 관해서는 역사적으로 그 기원과 해석의 진위여부에 대한 수많은 논변이 있어왔다. 이러한 사실과는 별도로 그것은 천체의 운행질서에 관한 원리와 그 속에서 인간의 위상을 이해하려는 인간인식의 산물이다. 이는 인간의 존재론적 문제의식에서 출발하여 자아실현의 수학적 준칙과 그 강령을 마련하려는 취지인 것이다. 이와 같이 하락도의 수 개념과 그 연역방식은 태극도와 선천도의 그것과 함께 우주론 혹은 세계관의 도식에 중요한 축으로 자리잡게 되었다.

역학의 역사에서 하락학의 논점은 북송시대 진단(陳搏)을 필두로 하는 상수역학자들이 하도(河圖)와 낙서(洛書)의 도식을 어떻게 이해하여 나름대로의 이론적 토대를 마련했는가 하는 점이다. 철학사에서는 유목, 소옹의 이수관(理數觀) 및 이에 대한 주자학의 흐름, 특히 채원정과 그의 아들인 채침의 하락관(河洛觀)이 중요하다. 특히 주목할 만한 점은 하도(河圖)와 낙서(洛書)의 도식에서 거론된 괘효상(卦爻象)과 홍범구주(洪範九疇)의 원리와 그 수(數)의 범주에 착안하고, 이를 통해 세계의 구도에 대한 수학적 연역방식을 도출했으며, 더 나아가 이를 자신들의 세계관에 중요한 논거로 삼은 것이다. 이는 남송시대의 세계관과 역학의 체계의 상관성을 전제로 하여 수본론과 상수역학의 맥락에서 이해될 수 있다.[71]

제일 먼저, 송대에 도서학파(圖書學派)를 창시자인 유목은 진단(陳搏)의 용도(龍圖)를 계승하여 하락학(河洛學)의 이론을 발전시켰다. 그는 특히 수(數)가 사물의

---

71) 송대의 홍범학에 관해 張兵의 『洪範詮釋硏究』, (濟南: 齊魯書社, 2007), 106~108쪽.

변화과정을 규정한다고 보고 수의 도식을 통해 세계의 구도를 해석하고자 했다.[72] 그는 상(象)과 수의 관계에서 상은 수에서 설정된다는 입장에서 「계사전」의 내용을 근거로 하여 다음과 같이 말한다.

> 그 수를 다하는 것이 하늘과 땅의 수를 다하는 것이다. 하늘과 땅의 궁극적 수가 55라고 말한다. "마침내 천하의 상을 정한다"는 말은 하늘과 땅의 수가 이미 설정되면 상이 그에 따라 정해진다는 것이다.[73]

이는 수가 괘상과 만사만물의 상보다 우선하고 수가 사물이 변화하는 일련의 과정을 규정하며 천지에 있는 만물의 중요한 요소를 구성한다는 내용이다. 괘상이나 사물의 형상은 모두 '하늘과 땅의 수' 즉 1부터 10까지의 홀수와 짝수에서 유래한다고 본 것이다. 유목은 한대 역학의 괘기설(卦氣說)과 구궁설(九宮說)에 입각하여 '하늘과 땅의 수'로써 하도와 낙서의 수를 풀이한다. 그는 구궁도(九宮圖)를 형이상학적 도(道)로서 하도로 규정하고 오행생성도(五行生成圖)를 형이하하적 기(器)로서 낙서라고 규정했다. 여기에서 '하구낙십(河九洛十)'의 관점을 도출한다. 즉 하도를 9의 수에 입각한 구궁도(九宮圖)로 보고 낙서를 10의 수에 입각한 오행생성도(五行生成圖)로 본 것이다. 특히 그는 중궁(中宮)의 천(天)의 수 5를 변화의 주축이라고 생각했다. 중궁의 수는 그 도식의 한가운데에 자리잡고 있으면서 음양이 사상(四象)을 낳는 중심이 된다. 그는 하도에 있는 1·3과 2·4를

---

72) 張其成,「中國數本論學派」,『國際易學硏究』, 5(1999), 164~165쪽.
73) 劉牧,『易數鉤隱圖』8,「地四右生天九」, "極其數者, 爲極天地之數也. 天地之極數五十有五之謂也. 遂定天下之象者, 天地之數旣設, 則象從而定也."

음양으로, 6·7·8·9를 사상으로 보았으며, 한대의 역학처럼 감괘(坎卦), 리괘(離卦), 진괘(震卦), 태괘(兌卦)를 네 정괘(正卦)로써 하도의 팔괘 방위를 설명했다. 또한 그는 오행의 기(氣)와 수(數) 개념을 연관시켜 "만물을 생기게 하는 것은 목과 화의 수이고 만물을 이루게 하는 것은 금과 수의 수이다"[74]라고 말한다. 이는 하도와 낙서의 수를 조화시키고 하도와 낙서의 수 자체가 세계의 형성과 만물의 변화에 관한 도식임을 주장한 것이다.

주희와 채원정은 하도와 낙서에 자연적인 하늘과 땅의 이치가 존재한다고 생각했다. 주희는 『역전』에 있는 하늘 1, 땅 2, 하늘 3, 땅 4로부터 '하늘과 땅의 수' 55까지는 공자가 하도의 수를 설명한 것이라고 생각했다. 하늘과 땅 사이에 오직 하나의 기가 있을 뿐이며 그것이 나뉘어 변화하여 음과 양이 되고, 그러므로 오행과 만물 모두가 여기에서 생겨난다는 것이다. 『역학계몽』에서는 하도와 낙서의 관계에 대해 다음과 같이 말한다.

> 하도는 다섯 개의 생수(生數)로 다섯 개의 성수(成數)를 통솔하고 그것들이 동일한 방위에 처하고 있다. 이는 그 온전함을 사람에게 계시하여 그 항상됨(常)을 말하기 때문이므로 수의 체(體)이다. 이에 비해 낙서는 다섯 개의 홀수로써 네 개의 짝수를 통솔하고 그것들이 각기 자기들의 자리를 차지하고 있다. 이는 양을 주인으로 삼아 음을 통할하여 그 변화를 일으키기 때문이므로 수의 용(用)이다.[75]

---

74) 劉牧, 『易數鉤隱圖遺論九事』 3, 「大衍之數五十」, "生萬物者, 木火之數也, 成萬物者, 金水之數也."
75) 『易學啓蒙』, "河圖以五生數統五成數而同處其方, 蓋揭其全以示人而道其常, 數之體也. 洛書以五奇數統四偶數而各居其所, 蓋主於陽以統陰而肇其變, 數之用也."

하도에서 방위의 배열에서 수의 연역방식을 설명하자면, 하늘은 1로써 수(水)를 낳고 땅은 6으로써 그것을 이룬다. 땅은 2로써 화(火)를 낳고 하늘은 7로써 그것을 이룬다. 하늘은 3으로써 목(木)을 낳고 땅은 8로써 그것을 이룬다. 땅은 4로써 금(金)을 낳고 하늘은 9로써 그것을 이룬다. 하늘은 5로써 토(土)를 낳고 땅은 10으로써 그것을 이룬다. 이 수들은 하나씩 배합되어 오행의 상생(相生)순서를 체현한다. 즉 동쪽에서 남쪽까지는 목이 수를 낳고, 남쪽에서 중앙까지는 화가 토를 낳고, 중앙에서 서쪽까지는 토가 금을 낳고, 서쪽에서 북쪽까지는 금이 수를 낳는다. 그중에서 천수(天數)는 25이고 지수(地數)는 30이므로 하늘과 땅의 수를 합하여 하도의 전체의 수를 이룬다. 하도는 이처럼 전체의 수로써 8괘를 낳는 것이다.

낙서의 경우에, 주희와 채원정은 낙서가 우임금 시대에야 비로소 세상에 나온 것이며, 이것이 바로 우임금이 『홍범』의 구주(九疇)를 지은 근거라고 생각했다. 낙서는 오행과 방위로써 배합된다. 그 순서로는 1과 6은 수(水)로서 북쪽에 위치하고, 2와 7은 금(金)으로서 남쪽에 위치하고, 3과 8은 목(木)으로서 동쪽에 위치하고, 5와 10은 토(土)로서 중앙에 위치한다. 이 수들은 오행이 서로 이기는(相勝) 순서를 체현한다. 즉 북쪽에서 서쪽까지는 수가 화를 이기고, 서쪽에서 남쪽까지는 화가 금을 이기고, 남쪽에서 동쪽까지는 금이 수를 이기고, 동쪽에서 중앙까지는 목이 토를 이기고, 중앙에서 북쪽까지는 토가 수를 이긴다.

이처럼 하도와 낙서의 수 및 위치가 서로 다르다. 주희의 견해에 따르면, 하도는 다섯 가지 생수(生數)로써 다섯 가지 성수(成數)를 통괄하여 각각 일정한 방향성을 지니는데, 이는 전체의 수를 사용하여 "상수의 체(常數之體)"를 나타낸다.

반면에 낙서는 다섯 가지 홀수로써 짝수를 통괄하는데 이는 양으로써 음을 통괄하여 "변수의 용(變數之用)"을 나타낸다.

주희의 제자이자 채원정의 아들인 채침은 한걸음 더 나아가 하도낙서설을 정립했다. 그의 하락학의 특징은 하도를 『주역』의 계통에 속하고 낙서를 「홍범」의 계통에 속한다고 생각하고, 「홍범」의 구주(九疇)가 구궁도(九宮圖)에 기본하며 낙서의 구궁의 원리가 수의 본원이자 구주의 원천이라고 주장한다. 상수역학의 전통적 맥락에서 그는 「계사전」의 '하늘과 땅의 수'와 「홍범」의 오행의 수를 결합하여 이론을 전개한다.

우선, 『홍범황극내편』의 서문에서 그는 하락관(河洛觀)을 다음과 같이 제시한다.

> 하늘과 땅이 하는 일을 드러내어 보여주는 것은 『주역』의 상이고, 하늘과 땅이 하는 일을 운용 원리로 삼고 있는 것은 「홍범」의 수이다. 수는 1에서 시작하고, 상은 2에서 이루어진다. 1은 홀수이고 2는 짝수이다. 홀수는 수가 진행하는 까닭이며, 짝수는 상이 성립하는 까닭이다. 그러므로 2이면서 4이고 4이면서 8이니, 8이라는 것은 팔괘의 상이다. 1이면서 3이고, 3이면서 9이니, 9라는 것은 구주(九疇)의 수이다.[76]

『주역』의 상은 짝수에 기본하고, 「홍범」의 수는 홀수에 기본한다는 것이다. 그래서 괘상은 2를 바탕으로 4가 되고, 4를 바탕으로 8이 되는 과정을 거쳐 형

---

[76] 蔡沈, 『洪範皇極內篇』 卷1, "體天地之撰者, 易之象. 紀天地之撰者, 範之數. 數者始於一, 象者成於二. 一者奇, 二者偶也. 奇者數之所以行, 偶者象之所以立. 故二而四, 四而八, 八者八卦之象也. 一而三, 三而九, 九者九疇之數也."

성된다. 이것이 거듭하여서는 64괘가 되고, 이를 다시 거듭하여서는 4,096개의 괘가 된다. 또한 「홍범」은 1을 바탕으로 3이 되고, 3을 바탕으로 9가 되는 과정을 거쳐 형성된다. 이것이 구주(九疇)의 수가 되었으며, 9에 9를 곱하면 81이 되고, 81을 제곱하면 6,561이 된다.[77] 여기에서 64괘에 관한 연역방식은 『역학계몽』에서 제시된 괘변설[78]을 수용한 것이다. 반면에 「홍범」의 구주에 관한 연역방식은 양웅(楊雄)으로부터 시작되는 전통적 상수역학의 영향을 받은 것이다.

채침은 하도를 둥근 원의 형상으로 보고 낙서를 네모의 형상으로 본 소옹의 견해[79]에 입각하여 하도와 낙서의 차이에 대해 다음과 같이 말한다.

> 하도에서 체는 원(圓)이고 용은 방(方)이다. 성인은 이를 바탕으로 팔괘를 그렸다. 낙서에서 체는 방(方)이고 용은 원(圓)이다. 성인은 이를 바탕으로 구주(九疇)를 서술하였다. 팔괘란 음양의 상이고, 구주란 오행의 수이다. 상은 짝수가 아니면 세워지지 않고,

---

77) 蔡沈, 『洪範皇極內篇』卷1, "由是重之, 八而六十四, 六十四而四千九十六, 而象備矣. 九而八十一, 八十一而六千五百六十一, 而數周矣."
78) 즉 "한 괘를 위주로 하지만 각기 64괘를 갖추고 있으니 무릇 4,096괘가 되며, 이는 초공의 『역림』과 합치된다.(朱熹/蔡元定, 『易學啓蒙』, "以一卦爲主, 而各具六十四卦, 凡四千九十六卦, 與焦贛易林合.")" 초공(焦贛)의 『역림(易林)』에서도 하나의 괘가 64괘로 바뀌는 방식에 착안하여 모두 4,096괘를 제시한다.
79) 그는 「관물외편」에서는 다음과 같이 말한다. "대개 원이란 하도의 수이고 방이란 낙서의 글이다. 그러므로 복희와 문왕이 이로부터 『주역』을 만들었고 우왕과 기자는 이를 순서로 하여 홍범을 만들었다.(邵雍, 『皇極經世』, 「觀物外篇」, "蓋圓者河圖之數, 方者洛書之文. 故羲文因之而造易, 禹箕敍之而作範也.")" 그는 육십사괘원도가 하늘을 본뜨고 육십사괘방도는 땅을 본뜨며, 하늘은 둥글고 땅은 네모나서, 하늘과 땅은 서로 포함한다고 보았다. 따라서 그는 육십사괘방원합일도(六十四卦方圓合一圖)에서 육십사괘방도를 육십사괘원도의 중앙에 배치한 것이다.

수는 홀수가 아니면 운용이 되지 않는다. 이렇게 홀수와 짝수가 나눠지는 것이 상과 수의 시작이다.[80]

팔괘는 하도의 상에서 나왔고 구주(九疇)는 낙서의 수에서 나왔으며, 하도는 음양이라는 짝수의 상을 표상하고 낙서는 오행이라는 홀수의 수를 표상한다. 그러므로 낙서의 홀수가 수의 근원이며 하도의 짝수가 상의 근원이 된다. 하도는 체가 원(圓)이고 용이 방(方)이며, 낙서는 체가 방이고 용이 원(圓)이라는 것이다. 그러므로 하도의 수에서 2, 4, 8 등의 짝수가 방을 상징하는 수이며, 낙서의 수에서 1, 3, 9 등의 홀수가 원(圓)을 상징하는 수이다. 따라서 하도에서 용수(用數)가 짝수이므로 『주역』에는 음과 양이 서로 짝이 되는 괘상이 있고, 낙서에서 용수(用數)가 홀수이므로 「홍범」에는 오행의 순환이 있다는 것이다. 그러므로 채침이 말하는 '하도는 짝수이고 낙서는 홀수이다(河偶洛奇)'는 논점은 바로 체와 용의 본체론적 관계에 입각한 하락도의 운용방식을 설명한 것이다. 이것은 '하십락구(河十洛九)'의 주자학(혹은 채원정)의 논점을 발전시킨 '하상락수(河象洛數)' 혹은 '하우락기(河偶洛奇)'의 논점이다.

이를 바탕으로 하여 채침은 하락도의 논리가 상과 수의 관계에 기본한다는 점을 이해해야 우주론의 도식을 해석할 수 있다고 생각했다. 이에 관해 그는 다음과 같이 구체적으로 논증한다.

---

80) 蔡沈, 『洪範皇極內篇』 卷2, 「中」, "河圖體圓而用方, 聖人以之而畫卦. 洛書體方而用圓, 聖人以之而敘疇. 卦者陰陽之象也, 疇者五行之數也. 象非耦不立, 數非奇不行. 奇耦之分, 象數之始也."

하도는 홀수가 없는 것이 아니지만 그 용(用)은 짝수에 존재한다. 낙서는 짝수가 없지 않지만 그 용은 홀수에 존재한다. 짝수란 음과 양이 대대하는 것이고 홀수란 오행이 교대로 운행하는 것이다. 대대란 어느 한쪽만으로 될 수 없으며 교대로 운행함이란 완전히 끝날 수 없다. 천지의 형체, 사시의 형성, 인간과 사물의 생성, 만 가지 변화의 응어리짐이 오묘하지 않은가!⁸¹⁾

하도의 수에서는 1과 6, 2와 7, 3과 8, 4와 9 등이 모두 각각 서로 짝이 되어 그 용(用)이 짝수임을 드러내고 있다. 반면에 낙서의 수에서는 1, 3, 5, 7, 9가 네 정립(正位) 혹은 중립(中位)를 차지하고 있고 오행의 상생과 상극의 순서를 나타내므로 그 용(用)이 홀수임을 드러내고 있다. 그 양자는 서로 보완하고 서로를 이루어 천지에 있는 만물을 화생하는 근본이 된다. 그러므로 하도의 상은 체가 되어 고요함(淨)을 위주로 하는 반면에, 낙서의 수는 용이 되어 움직임(動)을 위주로 한다. 특히 그는 상이라는 것이 하도의 짝수에 근본한다는 점에서 낙서의 수는 물론이고 하도의 상도 수의 규정성 자체의 성격을 지닌다고 생각한다. 이것이 '취상귀류'의 방식에 입각한 '하정락동(河靜洛動)'의 본체론적 논점이자 '하상락수(河象洛數)'의 관점을 발전시킨 성과이다.

채침의 이러한 관점은 '리(理)의 수'를 일체 사물의 본원으로 여기는 것이다. 리가 기보다 우선하며 기가 형(形)보다 우선하지만, 형, 기 및 리는 모두 수의 규정성 즉 '형(形)의 수(數)', '기(氣)의 수(數)', '리(理)의 수(數)'를 지닌다. 따라서 리의 수

---

81) 蔡沈, 『洪範皇極內篇』 卷2, 「中」, "河圖非無奇也, 而用則存乎耦, 洛書非無耦也, 而用則存乎奇. 耦者, 陰陽之對待乎. 奇者, 五行之迭運乎. 對待者不能孤, 迭運者不可窮. 天地之形, 四時之成, 人物之生, 萬化之凝, 其妙矣乎."

는 리 속에 함유된 수의 규정성이며, 이 때문에 리의 수는 바로 만사만물의 존재와 그 양태를 계측할 수 있는 척도가 되는 것이다. 그는 다음과 같이 말한다.

> 사물에는 그 법칙이 있는데, 수(數)가 세상에 있는 사물의 법칙을 다한다. 또한 일에는 그 리(理)가 있는데, 수가 세상에 있는 일의 리(理)를 다한다. 수를 얻으면 그 속에 사물의 법칙과 일의 리(理)가 존재하지 않음이 없다.[82]

만사만물에는 고요함과 움직임과 같은 본질적 속성이나 특성을 지니며 이는 일정한 법칙이나 이치로 성립한다. 그 법칙과 이치는 일정한 방식, 즉 수의 단위로 측정될 수 있고 수의 기호로 표시될 수 있다. 리와 수는 통일적 관계를 지니며, 특히 수는 모든 존재가 합당한 속성과 위치를 지니는지의 여부를 가늠하는 계측의 형식이라고 할 수 있다. 그는 리와 수의 통일적 관계를 통해 수가 단순한 형식논리를 넘어서는 일종의 존재론적 수치임을 강조한 것이다. 이를 체용관(體用觀)으로 표현하면, 사물의 수는 리(理)의 오묘한 용(用)을 함유하며 리(理)는 사물의 수(數)의 실제적 체(體)에 의존한다. 이러한 의미에서 그는 리(理)와 수(數)를 동일선상에서 이해하고 있다고 할 수 있다.

채침은 수의 강령이 하늘과 땅의 시공간과 인간사회의 흥망성쇠에 반영되어 있다고 생각한다.[83] 소옹의 선천학(先天學)처럼, 채침은 1이 수의 근원으로서 태

---

82) 蔡沈, 『洪範皇極內篇』 卷2, 「中」, "物有其則, 數者盡天下之物則也. 事有其理, 數者盡天下之事理也. 得乎數, 則物之則事之理無不在焉."
83) 蔡沈, 『洪範皇極內篇』 卷2, 「中」, "數始於一, 參於三, 究於九, 成於八十一, 備於六千五百六十一. 八十一者, 數之小成也. 六千五百六十一者, 數之大成也. 天地之變化, 人事之始終, 古今之因革, 莫

극이라고 본다. 태극의 1이 만사만물의 생성과 변화의 근원이며 음과 양의 두 가지 기(氣) 및 천지만물보다 앞서 존재한다. 그러나 소옹이 변역의 수(易數)에 따라 '하나가 둘로 나뉘는(一分爲二)' 연산법칙에 주목하는 반면에, 채침은 3을 배수로 하는 연산법칙에 초점을 맞춘다. 그에게 수는 모든 존재의 근원이자 이를 인식하는 척도이다. 그는 특히 홀수 1과 9는 만사만물에 앞서 존재한다는 형이상학적 수학의 어떤 것으로 보았다. 이를 토대로 하여 그는 우주의 생성과 변화의 흐름, 그리고 여기에서 파생되는 인간사회의 양상을 천도(天道)와 인도(人道)의 관계에 입각하여 수의 논리로 설명한다. 이는 '취상귀류'의 방식에 입각한 수리성(數理性)의 알레고리로 이해될 수 있다. 즉 우주가 생성되기 전에 적막하고 근원적 상태가 수의 본원(數之原)이며, 음양에서 사상으로 전개되는 과정이 수의 분화(數之分)이며, 천지의 상응적 양상이 수의 드러남(數之著)이며, 사계절의 순환, 다섯 가지 기 흐름, 만사만물의 변화가 수의 화함(數之化)이다. 더 나아가 인도의 차원에서 보면, 인간사회의 양상 중의 하나인 오륜의 관계는 수(數)의 교화(數之敎)이며, 천도(天道)의 원리에 입각하여 구야(九野), 구주(九州), 구행(九行) 등의 천지인의 관계로부터 구품(九品), 구정(九井), 구족(九族), 구예(九禮) 등의 인간사회의 유대관계까지 모두가 수의 헤아림(數之度)인 것이다.[84] 이는 하락학의 수리성 속에서 천인합일의 이념을 구현하려는 알레고리적 계도의 일환이라고 할 수 있다.

不於是著焉."
84) 김연재, 「洪範皇極內篇」에 나타난 蔡沈의 數本論과 그 세계관 — 宋代 象數易學의 사유지평을 중심으로」, 『유교사상연구』, 42(2010), 65~66쪽.

7. 나오는 말

동아시아의 사상과 문화에서 공통의 세계관을 찾는다면 그것은 '천인합일'의 대명제일 것이다. 학자들은 천도(天道)와 인도(人道) 사이에는 어떤 동일성 즉 '천인합덕(天人合德)'의 논거가 있다고 보고, 이를 인간이 구현해야 할 보편적 이념으로 삼아 인간의 정체성(identity)과 대의명분을 찾으려 했다. 이러한 정체성은 인간의 존재론적 문제와 형이상학적 가치론으로 귀결된다. 학자들은 우주의 궁극적 차원에서 인간의 현실적 존재를 설명하면서, 다른 한편으로는 인간의 도덕적 가치를 우주의 궁극적 차원으로 끌어올림으로써 인간의 본질, 의미 및 의의를 확립하고자 했다.

특히 송대에는 그 어느 시내보다도 인간사회의 문제의식이 고양되고 그에 따라 도덕규범의 강령에 대한 사회적 요구가 한층 강화되었다. 학자들은 인간사회의 현상들 속에 대립과 모순의 양상들이 존재하고 있음을 새삼 인식했으며, 현실적으로 양립하기도 하고 양립불가능하기도 하는 일련의 양상들(즉 본질과 현상, 필연과 우연, 영원과 순간, 내면과 외면, 질과 양 등)을 도(道)와 기(器), 형이상과 형이하, 리(理)와 기(氣) 등의 범주들로써 설명하고 그 대립과 모순의 관계를 해결하고자 했다. 그러므로 그들은 모든 생명체의 존재론적 규준을 천체의 운행과 그 질서의 방식에서 모색하고 그 속에서 인간의 존재와 그 본질적 가치의 문제를 도출하고자 했다. 특히 인간을 포함한 만사만물의 모든 존재는 우주의 본원적 실체로부터 파생되어 변화하는 일련의 시공간적 흐름의 과정 속에서 이해되었다. 이는 결국에 '이일분수(理一分殊)', '체용일원(體用

一源' 등과 같은 방법론을 낳았으며 '본체론(本體論)'이라는 사유방식의 지평을 열었다.

당시에 도상학의 등장은 세계 혹은 우주에 대한 이미지의 구현이다. 이는 인간이 인식한 것을 묘사하는, 단순히 수동적 의미의 재현적 도구만이 아니라 인간의 인식의 규준을 제공하는 능동적 의미의 표현적 담지체인 것이다. 특히 상(象)과 수(數)의 물리적 특성은 의미를 함축하는 담지체로서 인간의 주체가 세계를 인식하는 단서가 된다. 송대의 도상학이 인간 주체의 단순한 발명품이라든가, 아니면 인간의 의지에 의해 사용되는 중립적 도구가 아니다. 도상은 인간과 세계를 매개하는 양식으로서 인간과 세계의 관계망에서 쌍방향성의 연결통로의 역할을 한 것이다. 그것은 당시의 세계관에 관한 알레고리적 정보와 지식을 제공한 것이라고 할 수 있다.

도상학과 그 속에 표상된 세계는 송대의 정치사회적 맥락에서도 이해될 수 있다. 당시에 역사의식과 자존심이 침식당하고 지리적 공간에서도 의미상의 변화가 일어났다. 그러므로 기존의 세계에 대한 새로운 각성과 더불어 도상학의 시공간적 축약의 세계를 이해하려는 경향성을 보인다. 이는 인식 주체의 내면적 의식의 차원에서 도상학적 특수성에 담긴 경험초월적 보편성에 주목한 것이며, 더 나아가 세계관의 이론적 이해와 그 실현의 가능성에 대한 보다 근원적인 정당성을 확보하려는 시도라고 할 수 있다. 그러므로 세계관의 도상학적 확립은 객체 혹은 자연에 대한 주체의 인식이 사회적 작용 속에서 타자와의 의사소통과 그 실천적 합리성을 확보하려는 계기가 되었다고 할 수 있다. 여기에서 우주의 원리, 세계의 변화 및 사회현상들에 관한 보편과 특수의 상관성에 주목하는

송대 상수역학의 이론적 사유의 수준을 단적으로 엿볼 수 있다.[85]

이는 당시 사회의 공적인 합리적 인식 즉 세계관을 형성하는 주요 계기가 되었으며, 더 나아가 그 시대에 관념적 사유능력을 필요로 하는 경험적 사태와 맞물려 있다. 도상에서 전달하고자 하는 정보 즉 의미나 내용과는 무관하게 정보가 전달되는 체계 그 자체가 일차적으로 중요한 의미를 지닌다. 물론 글자언어로도 충분히 추상적 사유가 가능하지만, 도상이 언어적 맥락을 넘어서 관념론적 사유와 그 전개과정을 표달하거나 이해하는 데에 보다 효과적인 기제로 작용할 수 있다. 이와 같이 도상학은 당시에 현실인식의 일정한 경향성, 즉 사회적 이념을 형성하는 데에 가치적 혹은 실체적 무게를 두고 세계관의 확립과 이에 대한 의사소통에 중요한 축을 담당하게 되었다.

이처럼 도상학은 시대적 혹은 사회적 욕구를 표출하고 충족하려는 시도의 단면을 보여준다. 도상학에게서 진정한 세계관이나 참다운 인간관을 계도하고 계몽하는 효과를 기대하고 이를 충분히 이론화할 수 있었던 것도 이러한 욕구를 충족시킬 수 있었던 태극도, 선천도 및 하락도와 같은 매체의 역할과 이를 해석하는 알레고리적 내용을 파악했기 때문일 것이다. 도상 안에서 구체적이고도 세부적인 영역을 분석하고 도상 전체의 의미체계를 이해함으로써 그 속에서 그 전체적인 유형구조가 투영되어 있다. 구체적으로 말해, 도상들 각각에서 상(象)과 수(數)의 연계성이나 중층적인 의미의 구조가 이해되고 그 구조 속에 전

---

[85] 김연재, 「洪範皇極內篇」에 나타난 蔡沈의 數本論과 그 세계관-宋代 象數易學의 사유지평을 중심으로」, 『유교사상연구』, 42(2010), 77~78쪽.

체적인 의미의 연관을 도출한 것이다. 이는 도상의 세부적 분석은 물론이고 태극, 음양, 오행, 팔괘 및 이들의 상관성에 따른 방위, 절기 등으로 구성되는 도상의 구성요소들의 구조, 그 함의 및 역사적인 발생의 관계를 바탕으로 하여 역학의 역사에서 공시적(共時的)이고도 통시적(通時的)인 종합적 해석이 담겨있는 것이다.

역도학(易圖學)은 역사적으로 '취상귀류'의 방식에 입각한 도상 혹은 도식의 고유한 해석체계와 그 접근법을 지니고 있었고, 그렇기 때문에 후대에 이들을 전달 혹은 소통되는 과정에서 그 나름대로의 실체성을 그대로 간직할 수 있었다. 이는 역도학이 시공간을 초월하여 경전과 그 풀이과정 사이에서 동일한 이해의 기제로 작동했음을 의미한다. 그러므로 역도학에서 알레고리와 같은 표상적 방식은 이론적 사유의 현재성(presentness)을 지속적으로 유지하는 데에 중요한 역할을 한다. 그러므로 송대 이후에 역도학과 관련한 역대의 논변은 세계관에 함유된 이론적 사유의 본령과 내용을 효과적으로 전달하고 소통시킬 수 있었다. 특히 알레고리가 어떤 표상의 방식을 통하여 특정의 암유적 계도나 교훈을 효과적으로 전달하거나 소통시킨다는 관점에서 보자면, 역도학은 이른바 도학의 취지와 내용을 간명하고도 포괄적으로 함축하는 담지체이며 오늘날에서도 성리학적 세계관의 성격과 특색을 이해하는 알레고리적 해석의 측면을 제공하고 있다. 그러나 이러한 도상학에 관한 연구는 다른 학문들에서 그와 같은 분야만큼이나 진행되고 있지 않은 실정이다. 역도학은 하나의 독특한 도상학의 분야로서 매체철학으로서의 중요한 측면이 있음에도 불구하고 인간관 혹은 도덕윤리관을 이해하기 위한 단순한 수단에 불과한 것으로 간주되고 있다.

참고문헌

『周易』, 十三經注疏本.
周敦頤, 『太極圖說』, 『周濂溪集』, (北京: 中華書局, 2010).
邵雍, 『邵雍集』, (北京: 中華書局, 2010).
朱熹/蔡元定, 『易學啓蒙』, (臺北: 武陵, 民國 78).
蔡沈, 『洪範皇極內篇』, 『性理大全書』, 제24~25권.
徐芹庭, 『易圖源流 - 中國易經圖書學史』, (北京: 中國書店, 2008).
黎靖德 編, 『朱子語類』, (湖南: 岳麓書社, 1997).
朱伯崑, 『易學哲學史』4권, (北京: 崑侖, 2005).
呂紹綱, 『周易闡微』, (長春: 吉林大學, 1990).
張兵, 『洪範詮釋研究』, (濟南: 齊魯書社, 2007).
董玉整 主編, 『中國理學大辭典』, (暨南: 暨南大學, 1996).
朱伯崑 編, 『易學基礎敎程』, (北京: 九州出版社, 2001).
맥퀸, 존, 『알레고리』, 송락헌 역, (서울: 서울대학교 출판부, 1980).
김연재, 「洪範皇極內篇에 나타난 蔡沈의 數本論과 그 세계관 - 宋代 象數易學의 사유지평을 중심으로」, 『유교사상연구』, 42(2010).
_____, 「全一論的 思惟에서 본 『易傳』의 세계관과 人間學的 地形圖 - 윤리학적 본령과 그 동아시아적 가치를 중심으로」, 『인문연구』, 53(2007).
_____, 「복잡계이론에서 본 주역과 그 메타적 세계관 - 동아시아적 사유원형의 모색을 중심으로」, 『東方學志』, 152(2010).
임홍빈, 「비판적 매체철학의 관점에서 본 공적 합리성」, 『철학연구』, 20(2005).
주일선, 「상징은 의미동일성의 재현인가? - 드 만의 알레고리 개념과의 비교를 통하여 살펴본 괴테의 상징개념」, 『카프카연구』, 16(2006).
김상호, 「맥루한 매체이론에서 인간의 위치」, 『언론과학연구』, 8.2(2008).
張其成, 「中國數本論學派」, 『國際易學硏究』, 5(1999).

참고도상

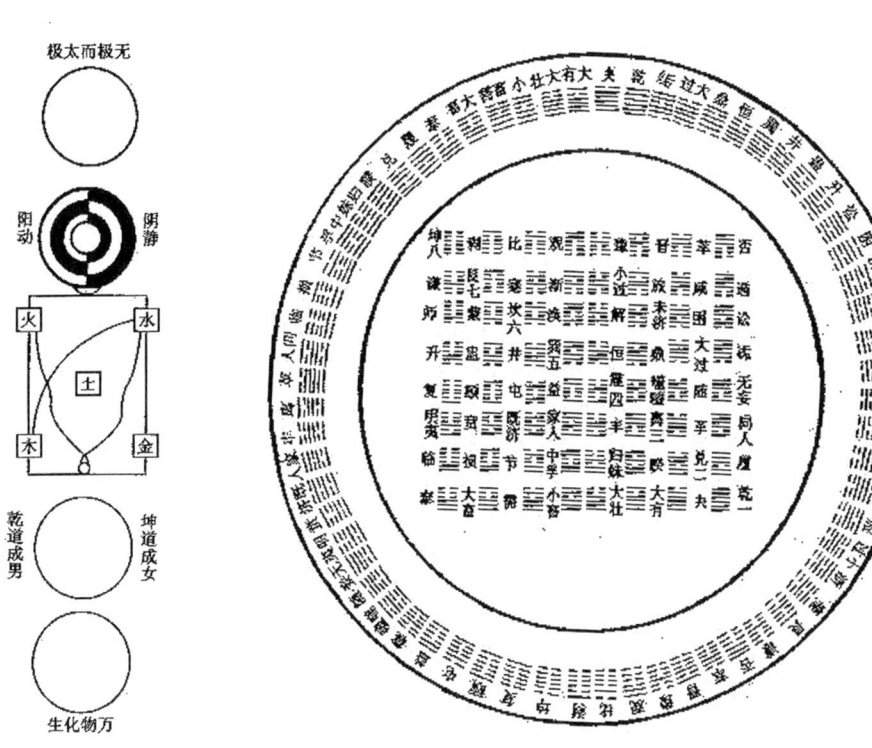

▲ 1. 주돈이의 태극도   ▲ 2. 복희육십사괘방위도(伏羲六十四卦方位圖)

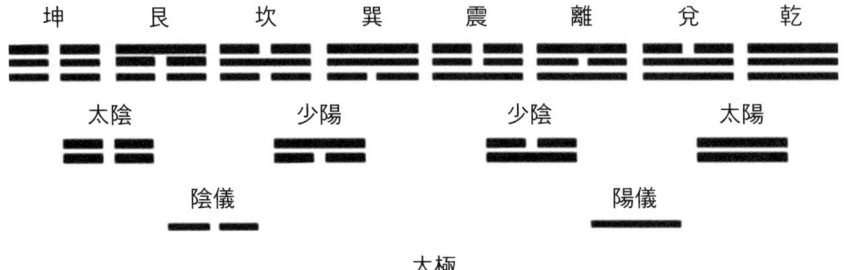

▲ 3. 복희팔괘차서도(伏羲八卦次序圖)

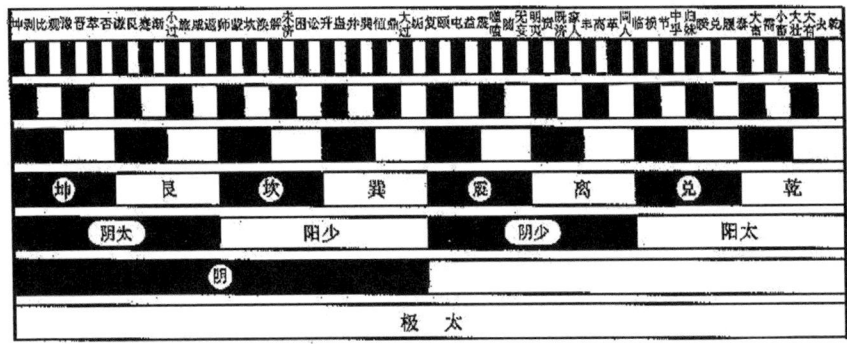

▲ 4. 복희육십사괘차서도(伏羲六十四卦次序圖)

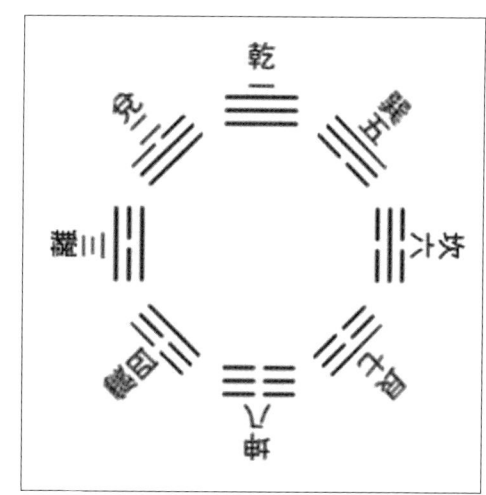

5. 복희팔괘방위도(伏羲八卦方位圖) ▶

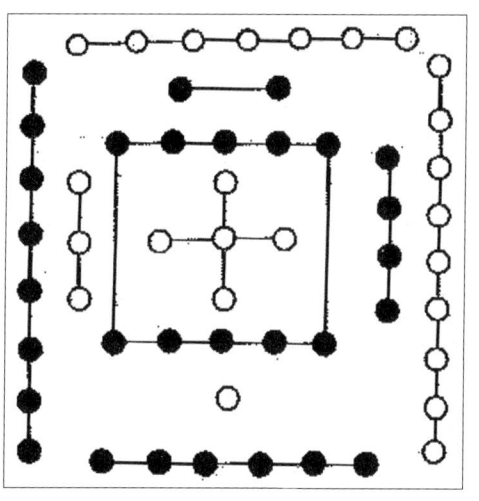

▲ 6. 하도(河圖)

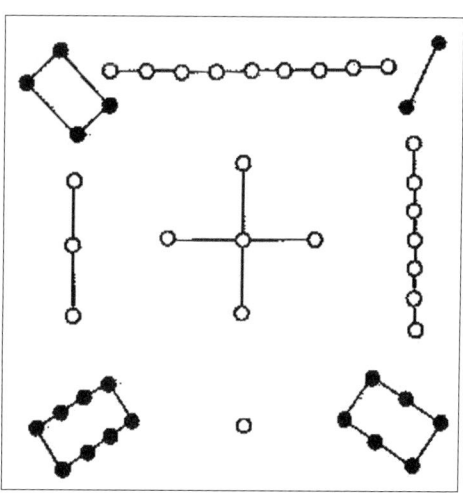

▲ 7. 낙서(洛書)

* 본 논문은 『유교사상연구』 제42집(한국유교학회, 2012.12)에 발표한 글, 「易學의 매체와 그 해석의 알레고리—太極圖, 先天圖 및 河洛圖를 중심으로」를 전반적으로 수정·보완한 것이다.

찾아보기

인 명

갈릴레오 86
고프만, 어빙 19
굼브레히트, 한스 울리히 118
그루진 37
김형석 160, 161

노발리스 215

달크로즈 128
데이비스 95
데카르트 215
드보르 86
드브레, 레지 43

라반, 루돌프 폰 123, 128
라인하르트 99
레만, 한스-티스 87~94, 119
리오타르, 장 프랑수아 29
리프 157
링케, 수잔네 126

마르쿠제 30, 41, 68, 86
마리 32
마이어 53
만, 토마스 85
맥루한 104, 203, 205, 206, 211, 212, 222, 226
메이어홀드 126
멩케 60

ㅂ

바그너 111
바우쉬, 피나 124
바움가르텐 51
바흐만-메딕, 도리스 137
바흐친, 미하일 118
발, 미케 44
발츠, 자샤 121
백로라 95
버틀러, 주디스 23, 26, 30
벤야민, 발터 41, 55, 214
벨쉬 56
보너, 게르하르트 124, 126
보드리야르 42, 55
뵈메, 게르노트 51, 117
브란트슈테터, 가브리엘레 127
브레히트, 베르톨트 92, 125
블로흐 68
비그만, 마리 123
비릴리오 42, 86

ㅅ

셰크너, 리차드 21, 88
소옹(邵雍) 265
손탁, 수잔 118
쇼펜하우어 132
쇤베르크 58
슈미트, 하랄드 204
슈퍼주니어 155
슐렘머, 오스카 128
슐리허, 수잔네 125
스보보다 108
스타니슬라프스키 90
스피박 26
실러 61
싱어, 밀턴 20
썰 21

ㅇ

아도르노 41, 42, 54, 63, 85
아르토 90, 125, 126
아리스토텔레스 110
아프리오리 104
아피아 128
안더스, 귄터 209
알버스, 조셉 57
알튀세르, 루이 30
오몽 32
오스틴 19, 21
왕양명 183, 184
요스, 쿠르트 123, 128
용감한 형제 160, 161
원더걸스 157, 162
윌슨 108
이니스 104
이트라이브 160, 161

ㅈ

자오청 176
지우 175
진덕홍 185

ㅊ

천스샹 176

ㅋ

칸트 63
캐롤, 노엘 39
커닝햄, 머스 122
커비 98
케이지, 존 96
콕토 39
크래머 87, 104, 207
크레스닉 124
크레이그 90
키틀러 100

ㅌ

터너, 빅터 20
2PM 167

ㅍ

파슬웨이트 95
프레이즈 157
프롬 41

ㅎ

한아 181
헤겔 53, 93
호르크하이머 41, 42
호프만, 라인힐트 126
후쉬카, 자비네 134

작품명

〈게차이텐〉 121
「관물외편」 269

〈Nobody〉 162

〈Lovey Dovey〉 166
〈Roly-Poly〉 166
〈Ring Ding Dong〉 164

「문언전」 266
『문장유별론』 175
〈Mr. Simple〉 155

〈Bo Peep Bo Peep〉 159, 164

「설괘전」 252

『설문해자주』 176
〈세계의 종말〉 128
『순수이성비판』 77
『시경』 177
〈Sorry Sorry〉 171, 174

〈Again & Again〉 167
『에로스와 문명(Eros et Civilisation)』 30
『여씨춘추』 177
『역경』 242
『역전』 242
『역학계몽』 281
『열자』 181
〈Homage to Square〉 57
〈육체〉 134
육체의 3부작 134
『伊川擊壤集』 267

『전통적 인도, 구조와 변화』 20

ㅌ

『탄츠테아터』 125
『太極圖說』 261
〈Tell Me〉 157, 162

ㅍ

『포스트모던의 조건(La Condition postmoderne)』 29

ㅎ

「홍범」 280
『洪範皇極內篇』 282
『화용론(How to do things with words?)』 19
『皇極經世書』 269

개 념 어

ㄱ

가상적 환경 198
가치중립적 208
감각 70
감각윤리 225
감각적 변화 208
감각존재 215
감각존재의 인간적 윤리느낌 224
감각형식의 변화 213
감상자 149, 169, 173, 181, 183, 187, 188
감성적 인식 53
감성화 52
감수성 70
감응 120
감지 71
감흥 149, 150, 156, 169, 172~175, 181~183, 186~189
개념적 연역 251
개별화의 원리 132
거리성 207
경계성의 체험 142
경세관(經世觀) 275
경험의 기획(staging of experience) 26
경험적 귀납 251
계몽시대 70
계몽주의 85
고수 173

고전미학 52
공감각 103
공동 생산자 127
공동주체 142
공동현존 136
공시성(cotemporality) 212
공시적(共時的) 235
공연학 97
공존성 211, 212
과잉매체 204
괘기설(卦氣說) 277
괘효상(卦爻象) 276
교환가치 56
구궁도(九宮圖) 277
구궁설(九宮說) 277
구제책(remède) 37
구체적인 것 65
구체적인 사건으로서의 연극 109
군무 156, 169, 177
궁리진성관(窮理盡性觀) 252, 253
그림의 순간성 210
극장주의 126
근대 자연과학 60
근대적 인간 62
기계화 127
기능의 기술적 발달 219
기미(幾微) 246
기술적 진화 203
기술적 형태 205
기원(출신) 26

기호적인 것 140
기호학 62
기호학적 몸 120

낙서(洛書) 238
낫-액팅 98
내성외왕(內聖外王) 236
내용적(인간적) 측면 205
네오아방가르드 90
네오아방가르드 연극 128, 143
노래 179
노예사냥 204
놀이 59
능동성으로 전환해 주는 수행성 229

다다이스트 95
다신론 197
다층시각화 127
대상존재 195
대연의 수(大衍之數) 254
도구적 자연지배 62
도덕성 64
도덕적 가치평가 79
도덕적 감정 64
도덕형태 209
도상의 정보화 239

도상학 234
도서학파(圖書學派) 236, 255
도야 62
도의(道義)의 문(門) 251
도학(道學) 236
독립적 실체 209
독립적 정신기관 216
돌발적 142
동시대 무용 122
동양미학 149, 189
동일성 195, 196
동일적 관계 196
드라마 연극 119
드라마투르크 27
드라마투르기 102, 127
디에게시스 43
땅의 수(地數) 249

리미널리티(전이성) 142

마녀사냥 204
마음의 역(心易) 265
마임 36
매개내용의 변화 203
매개 행위적 대상 202
매개 행위적 주체 202

매스미디어 39, 42, 46
매체(médias) 33
매체과학 228
매체로서 신의 역할 218
매체미학 228
매체성 31, 45, 199
매체 소비자 229
매체 속의 인간 204
매체 속의 존재 200
매체연극(médiâtre) 39
매체윤리 228
매체의 교체(Medienwechsel) 37
매체의 본질주 39
매체이론 35, 43, 238
매체적 수행성 207
매체적 수행성의 변화 207
매체적 절대자 218
매체행위 202
매체화 18
맥씨어터(McTheatre) 33
맹신의 대상 219
메가뮤지컬(Megamusical) 33
메디아(média) 32
메디엄(médium) 32
명체달용(明體達用) 274
모던 85, 86
몽타주 36, 125
무관심적 만족 62
무반성적인 것 61
무욕(無欲) 262

무용 179
무용미학 122
무용작가 125
무의미적 199, 208
무의식적 199, 208
무의지적 199, 208
무차별성 207
문왕의 역 265
문학 59
문화산업 80
문화적 역동성 207
문화적 퍼포먼스 20
물질성 207
미디어 153, 226
미디어 맹종 217
미디어에 대한 주체존재 219
미디어의 본질 216
미디어의 생명성 217
미디어적 느낌 216
미디어적 생각 216
미디어적 수행성 216
미디어적 존재 216, 227
미디어 테크놀로지 94
미디어화 217
미디어화된 것 225
미래의 매체적 수행성 212
미래적 맹신 219
미래주의 89
미메시스 43, 68
미메시스 원리 127

미메시스적 태도 68
미시요소 201
미에 대한 판정 63
미의 판정 61
미적 감각 213
미학 51, 117
미학적 경제 56
미학적 경험 52
미학적 노동 79
미학적 정치 80
미학적 주제 66
미학적 특성들 75

바보사냥 204
반(反)-퍼포먼스 31
방법 60
범신론적 언어 197
변통관(變通觀) 244, 253
변화 143
병렬구조 105
보편적 의사소통의 수단 196
보편적 지각론 77
복희의 역 265
본질적 동일성 200
부르주아 미학 60, 61
부르주아 인간 61
부조리극 90
분위기 66, 78, 119

분위기의 미학 78
분위기의 이론 78
비동일적인 것 65
비판이론 42
빛의 속도로의 생각 224

ㅅ

사건 136, 142
사건성 119
사문 182, 183
사물의 황홀경 119
사상 250
사실주의 127
사용가치 56
사환(헤르메스)관점(Botenperspektive) 207
사회 속의 존재 200
사회의 타자 65
사회적으로 구성된 자연 79
삶의 미학화 55
삼자성 207
상(象) 255
상상력과 지성 63
상상의 수동적 관람자 210
상수학(象數學) 254
상이성 207
상호독립 212
상호매체성 36, 37
새로운 정신적 기간 206
생소화 125

생수(生數) 249
생태예술 79
생태학적 구조 73
생태학적 자연미학 52
생태학적 차원 74
서사극 92
서사적 연극이론 125
선천도(先天圖) 236, 238, 268
선천역학 266
선천학(先天學) 265, 268
선험적 미디어론 207
성덕대업(盛德大業) 252
세계-내-존재 70
세계 속의 존재 200
소비자본주의 56
소셜네트워크서비스(SNS) 154, 155
소외 60
소외된 자연 60
소통의 매체 235
송학(宋學) 236
수(數) 255
수사학 28
수사학적 수행성 28
수용적 반응능력 206
수행과학 228
수행미학 228
수행성 17~20, 45, 119, 149, 150, 170, 188, 189, 199, 215, 220, 224, 225, 228
수행적 매체 주체 229
수행적 발화이론 19

수행적 순간성 216
수행적인 것 140
수행적 전환 21, 138
순간성 212, 222
순수 연극 39
숭고 54
숭덕광업(崇德廣業) 252
스토리텔링 27
시 179
시각적 사진 209
시간의 순간적 구성 211
시간의 유기체적 공시성 211
시간의 유기체적 공존성 211
시간적 운동성 210
시공의 동일성 203
시노그라피 107
시초(蓍草)의 수(數) 248
신뢰성 196
신 속의 존재 200
신으로서 미디어의 기능 218
신의 매체적 기능 220
신적 자아정립 202
신적 존재론 220
신체 52, 65
신체미 72
신체적-감성적 경험 79
신체적 성향들 71
신체적 처해 있음 63
신체적 현존 71
신한류 151~153

신화적 언어 201
실재의 미학화 54
실재적 환경 198
실천화(mise en pratique) 22
심리주의 127
심학 185

ㅇ

아름다운 예술 51
아방가르드 91
아방가르드적 요소 89
아우라 136
아이돌 그룹 149, 188
알레고리 235
액팅 98
약자사냥 204
양분 73
양웅(楊雄) 281
양지 185, 186
언어부재의 언어 210
언어와 세계의 일치 220
언어의 개념적 과거성 212
언어의 매체성 209
언어적 구성 212
언어적 신뢰성 208
언어 중심의 이념적 시대 202
인이중심주의 138
언어학적 전환 138
언어행위이론 21

엘리트주의 68
역(易) 240
역도학(易圖學) 235
역류의 원칙 228
역사적 아방가르드 89, 90
역사적 아방가르드 시기 128
역수(易數) 285
연극성 122
연극아방가르드주의자 126
연극적 훈련 224
연출가연극 93, 125
연출가치 55
영상매체 210
영향미학 121, 135
영향전략 121
영화 111
예술 53
예술경험 53
예술미 53
예술의 자율성 66
예술작품 53
예술적 수행성 198
예술적 퍼포먼스 198
오행(五行) 238, 260
오행생성도(五行生成圖) 277
용도(龍圖) 276
우리에게 있어서의 자연 59
우주(宇宙) 243
움직임의 강조 127
유기체 212

유기체적 공존성 218
유기체적 생명현상 228
유기체적 양태 212
유기체적으로 존재 215
유기체적 퍼포먼스 216
유목 276
유물론적 기술 226
유일신 지배적 197
유토피아적인 것 64
유투브(Youtube) 155
64괘 250
육체 45
육체화(embodiment) 45
육화(체현) 121, 140
윤리학적 시초 196
음악 58
음양(陰陽) 238, 250
음양재이설(陰陽災異說) 256
응용예술 78
의미적 존재확인 209
의식 197
의식윤리 225
의식의 가루 211
의식의 시간성 216
의식의 역사적 시간성 216
의식적 구성능력 206
의식적 존재확인 209
의식존재의 인간적 윤리의식 224
의지적 존재확인 209
이념적 의식 198

이미지의 직관적 현재성 212
이미지적 감각 212
이상주의 미학 117
이성의 시대 61
이성의 타자 61
인간 속 매체의 부재 204
인간 속의 매체 204
인간 정신적 자아정립 202
인간학 70
인공미 74
인극(人極) 262, 264
인도(人道) 251, 262, 264
인식능력들 63
인의(仁義) 262
인지심리학적 방법론 224
인터넷 111

ㅈ

자기 감지 70
자기동일성 200
자기지시적 기표 141
자동형성적 피드백 고리 142
자아정립 200
자아존재 195
자연 59
자연과학적 방법 60
자연관의 전회 51
자연 그 자체 59
자연미 63

자연미학 52
자연의 소외 62
자연-인간관계 77
자연적인 것 61
자연주의 127
자연지배 68
자연철학적 언어 201
자유로운 놀이 63
자율적 예술 78
작품 141
작품미학 119
잔혹연극 125
재매체화(remediation) 37, 38
재현 119
재현의 연극 119
재현주의 연극 128
재현형식 239
적연감통관(寂然感通觀) 245, 253
전능한 신적 존재 218
전시(Ausstellung) 45
전유 68
전유된 자연 65
전지한 능력 218
전현적 존재 218
전환들 137
절대성 196
절대적 구성 요소 203
절대적 기능 219
절대정신 65
정보의 도상화 239

정서 71
정서적 만족 55
정신 65
정신적 수행성의 표현 210
정체성 속에서의 경험(experience-in-identity) 26
정치의 미학화 55
제시(Ausführung) 45
J-pop 150
존재론적 규정 206
존재론적 기능 206
존재의식의 변화 226
종교제의 177
종말론적 또는 구원론적 미래 219
종속적 질서 217
종합예술작품 111
종합적 기능 199
주체적 거시요소 201
주체존재 222
주체화되지 않은 대상 199
중정(中正) 262
즉자적인 자연 64
지각의 확장 213
지각작용 140
지각학 52, 117
지적 직관 220
직관형식 상의 변화 213
직접적 대상 196
직접적 소여성 197
진단(陳摶) 276

진덕수업(進德修業) 252
진행 중인 작품 127

창조대상 196
창조적 수행성 196
창조행위 196
채침 281
처해 있음 71
천도(天道) 264
천도관(天道觀) 253
천인감응설(天人感應說) 256
천인합일(天人合一) 237
천지의 수(天地之數) 254
철학의 정신 202
철학적 대상의 주체 199
철학적 존재론 195
철학적 존재론의 계승자 203
체화된 지식(embodied knowledge) 45
체화 현상 17
초매체성(hypermediacy) 38
초현실주의자 95
총체예술 126
추상화 127
춤연극 122
취미 54
취미의 비판 67
취상귀류(取象歸類) 238

ㅋ

카니발 118
K-pop 149~153, 155, 156, 161, 168~175, 188, 189
콜라주 126
키치 62
키치적 인간 62

ㅌ

탄츠테아터(춤연극) 120
탈문학화 127
탈의미화 121
탈희곡적 연극(포스트드라마 연극) 118
태극(太極) 264
태극도 238
태극도(太極圖) 236
태극음양관(太極陰陽觀) 253
텍스트 59
텔레비전 111
통섭적 문화현상 229
통섭적 인간상 229
통섭적 현대인간상 228
통섭존재 199
통시적(通時的) 235
통일적 유기체 197
투명한 즉각성(transparent immediacy) 38

ㅍ

판단력비판 62
판단존재의 인간적 윤리판단 224
판소리 173
팔괘 250
팔괘차서도(八卦次序圖) 269
팬덤 현상 152
퍼포머 28
퍼포먼스 152
퍼포먼스 아트 20, 21
퍼포먼스 연구 20
퍼포먼스 예술 99
퍼포먼스 원리 30
퍼포먼스의 이상적 미래성 212
퍼포먼스 텍스트 103, 106
퍼포밍 아트 112
페미니즘 23
포스트드라마 87
포스트드라마 연극 87~93, 118
포스트모던 85, 86, 92, 93
포스트모던 연극 91, 92
포스트브레히트 연극 93
표현무용 123
표현형식 239
표현적 판단능력 206
프랑크푸르트 학파 41
플럭서스 90
피스카토르 99
피스카토어 126

ㅎ

하늘과 땅의 도 240
하늘의 수(天數) 249
하도(河圖) 238
하락도(河洛圖) 236, 238
하락학(河洛學) 276
한류 151
합리주의 53
해석학 62
해석학적인 것 117
해프닝 90
행동양식 198
행동주의(Behaviorism)적 환경 198
행위예술 138
헤겔 미학 118
현대음악 58
현상성 139
현상적 육체 119
현상학적 육체 121
현재성 257
현전 45, 140
현존 119
현존의 생산 118
현존의 질서 142
현현 139
형식적(물질적) 측면 205
형태적 발전 203
호명(interpellation) 30
홍범구주(洪範九疇) 276

확장된 판독술 62
환경문제 51
황극경세(皇極經世) 236
후기자본주의 56
후천도 268
후천역학 266
후천학(後天學) 268
후크 157~159, 167
후크송 156, 158, 160, 161, 168, 169, 172
훈육 60
흥(興) 175, 178

필자소개

파트리스 파비스(Patrice Pavice)

1976년부터 2007년까지 파리 3대학과 8대학에서 연극학 교수로 재직했다. 현재 캔터버리(Canterbury)에 있는 켄트(Kent) 대학 연극학과 교수로 재직 중이며, 2011년 3월부터 2년간 한국예술종합학교에서 초청교수로 있다. 대표 저서로 세계 각국의 언어로 번역 출판된 『연극학 사전』, 『퍼포먼스 분석: 연극, 무용, 영화』, 『문화 교차로에서의 연극』 등이 있고, 그밖에 동시대 연극, 동시대 연출, 동시대 프랑스 작가들에 대한 책들을 출간하였다.

최준호

고려대학교 철학과를 졸업하고, 같은 대학원에서 「칸트의 반성적 판단력과 목적론적 세계」로 박사학위를 취득하였다. 박사학위 취득 후 독일 하이델베르크 대학에서 칸트 미학을 주제로 박사 후 과정을 마쳤다. 고려대학교 철학연구소 연구교수와 대전대학교 교양교육원 교수를 거쳐 현재는 순천향대학교 스마트아카데미 교수, 국제미학회(International Association for Aesthetics) 회원, 한국칸트학회 연구위원으로 활동 중이다. 대표 저서로 『마이너리거를 위한 철학여행: 내 삶의 주인이 되기 위한 8가지 질문』(2012)가 있으며, 주요 논문으로 "Mimesis and Its Effect in Plato's Philosophy of Art", "Naturschönheit und Kultur", 「데리다 이후의 칸트 미학」 등이 있다.

유봉근

연세대학교 독문과를 졸업하고, 독일 보훔대에서 석사학위를, 베를린 훔볼트대 철학부에서 박사학위를 취득하였다. 연세대학교 미디어아트연구소 연구교수를 역임하였으며, 현재 순천향대학교 인문과학연구소 연구교수, 한국미디어문화학회 부회장, 한국브레히트학회 이사로 있다. 대표 저서로 『담론분석의 이론과 실제』(2002, 공저), 『매체윤리』(2004, 공역), 『소리』(2005, 공저), 『현대 문화학의 컨셉들』(2006, 공역), 『디지로그 스토리텔링』(2007, 공저), 『문학이론과 문화연구』(2008, 공역), 『바퀴와 속도의 문명사』(2008, 공저), 『매체이론』(2009, 공역), 『문화학과 퍼포먼스』(2009, 공역), 『소통기계와 네트워크 인문학』(2011, 공저) 등이 있으며, 주요 논문으로 「하이퍼텍스트와 매체미학」(2004), 「문화학적 전환: 문화학으로서의 매체학」(2005), 「매체기술의 발전과 소리의 해방」(2005), 「하이퍼텍스트 문학과 작가의 전략」(2006),

「컴퓨터와 가속화의 전향」(2008), 「키틀러의 매체이론」(2009), 「에.테.아.호프만의 '악마의 묘약'에서 책 모티브와 매체 전략」(2009), 「갈릴레이의 문화적 유산」(2009), 「다니엘 켈만의 팩션 '세계를 재다'에서 과학주의적 사유실험과 통합적 지식의 문제」(2010) 등이 있다.

김형기

연세대학교 및 같은 대학원 독문학과를 졸업하고, 독일 아헨대에서 연극이론으로 박사학위를 취득하였다. 독일 뮌헨대 연극학과 연구교수(독일 훔볼트재단 Research Fellow), 한국브레히트학회 부회장, 한국연극학회 편집위원장, 한국연극평론가협회 회장을 역임하고, 현재 순천향대학교 연극무용학과 교수, 한국연극학회, 한국드라마학회, (사)한국공연예술원 이사로 활동하고 있다. 대표 저서로 『〈놋쇠매입〉과 〈연극을 위한 작은 지침서〉에 나타난 브레히트의 연극이론에 관한 비교연구』(1992, 독문), 『브레히트의 서사극』(1993, 공저), 『하이너 뮐러 연구』(1998, 공저), 『도이치문학 용어사전』(2001, 공저), 『탈식민주의와 연극』(2003, 공저), 『가면과 욕망』(2005, 공저), 『동시대 연극비평의 방법론과 실제』(2009, 공저), 『한국현대연극 100년. 공연사II(1945~2008)』(2009, 공저), 『An Overview of Korean Performing Arts. Theatre in Korea』(2010, 공저), 『90년대 이후 한국 연극의 미학적 경향』(2011, 공저), 『포스트드라마 연극의 미학』(2011, 공저) 등이 있으며, 역서로는 『보토 슈트라우스: 〈시간과 방〉』(1999), 『브레히트 선집 3권(희곡): 〈코카서스의 백묵원〉』(2011, 공역), 『Die Suche nach den verlorenen Worten』(이청준 작: 잃어버린 말을 찾아서)(2003, 독역) 등이 있다.

그밖에 베르톨트 브레히트의 「〈놋쇠매입〉 연구」, 「다중매체 시대의 "포스트드라마 연극"」, 「현대연극에 나타난 탈splot전화 전략으로서의 패러디」, 「"연극성" 개념의 변형과 확장」, 「독일의 현대 '춤연극' 연구」, 「분과학문으로서의 연극학」, 「서술과 기억공간으로서의 연극」, 「다매체시대 연극의 탈영토화 – 연출가연극, 춤연극, 매체연극」 등의 논문과 다수의 연극 및 무용비평이 있다.

이난수

추계예술대학교 피아노과를 졸업하고, 성신여자대학교에서 음악학석사를, 성균관대학교 동양철학과에서 예술철학으로 박사학위를 취득하였다. 현재 사단법인 선비정신과 풍류문화연구소에서 선임 연구원으로 있다. 그 외에 한국고전번역원 연수부 과정을 졸업하였고, 한국예술철학회 서양음악 분과위원과 한국미학예술학회 회원으로 활동하고 있다. 대표 논문으로 「심미정서로서의 '흥(興)' 연구」, 「위진남북조예술론에서의 '감흥(感興)'에 대하여」, 「漢代 『詩經』 이해에 나타난 윤리정서: '美刺說'을 중심으로」,

「唐代 이후 미학에서 나타난 형상 너머의 '感興' 문제」, 「K-pop의 '감흥(感興)'에 대한 연구: 후킹효과(Hooking Effect)를 중심으로」가 있다.

양병무

성균관대학교 철학과를 졸업하고, 독일 뮌헨 대학 Zwischenpruefung, Magisterpruefung, Tuebingen 대학 Promotionsgang, Dresden 대학 공동연구논문 진행, Rosenheimer 대학 초청특강, Muenchen 대 법철학부 초청특강, 대덕대학 교양학부 교수, 성균관대학교, 한남대학교, 순천향대학교, 청주대학교 외래교수로 재직 중이다.

김연재

서울대학교 및 같은 대학원 미학과를 졸업하고, 미국 하와이 대학 철학과에서 석사학위 및 박사과정을 거쳤으며, 중국 북경대학 철학과에서 역학철학 이론으로 박사학위를 받았다. 현재 공주대학교 동양학과 교수로 재직 중이며, 한국주역학회 부회장 및 한국유교학회, 동양철학회, 한국양명학회, 동양철학연구회, 한국화이트헤드학회 등에서 이사로 활동하고 있다. 대표 저서로 중국에서 출판된 『송명이학과 심학파의 역학과 도덕형이상학(宋明理學和心學派的易學與道德形上學)』이 있으며, 대표 논문으로는 「全一論的 思惟에서 본 『易傳』의 세계관과 人間學的 地形圖 – 윤리학적 본령과 그 동아시아적 가치를 중심으로」가 있다. 그밖에 저서와 논문으로 50여 편이 있다.

Performativity and Mediality:
The Keywords of Human Science in 21st Century

Contents

1. Patrice Pavis — Performativity and Mediality in the Humanities of the 21st Century

2. Jun-Ho Choi — Paradigm Shift from Aesthetics to Aisthetics

3. Bong-Keun Yoo — The Subject of Performativity and Mediality in Lehman's *Postdramatic Theater*

4. Hyung-Ki Kim — Performative Aesthetics in the Tanztheater - focused on <Gezeiten> of Sasha Waltz

5. Nan-Su Lee — 'Enthusiasm' and Performativity in Korean New Wave K-pop

6. Byung-Moo Yang — Basic Ethical Philosophy as a Performative Medium

7. Yon-Jae Kim — The Media of Changeology and their Allegorical Communication Mode - focused on the Principle of Figurative Categorization